Steinmüller/Riedel · Die neue Betriebsstatistik

D1735089

Für Christel und Nadine

Prof. Peter H. Steinmüller
Dr. Günther Riedel

Die neue Betriebsstatistik

Grundlagen · Computergestützte, entscheidungsorientierte und konventionelle Anwendungen

7., völlig neu bearbeitete Auflage

 Taylorix Fachverlag Stuttgart

7., völlig neu bearbeitete Auflage 1993
(Bis zur 6. Auflage erschienen unter dem Titel „Betriebsstatistik – wie aufbauen,
wie auswerten?" von Dr. Günther Riedel)
© Taylorix Fachverlag Stiegler & Co., Stuttgart
Satz: Setzerei G. Müller, Heilbronn
Druck: Georg Riederer Corona GmbH, Stuttgart
Umschlaggestaltung: Atelier Reichert, Stuttgart
ISBN 3-7992-0707-4
Bestell-Nr. 700022.4
Printed in Germany

Vorwort

Mit dem Trend zur streng rationellen und zielorientierten Unternehmensführung werden entscheidungsrelevante Informationen benötigt, die der spezifischen Problemlage des individuellen Einzelbetriebs in exakter Weise zu entsprechen vermögen. Fehlen solche Informationen, wird es vom Zufall abhängen, ob sich eine Entscheidung als richtig oder falsch erweist.

Die Betriebsstatistik ist als Teilgebiet des betrieblichen Rechnungswesens traditioneller Lieferant solcher Informationen. In dieser „klassischen" Rolle wird sie den neuen Anforderungen allerdings nicht mehr in vollem Umfang gerecht. Sie ist in ihren Inhalten stark an benachbarte Gebiete wie Kostenrechnung und Buchführung angelehnt. Die Betriebsstatistik herkömmlichen Aufbaus stellt insofern eher ein Gebilde statischer und betriebsneutraler Prägung dar, das unabhängig von unternehmerischen Zielfragen betriebliche Funktionsbereiche nach immer gleichen und allgemeingültigen Grundschemata abbildet.

Die Betriebsstatistik muß ihre Rolle als klassisches Instrument interner Rationalisierung und damit ihren rein produktionsbezogenen Ansatz weitgehend aufgeben; sie muß in ausschließlich zielorientierter Ausrichtung zu einem Gestaltungsinstrument unternehmerischer Marktbeziehungen werden, das sich an den spezifischen Gegebenheiten des jeweiligen Einzelbetriebs zu orientieren vermag.

Bei zunehmender Dezentralisierung in der elektronischen Datenverarbeitung werden gleichzeitig erhöhte Anforderungen an Flexibilität, Aktualität und Qualität der Informationsdarbietung in der Betriebsstatistik gestellt. Diesen kann nur mit einer „neuen" und zwar computergestützten Betriebsstatistik entsprochen werden, die als integriertes betriebliches Informationssystem heute den Charakter von Managementinformationssystemen annehmen muß.

Mit dem vorliegenden Buch soll diesen Entwicklungen Rechnung getragen und die Lücke zwischen den Grundlagen einer allgemeinen Betriebsstatistik und solchen „neuen" betriebsstatistischen Konzepten geschlossen werden.

Dazu muß diese Arbeit insgesamt drei Teile enthalten:

- Teil I *Grundlagen der Betriebsstatistik* gibt einen Abriß des als „klassisch" bezeichneten allgemeinen Ansatzes der Betriebsstatistik. Der Leser soll mit den grundlegenden statistischen Methoden vertraut gemacht werden. Er soll Aufbau und Arbeitsgebiete dieser Betriebsstatistik im Gesamtzusammenhang der traditionellen Betrachtungsweise kennen lernen.
- In Teil II *Entscheidungsorientierte Betriebsstatistik* wird das Konzept der geforderten Betriebsstatistik firmenindividuellen Charakters entwickelt. Es wird gezeigt, wie aus einem zuerst allgemeingültigen und betriebsneutralen Rahmenmodell ein ziel- und entscheidungsorientiertes Informationssystem der Betriebsstatistik entsteht. In Form einer Fallstudie wird ein solches Informationsmodell für einen Musterbetrieb vorgestellt, das exakt auf dessen Zielproblematik zugeschnitten ist.
- Teil III *Computergestützte Betriebsstatistik* gibt die konkrete Anleitung dazu, wie dieses Konzept in eine EDV-Lösung umzusetzen ist. Unter Verwendung integrierter Standardprogramme wird dem Leser das Instrumentarium zum Aufbau computergestützter Informationssysteme der Betriebsstatistik an die Hand gegeben.

Die Schrift richtet sich an betriebliche Praktiker und Entscheidungsträger sowie an Studierende wirtschaftswissenschaftlich orientierter Fachbereiche in gleichem Maße. Der praktische Betriebsstatistiker soll vor allem in die Lage versetzt werden, die gezeigten Konzepte und behandelten Modellfälle auf seine eigenen speziellen Problemlagen zu übertragen. Der interessierte Student soll elementare Kenntnisse betriebsstatistischer Methoden erwerben, um anschließend deren Verwendung zum Aufbau praxisnaher Kennzahlenmodelle zu erlernen und letztlich die Ableitung anwendungsgerechter Rechnerlösungen einüben zu können.

Der Verfasser möchte sich an dieser Stelle ausdrücklich dafür bedanken, daß er mit dieser Arbeit Gelegenheit erhielt, das Werk seines leider verstorbenen Vorgängers, Herrn Dr. Günther Riedel, in der nunmehr siebten Auflage fortzusetzen und um aktuelle Entwicklungen zu erweitern.
Selbstverständlich soll auch all denen ein Dankeschön gelten, die zum Gelingen gerade dieser Teile beigetragen haben. Das gilt

zuallererst der Geschäftsführung und den ehemaligen Kollegen des RKW (Rationalisierungskuratorium der Deutschen Wirtschaft e.V.) für die freundliche Überlassung aktueller Arbeitsmaterialien in Gestalt der RKW-Führungsmappen, wie sie für die innerbetriebliche Weiterbildung Verwendung finden. Hiermit wurde die angestrebte Praxisnähe an manchen Stellen überhaupt erst möglich. Dieser Dank gilt ganz besonders auch meinen Kollegen, Herrn Professor Peter Müller-Diercksen und Herrn Professor Dr. Eckhardt Wanner im Fachbereich Wirtschaftsingenieurwesen der Fachhochschule Karlsruhe, die mir zahlreiche wertvolle Anregungen und Hinweise geben konnten. Durch ihre freundliche Unterstützung bei der Ausarbeitung entsprechenden Vorlesungsmaterials zu den einzelnen Beispielen des Buches hat auch Frau Anja Müller als damalige Tutorin des Fachbereichs einen wichtigen Beitrag geleistet, wofür ich mich an dieser Stelle ebenso bedanke.

Peter H. Steinmüller

Inhaltsverzeichnis

Teil II: Entscheidungsorientierte Betriebsstatistik

13

Teil I: Grundlagen der Betriebsstatistik

1 Wesen und Aufgabe der Betriebsstatistik

Je mehr die konkrete Gestaltung unternehmerischer Marktbeziehungen zum Bestimmungsfaktor des wirtschaftlichen Erfolgs wird, um so weniger kann sich die betriebliche Führung allein vom Spürsinn leiten lassen. Es ist vielmehr eine entscheidungsorientierte Führungspraxis gefordert, die sich auf eine entsprechende Informationsbasis zu stützen vermag. Die Bereitstellung dieser Informationen ist Aufgabe der Betriebsstatistik.

Es liegt in der Natur solcher Entscheidungen, daß sie fast ausschließlich auf die Zukunft gerichtet sind. Ob beispielsweise der Vertriebsapparat durch Neueinstellung weiterer Vertreter ausgebaut werden oder eine neue Maschine beschafft werden soll, beides kann letztlich nur aus einer möglichst konkreten Vorstellung über die zu erwartende künftige Entwicklung heraus entschieden werden. Schließlich sind die damit verbundenen Investitionen wirtschaftlich nur dann zu vertreten, wenn der Geschäftsverlauf der nachfolgenden Jahre den gehegten Erwartungen entspricht. Das heißt, daß beispielsweise im Falle der Maschinenbeschaffung die damit einhergehende Kapazitätserweiterung mindestens über mehrere Folgejahre hinaus auch wirklich ausgelastet sein soll, wodurch sich erst die nötige Amortisation und damit Rechtfertigung der Anschaffung einstellen kann.

Zukunftsbezogene Aussagen werden unter *Unsicherheit* getroffen und sind so mit einem *Risiko* behaftet. Aus der Notwendigkeit einer Minimierung dieses Entscheidungsrisikos erwächst ein Bedarf an gesicherten Informationen über künftige Entwicklungen, der die eigentliche Aufgabe einer modernen Betriebsstatistik erst begründet und diese zugleich deutlich gegen andere Teilgebiete des Rechnungswesens abgrenzt.

Aufgabe einer solchen Betriebsstatistik ist die Erfassung und Darstellung betriebsrelevanter Erscheinungen und Zusammenhänge mit dem Ziel, durch entsprechende Auswertung als Informationsgrundlage unternehmerischer Entscheidungen dienen zu können.

Darin sind beide Erscheinungsformen der Betriebsstatistik ein-
geschlossen:

- Richten sich die unternehmerischen Entscheidungen ausschließlich darauf, die Rentabilität des Betriebes zu sichern, wird mit
  dieser Definition die klassische Aufgabenstellung einer Betriebsstatistik beschrieben, die als Vergangenheitsrechnung ein Instrument rein interner Rationalisierung darstellt.
- Sind diese Entscheidungen darüber hinaus aber Grundlage der
  Gestaltung künftigen Geschehens im Hinblick auf übergeordnete
  Unternehmensziele, wird die Betriebsstatistik gleichzeitig als entscheidungsorientierte Zukunftsrechnung geprägt.

Hieraus ergeben sich verschiedene *Überschneidungen* der
Betriebsstatistik mit Nachbargebieten des Rechnungswesens, wie
insbesondere der Buchführung und Kostenrechnung. So werden
zum Beispiel auch in der Kostenrechnung Zahlen über das betriebliche Geschehen gesammelt und allgemeinstatistische Verfahren
angewendet. Da sich diese Gebiete allein auf betriebsinterne Erscheinungen konzentrieren, weicht die Betriebsstatistik schon insofern hiervon ab, als sie alle betriebsrelevanten, also auch externe
Daten wie z. B. Marktforschungsergebnisse einzubeziehen hat. Der
entscheidende Unterschied besteht aber darin, daß die anderen
Teilgebiete des Rechnungswesens in der Hauptsache Kontroll-
instrumente mit der Aufgabe einer Vergangenheitsbetrachtung darstellen, deren Aufbau sich aus den Richtlinien verschiedener Form-
und Rechtsvorschriften ergibt.
Auch in der Betriebsstatistik werden zunächst Zahlen der Vergangenheit erfaßt. Sie werden auf geeignete Weise zueinander in
Beziehung gesetzt, so daß Erkenntnisse darüber gewonnen werden
können, aus welchen Gründen sich die betriebliche Entwicklung so
und nicht anders vollzogen hat. Zugleich kommt es dabei aber
darauf an, die so erkannten Gesetzmäßigkeiten daraufhin zu über-
prüfen, inwieweit sie auch für künftige Ereignisse unterstellt werden
dürfen. Unter Einbezug weiterer Prognosedaten internen und
außerbetrieblichen Geschehens sind dann die möglichen Auswirkungen deutlich zu machen, die mit der Durchführung betrieblicher
Maßnahmen verbunden sein können.
Global betrachtet besteht eine Betriebsstatistik aus einer *großen
Anzahl einzelner Statistiken,* die nach Sachgebieten geordnet sind.
Die Statistiken enthalten tabellarisch zusammengestellte Zahlen-

angaben über betriebsrelevante Erscheinungen, die in das jeweilige Sachgebiet fallen. Die einzelnen Sachgebiete selbst werden auf nächsthöherer Betrachtungsebene wiederum betriebsstatistischen Aufgabenbereichen zugeordnet. In Abb. 1 ist die typische Systematik einer solchen Zuordnung gezeigt, wie sie in der *klassischen Betriebsstatistik* für industrielle Fertigungsbetriebe meist Verwendung findet.

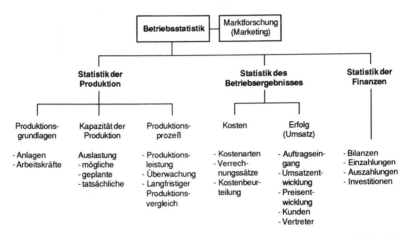

Abb. 1: Aufgabenbereiche der „Klassischen" Betriebsstatistik (Beispiel Industriebetrieb)

Aus dieser Darstellung wird ersichtlich, daß ein Orientierungsrahmen vorgegeben ist, der ein möglichst ablaufgerechtes Abbilden betrieblicher Leistungserstellungs-Prozesse in Gestalt von Zahlenwerten gewährleisten soll. Daß es sich hierbei tatsächlich um nichts anderes als die Darstellung des Systems „Betrieb" in einer anderen Gestalt handelt, wird besonders deutlich, wenn man sich den betrieblichen Herstellungsprozeß als einen Kreislauf der Stoff- und Zahlungsströme vorstellt. Ein solches Schema müßte in vereinfachter Form die Abbildungen 2a und 2b ergeben:

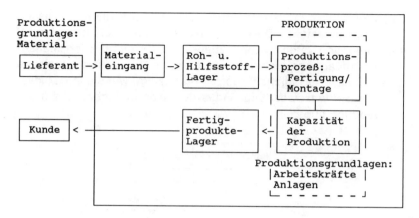

Abb. 2a: Fluß-Diagramm System „Betrieb": Stoff- bzw. Materialfluß

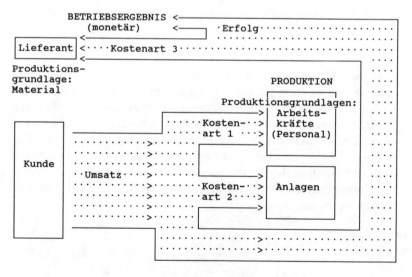

Abb. 2b: Fluß-Diagramm System „Betrieb": Zahlungsströme

In Abb. 2a zeigt sich der typische Stofffluß, wie er in materieller Gestalt (als Rohstoff, Hilfsstoff oder ähnliches) von „außen", hier vom Lieferanten, in den Betrieb eintritt und diesen durchläuft. Über verschiedene Läger, die eigentlich nur Zwischenspeicherungsfunktionen wahrnehmen, erreichen diese Stoffe das eigentliche Zentrum des betrieblichen Herstellungsprozesses, die Produktion. Organisatorisch in Teilefertigung und Montage aufgeteilt, findet hier der betriebliche Wertschöpfungsprozeß statt, indem die maßgeblichen Grundlagen der Produktion, die Arbeitskräfte und Anlagen (Maschinen) auf geeignete und möglichst effiziente Weise zusammenwirken. Qualität und Quantität der Produktion als Ganzes bestimmen sich letztlich daraus, in welcher Kapazität diese beiden Faktoren zur Verfügung stehen.

Es wird so verständlich, daß der Produktionsbereich auch statistisch in den Mittelpunkt rückt. Dies um so mehr, als die restlichen Statistiken der „klassischen" Systematik bei einer solchen Betrachtungsweise eigentlich nichts Neues darstellen. Sie zeigen diesen Kreislauf von seiner anderen Seite, die lediglich den „monetären" Gegenstrom zum Materialstrom in ein und demselben Vorgang darstellt. Die Abb. 2b macht dies durch Darstellung der Zahlungsströme sichtbar: Bei erfolgreicher Verkaufstätigkeit fließt dem Betrieb vom Kunden ein breiter Zahlungsstrom als Erlös zu. Dieser fließt infolge oben beschriebener Produktiontätigkeit zum Großteil aber gleich wieder ab, weil er der Entlohnung der Produktionsgrundlagen, also der Arbeitskräfte und Anlagen, dienen muß. Für die Betriebsergebnisrechnung sind das Kosten, die nach herkömmlicher Kostenrechnung verschiedenen Kostenarten bzw. Kostenkategorien zugeordnet werden, beispielsweise Personalkosten (Kostenart 1 in der Abbildung), Kapitalkosten (Kostenart 2 in der Abbildung), Materialkosten (Kostenart 3 in der Abbildung). Das eigentliche Betriebsergebnis ergibt sich so als Zahlungsstrom, der erst dann verbleibt, wenn vom ursprünglichen Zahlungsstrom alle Kosten „abgezweigt" wurden. Global gesehen ist das arithmetisch die Differenz aus dem Gesamterlös (als Umsatzsumme) und der Summe aller Kosten, wie es an anderer Stelle noch ausführlich zu betrachten sein wird.

In konventioneller Auffassung unterstellt man, daß so auf weitgehend automatischem Wege dem Informationsbedarf betrieblichen Entscheidens entsprochen wird. Hier wird eine effiziente Produktion als ausreichende Voraussetzung für den angestrebten

Unternehmenserfolg unterstellt. Das Hauptaugenmerk richtet sich auf der obersten Hierarchieebene so auf den Aufgabenbereich *Produktion,* der nach allgemein üblicher betriebsorganisatorischer Aufgabenteilung über mehrere Stufen in eine große Anzahl Unterstatistiken gegliedert ist. Hierin befinden sich funktionsgetreu auf der einen Seite die Produktionsgrundlagen wie sie als Produktionsfaktoren im Herstellungsprozeß benötigt werden. Auf der anderen Seite steht der Produktionsprozeß selbst. Einmal wird seine grundlegende Leistungskapazität, einmal sein Leistungsausstoß erfaßt. Daneben rangiert der Aufgabenbereich *Betriebsergebnis,* dem die Funktion zufällt, den Erfolg der Produktionstätigkeit auf der einen und die mit der Leistungserstellung verbundenen Kosten auf der anderen Seite zu „messen". Die Statistik der *Finanzen* gehört nach herkömmlicher Auffassung meist in andere Teilgebiete des Rechnungswesens; Ergebnisse der Marktforschung und andere externe Daten kommen in der konventionellen Betriebsstatistik generell nicht vor.

Eine *entscheidungsorientierte Betriebsstatistik* muß diese produktionsbezogene Systematik aufgeben und überwiegend auf zielbezogenen Schemata für einzelbetriebliche Probleme basieren. In der Ausführung als computergestütztes Informationssystem hat sie dem Trend zur Entscheidungsfindung auf quantitativ exakter Informationsbasis Rechnung zu tragen. Solche Lösungen werden im Unterschied zu herkömmlichen Konzepten nicht mehr einfach immer dieselben Arbeitsabläufe in Zahlen abbilden, sondern nur noch direkt und ausschließlich diejenigen Daten anbieten, die auf firmenindividuelle Situationen zugeschnitten sind und sich zur Verfolgung entsprechender Ziele eignen. Den ursprünglich funktionsorientierten Aufbau der Betriebsstatistik löst ein ziel- und entscheidungsorientierter Aufbau ab.

2 Statistisch-mathematische Grundlagen

2.1 Methoden und Verfahrensweisen der Betriebsstatistik

Zur Darstellung betriebsrelevanter Erscheinungen bildet der Betriebsstatistiker *Kennzahlen,* die nach vorgenannter Systematik in geeigneter Form zusammengestellt werden. Kennzahlen sollen knappe und prägnante Aussagen über zahlenmäßig erfaßbare Sachverhalte betrieblichen Geschehens geben. Sie sollen die Beziehungen zwischen verschiedenen Größen möglichst transparent machen, um Vergleiche im eigenen und mit anderen Unternehmen zu erleichtern. Kennzahlen entstehen dadurch, daß zwei oder auch mehrere Größen zueinander in Beziehung gesetzt werden.

Die *Kennzahlenbildung* erfolgt in Kenntnis der Tatsache, daß absolute Größen allein keine hinreichenden Aufschlüsse geben können. Erfährt der Personalleiter eines Unternehmens beispielsweise, daß im laufenden Kalenderjahr 100 Mitarbeiter die Firma verlassen haben, stellt dies für ihn noch keine gewichtige Information dar. Erst durch Bezugnahme auf eine weitere Größe (wie etwa der durchschnittliche Personalbestand) erhält er konkrete Auskunft darüber, welches Ausmaß die Fluktuation in seinem Unternehmen wirklich angenommen hat. Es wurde die Kennzahl gebildet:

$$\text{Fluktuation (in \%)} = \frac{\text{Anzahl Personalabgänge}}{\text{durchschnittlicher Personalbestand}} \times 100$$

Die Kennzahlenbildung bereitet dem Betriebsstatistiker nur selten Probleme. Von entscheidender Bedeutung ist vielmehr, diejenigen Größen zu finden, welche die gesuchten Beziehungen und Interdependenzen am treffendsten zu beschreiben vermögen, das heißt aus der Fülle möglicher Kennzahlen die jeweils wichtigsten auszuwählen. Dazu sind allerdings allgemeinstatistische Kenntnisse und ein fundiertes Wissen um betriebswirtschaftliche Zusammenhänge vonnöten.

So setzt jegliche Kennzahlenbildung zunächst voraus, daß die in Zahlen zu fassenden Objekte richtig ausgewählt werden.

Beispielsweise könnte sich die Aufgabe stellen, die wesentlichen Bestimmungsfaktoren aufzuzeigen, die den Bestand halbfertiger Erzeugnisse ergeben. Welche Objekte erfaßt werden müssen, um diesen Zusammenhang darstellen zu können, wird durch eine theoretische Untersuchung geklärt. *Erfassungsobjekte* – hier die wesentlichen Faktoren, von denen der Bestand an halbfertigen Erzeugnissen abhängt – sind die Kosten, die Produktionszeit und der zeitliche Abstand in der Produktionsaufnahme je Erzeugnis.

Die Erfassungsobjekte sind begrifflich genau zu umreißen. Bei den Kosten ist z.B. festzustellen, ob Fertigungseinzelkosten, Fertigungskosten, Herstellkosten oder Selbstkosten ermittelt werden sollen. Zur Produnktionszeit muß ausgeführt werden, ob sie außer der reinen Bearbeitungszeit auch noch andere Zeiten, wie Transportzeiten oder Zeiten für technische Lagerung, umfassen soll. Auch die begriffliche Abgrenzung der Erfassungsobjekte wird auf Grund theoretischer Untersuchungen vorgenommen.

Stehen die Erfassungsobjekte fest, müssen die *Erfassungseinheiten* bestimmt werden. Die geläufigsten Erfassungseinheiten sind Mengen-, Volumen-, Gewichts-, Zeit-, Leistungs- und Wertgrößen. Bisweilen ist es erforderlich, ein Objekt nach verschiedenen Einheiten zu erfassen. So ermittelt man die Produktion häufig mengen- und wertmäßig.

Bei statistischen Untersuchungen wird bisweilen zwischen realen Einheiten und Fällen unterschieden. Reale Einheiten sind – wie es die Begriffsbezeichnung ausdrückt – tatsächlich existierende Einzelgrößen, während es sich bei den Fällen um Vorgänge handelt, bei denen die realen Einheiten nicht unmittelbar in Erscheinung treten. Danach kann eine reale Einheit in mehreren Fällen auftreten. Wenn z. B. in einem Monat 37 Betriebsunfälle registriert werden, dann sind nicht die betroffenen Personen (reale Einheiten), sondern die aufgetretenen Unglücks-„Fälle" gezählt worden, wobei es möglich ist, daß ein und dieselbe Person mehrere Unfälle hatte.

Im Anschluß stellt sich die Frage nach der *Beschaffung des zur Kennzahlenrechnung benötigten Datenmaterials.* Teilweise können diese Daten von benachbarten Gebieten des Rechnungswesens einfach übernommen werden. Der verbleibende Teil ist durch gezielte Maßnahmen der Datenbeschaffung direkt im Betrieb bzw. am Ort des Geschehens unmittelbar zu gewinnen.

Die betriebsstatistische Arbeit beginnt also mit der Bestimmung der Erfassungsobjekte und der quantitativen Einheiten, in denen die Erfassung durchgeführt werden soll. Die hierzu benötigten allgemeinstatistischen Grundlagen sollen zunächst den Mittelpunkt der nachstehenden Abschnitte bilden.

2.2 Statistische Einheiten und Massen

Die allgemeine Statistik verwendet den Begriff der *statistischen Masse.* Unter der statistischen Masse muß man sich das statistische Erfassungsobjekt in sachlicher, räumlicher und zeitlicher Ausdehnung vorstellen, wie es zu einer bestimmten Betrachtung herangezogen werden soll. Das heißt, die Gesamtheit aller für ein Erfassungsobjekt zusammengestellten Daten bilden in der Betriebsstatistik eine Masse.

Es werden *Bestands- und Bewegungsmassen* unterschieden. So interessiert z. B. die Zahl der Belegschaftsmitglieder zu einem bestimmten Zeitpunkt, aber auch die Entwicklung des Belegschaftsstandes bis zu diesem Zeitpunkt. Dazu werden die Belegschaftszahlen zum 1. 1. für zwei aufeinanderfolgende Jahre und die Zu- und Abgänge während dieses Zeitraumes erfaßt. Was zu einem bestimmten Zeitpunkt erfaßt wird, sind Bestandsmassen. Diese charakterisieren Tatbestände zu bestimmten Zeitpunkten, wie z. B. die Belegschaftsstärke oder der Inventurbestand zum 31. 12. 19... Bestandsmassen haben statischen Charakter. Sie werden zu einem Zeit*punkt* erfaßt, existieren aber über einen längeren Zeit*raum*. Das schließt nicht aus, daß sie sich im Laufe der Zeit verändern. Bestandsmassen verhalten sich wie Bilder zum ganzen Film. Je öfter ihre Ermittlung erfolgt, um so besser vermag man sich mit ihrer Hilfe ein Bild über die Wirklichkeit zu machen. Über Veränderungen sagen Bestandsmassen nichts aus; sie halten nur das Ergebnis der Veränderung fest.

Veränderungen ermittelt man durch Bewegungsmassen. Das sind statistische Einheiten, die nur zu einzelnen Zeitpunkten existieren und deshalb für Zeiträume erfaßt werden müssen. Der Zu- oder Abgang eines Belegschaftsmitgliedes existiert nur zu einem Zeitpunkt. Nach diesem Zeitpunkt zeigt sich die Neueinstellung als vergrößerter Bestand. Um Zusammenhänge oder Erscheinungen vollständig beurteilen zu können, muß man mit Bestands- und Bewegungsmassen zugleich arbeiten.

Da bei der Erfassung von Bestands- und Bewegungsmassen nur von verschiedenen Seiten an die Untersuchung der gleichen Erscheinung herangegangen wird, bestehen zwischen Bestands- und Bewegungsmassen bestimmte Beziehungen. So ist es möglich, von der Veränderung der Bestandsmassen auf Bewegungsmassen zu schließen. Der Saldo hat allerdings nicht immer die erforderliche Aussagekraft.

Ist die statistische Masse bestimmt, muß sie hinsichtlich ihrer *Merkmale* und *Merkmalsausprägungen* definiert werden.

Merkmale sind ganz allgemein Eigenschaften, die für eine ganz bestimmte jeweilige Betrachtungsweise von Interesse sind. Für jedes Merkmal existieren mindestens eine, meist mehrere Merkmalsausprägungen. Sieht man die Beschäftigtenzahl zu einem bestimmten Zeitpunkt beispielsweise als statistische Masse an, könnte ein Merkmal die Geschlechtszugehörigkeit der Beschäftigten sein. Für dieses Merkmal existieren zwei Ausprägungen: männlich und weiblich.

Beispiele für die Definition des Erfassungsobjektes „Statistische Masse"		
Statistische Masse	Merkmal(e)	Merkmalsausprägung
Beschäftigte des Unternehmens zum 1. Januar	Alter Geschlecht Familienstand Wohnsitz erlernter Beruf	Zahlen (Jahre) männlich/weiblich ledig/verh./gesch./verw. Ortsangabe (z.B. Stuttgart) Berufsbezeichn. (z.B. Bäcker)
Preisentwicklung im Monat Januar	mittlerer Tagespreis	Zahlen (DM-Werte)
Erfolg einer Aktienkapitalanlage zum 31. Dezember	Aktienkurs Dividende Rendite	Zahlen (DM-Werte) Zahlen (%) Zahlen (%)

Die drei Beispiele zeigen, daß verschiedene Arten statistischer Merkmale unterschieden werden müssen. *Qualitative Merkmale,* wie Geschlecht, Beruf oder Religionszugehörigkeit, sind gekennzeichnet durch eine kategorische Abstufung der Merkmalsausprägungen, also Kategorie „männlich", Kategorie „weiblich" etc. *Quantitative Merkmale* sind dadurch gekennzeichnet, daß ihre Merkmalsausprägungen reelle Zahlen sind. Im obigen Beispiel sind unter anderem Aktienkurs, Tagespreis und Alter quantitative Merkmale.
Merkmale können *häufbar* oder *nicht häufbar* sein. Häufbare Merkmale können mehrere Ausprägungen zugleich besitzen. Die oben genannten Merkmale Beruf und Wohnsitz sind solche häufbaren Merkmale. Ein Beschäftigter kann mehrere Berufe erlernt und natürlich auch an mehreren Wohnsitzen zugleich gemeldet sein. Quantitative Merkmale sind allerdings naturgemäß nicht häufbar. Schließlich kann die Dividende einer Aktie zu einem Zeitpunkt nur einen ganz bestimmten Wert annehmen; ein 20 Jahre alter Mitarbeiter kann nicht gleichzeitig 30 Jahre alt sein.

Die Zahlenwerte, in denen sich im konkreten Betrachtungsfall bestimmte Merkmalsausprägungen ausdrücken, nennt man *Merkmalswerte*. Wenn zum Beispiel 55% der Beschäftigten des Unternehmens am 1. Januar beim Merkmal Geschlecht die Merkmalsausprägung „männlich" und 45% die Ausprägung „weiblich" erhalten haben, sind die Zahlen 55 und 45 Merkmalswerte. Nehmen die mittleren Tagespreise im zweiten Beispiel der Tabelle die Einzelwerte 11,55 DM, 15,23 DM, 14,99 DM usw. an, sind das ebenso Merkmalswerte.

Zur Erlangung einer besseren Übersicht werden statistische Massen häufig in Gruppen zusammengefaßt. Das Zahlenmaterial wird so systematisiert, daß typische Erscheinungen besser sichtbar werden können. Allerdings können dann die Einzelwerte innerhalb einer Gruppe nicht mehr unterschieden werden; Detailinformationen gehen verloren.

Die Gruppenbildung kann nach sachlichen, örtlichen und zeitlichen Merkmalen vorgenommen werden.

Bei der Gruppenbildung nach sachlichen Merkmalen wird zwischen Klassifizierung und Gruppenbildung im engeren Sinne unterschieden. Um Klassifizierung handelt es sich, wenn die Unterschiede zwischen den verschiedenen Gruppen durch differenzierende Begriffe ausgedrückt werden. So kann man die Belegschaft eines Betriebes nach Angestellten und Arbeitern einteilen. Die Arbeiter lassen sich weiter klassifizieren nach gelernten und ungelernten Arbeitern. Von Klassifizierung spricht man hier, weil jede Gruppe ihr eigenes begriffliches Merkmal hat. Bei der Gruppenbildung im engeren Sinne bestehen dagegen zwischen den einzelnen Gruppen nur zahlenmäßige Unterschiede. So kann man die Arbeiter in Altersgruppen, Kunden nach dem Umfang des Absatzes oder gleichartige Erzeugnisse nach Abmessungen einteilen.

Die Gruppierung nach örtlichen Merkmalen wird meist in geographischer Sicht vorgenommen. Der Absatz wird nach Absatzgebieten und der Rohstoffbezug nach Lieferländern unterteilt.

Durch die Gruppierung nach zeitlichen Merkmalen will man Einblick in den zeitlichen Ablauf von Erscheinungen erhalten. Gruppierungsmerkmale sind Jahre, Monate, Wochen, Tage, Stunden oder Minuten.

Das statistische Material kann gleichzeitig nach mehreren Gesichtspunkten gruppiert werden, so wenn man die Belegschaft in einer Tabelle nach Alter und Geschlecht gliedert.

Beispiel für die Altersgruppen der Belegschaft eines Unternehmens			
Altersgruppen	Beschäftigte		
	insgesamt	davon	
		männlich	weiblich
bis unter 20	17	8	9
20 bis unter 30	58	38	20
30 bis unter 40	60	40	20
40 bis unter 50	45	15	30
50 bis unter 60	20	18	2
60 bis unter 65	15	14	1
über 65	3	3	0
Summe	218	136	82

Die erste und die letzte Gruppe dieser Aufstellung sind so gefaßt, daß der nicht genau bekannte frühestmögliche Zeitpunkt eines Eintritts ins Berufsleben sowie der ebenfalls nicht vorbestimmbare Zeitpunkt der Pensionierung aufgenommen werden können. Damit wird der Forderung entsprochen, die Gruppierung so zu wählen, daß das gesamte Datenmaterial ausgeschöpft, also eingeordnet werden kann, womit die sogenannten *Randklassen* auch extreme Werte aufnehmen können müssen.

Problematisch kann eine solche Gruppierung insofern werden, als zur Vereinfachung der weiteren statistischen Bearbeitung in der Regel gleich große – das heißt breite – Gruppen gebildet werden sollen. Die Klassenbreiten der gezeigten Randklassen weichen aber von den anderen ab bzw. bleiben undefiniert. Meistens ist es deshalb günstiger, eine definitive Klassenuntergrenze anzunehmen, die mit hinreichender Sicherheit nicht unter- bzw. überschritten werden kann. Die Gruppengrenzen sind außerdem so zu wählen, daß jeder Merkmalswert nur einer einzigen Gruppe angehören kann, daß sich die Gruppen nicht überschneiden und keine Lücken zwischen ihnen auftreten können.

Bei qualitativen Merkmalen ist die Gruppeneinteilung bereits durch die Merkmalsausprägung vorgegeben. Man betrachte hierzu die Einteilung der Beschäftigten nach Geschlecht in der Tabelle. Innerhalb der einzelnen Altersgruppen wurde nochmals nach dem qualitativen Merkmal Geschlecht gruppiert.

In der Betriebsstatistik sollten Gruppen nicht gleich zu weit gefaßt sein. Eine Zusammenfassung zu schmaleren Gruppen ist auch zu späteren Zeitpunkten noch möglich, eine feinere Unterteilung dagegen aber nicht.

2.3 Beschreibung statistischer Massen

2.3.1 Mittelwerte

2.3.1.1 Die Mittelwertbildung

Mittelwerte sollen in einer einzigen repräsentativen Zahl das Typische einer Masse zum Ausdruck bringen um die Masse besser überschaubar zu machen. Beispielsweise verdient ein Arbeiter durchschnittlilch 28,10 DM je Stunde, im Durchschnitt liegt das Gehalt unserer Angestellten bei DM 4000,– im Monat, das Durchschnittsalter der Angestellten beträgt 35,9 Jahre. Darüber hinaus lassen sich Einzelwerte durch Vergleich mit dem Mittelwert besser beurteilen und statistische Massen untereinander vergleichbar machen. So wird die Bedeutung der Ausschußproduktion wesentlich besser sichtbar, wenn der tatsächlich entstandene Ausschuß mit dem durchschnittlich auftretenden Ausschuß verglichen wird. Sollen die Löhne der Mitarbeiter zweier Abteilungen miteinander verglichen werden, ist dies meist nur dann aussagefähig, wenn man die Durchschnittslöhne beider Abteilungen miteinander vergleicht.

Die bekanntesten Mittelwerte sind

– das arithmetische Mittel,
– das geometrische Mittel,
– der Zentralwert oder Median und
– das dichteste Mittel oder der häufigste Wert.

Arithmetisches und geometrisches Mittel sind *errechnete Mittelwerte.* Zu ihrer Ermittlung ist keine bestimmte Ordnung des statistischen Materials erforderlich. Sie reagieren auf jede Veränderung der Masse, und zwar um so mehr, je größer die Einzelveränderungen sind, und um so weniger, je größer die Zahl der Einzelwerte ist. Der Zentralwert und das dichteste Mittel sind *lagebestimmte Mittelwerte.* Zu ihrer Ermittlung müssen die Einzelwerte erst nach auf- oder absteigenden Größen oder nach zu- oder abnehmender Häufigkeit geordnet werden. Die lagebestimmten Mittelwerte sind im Gegensatz zu den errechneten Mittelwerten von Änderungen der Einzelwerte weniger abhängig.

2.3.1.2 Arithmetisches und geometrisches Mittel

Das *arithmetische Mittel* ist der Mittelwert, der in der Praxis am häufigsten angewandt wird. Zu seiner Berechnung wird die Summe der Einzelwerte durch die Anzahl der Einzelwerte dividiert; mathematisch ausgedrückt:

$$\bar{x} = \frac{x_1 + x_2 + x_3 + \dots + x_n}{n} = i = \frac{\overset{n}{\underset{1}{\Sigma}} x_i}{n}$$

Das arithmetische Mittel $\bar{x}$ (sprich: x-quer) wird gebildet durch Addition aller Einzelwerte (x_1 bis x_n) und Division durch die Zahl der Werte. Die Summe aller Einzelwerte wird symbolisiert durch Σ (griechischer Buchstabe Sigma). Unter Σ stehen die Grenzen der Summation. Im folgenden werden sie zur Vereinfachung weggelassen.

Beispiel: In drei aufeinanderfolgenden Monaten traten folgende Schlußbestände bestimmter Stoffe auf:

$$
\begin{array}{r}
3\,100\ t \\
3\,500\ t \\
\underline{3\,600\ t} \\
10\,200\ t : 3 = 3\,400\ t
\end{array}
$$

Das arithmetische Mittel von 3 400 t ist hier der durchschnittliche Schlußbestand.

Oft wird zwischen *einfachem* und *gewogenem arithmetischem Mittel* unterschieden. Als einfaches arithmetisches Mittel bezeichnet man den Mittelwert, zu dessen Ermittlung jede Einzelgröße nur einmal herangezogen wird, auch wenn sie mehrfach vorkommt, während man beim gewogenen arithmetischen Mittel jede Größe so oft berücksichtigt, wie sie auftritt. Sinnvoll ist das arithmetische Mittel eigentlich nur, wenn man alle vorhandenen Größen heranzieht. Das soll am folgenden Beispiel verdeutlicht werden:

Alter der Beschäftigten einer Abteilung

20, 20,	33,
23, 23, 23,	37, 37,
24, 24, 24,	40,
25,	45.
30,	

Würde man das „einfache" arithmetische Mittel bestimmen, so wären die Jahre 20, 23, 24 und 37 wie die anderen Jahre nur einmal zu berücksichtigen. Man käme dann zu einem Durchschnittsalter von 30,8 Jahren. Dieser Mittelwert ist aber nicht brauchbar, weil die Unterstellung nicht zutrifft. In die Berechnung des arithmetischen Mittels müssen eben alle Teilmassen einbezogen werden. Wenn eine Größe mehrfach auftritt, muß sie also auch mehrfach berücksichtigt werden. Das Durchschnittsalter beträgt 28,5 Jahre.

Genauso kann es vorkommen, daß verschiedenen Einzelwerten einer Zahlenreihe, aus der der Durchschnitt berechnet werden soll, unterschiedliche Bedeutung – also unterschiedliches Gewicht – zukommen muß. So könnte ein Kredit nur einen einzigen Kalendermonat lang in seiner Gesamthöhe von 1 Mio. DM in Anspruch genommen worden sein, anschließend drei Monate lang nur noch in Höhe von 600 000 DM, und in den verbleibenden Monaten des Kalenderjahres wurden nur noch 300 000 DM beansprucht. Das einfache arithmetische Mittel für die Kreditbeanspruchung in diesem Kalenderjahr, als die Summe der drei Beträge geteilt durch 3, errechnet sich zu 633 333 DM. Das gewogene Mittel dagegen beträgt hier

$$1 \cdot 1\,000\,000 + 3 \cdot 600\,000 + 8 \cdot 300\,000 = 5\,200\,000 : 12 = 433\,333\ DM,$$

eine wesentlich sinnvolleres Maß.

Mathematisch stellt die Berechnung des arithmetischen Mittels kein Problem dar. In der praktischen Betriebsstatistik kommt es aber gerade der vorgenannten Problematik wegen dennoch häufig zu fehlerhaften Anwendungen. Es muß klar sein, daß das einfache arithmetische Mittel nur mit absoluten Basiszahlen als Bestandsgrößen gebildet werden darf, die selbst nicht bereits durch Bezugnahme auf weitere Größen zustandegekommen sind. Das sind Entfernungen, Mengen, Zeiteinheiten und so weiter, also solche Größen, zu deren Dimensionierung nur eine Maßeinheit wie Kilometer, Stück oder Stunden erforderlich ist. Handelt es sich dagegen um Größen wie Geschwindigkeit, Ausbringungsleistung, Durchlaufmenge und ähnliche, die in Kilometer je Stunde (km/h), Stück oder Kubikmeter je Stunde (Stck/h bzw. m^3/h) gemessen werden, kann die Verwendung des einfachen arithmetischen Mittels zu Fehlaussagen führen. Dies sei an einer leicht einsichtigen, aber dennoch oft falsch beantworteten betrieblichen Fragestellung demonstriert.

Beispiel:
Von einer Kunststoffpresse sind aus der jüngsten Vergangenheit drei Leistungsmessungen bekannt, die folgende Leistungsmengen und Arbeitsgeschwindigkeiten erbracht haben:

Maschinenleistungsdaten Kunststoffpresse			
Versuch Nr.	Gefertigte Menge (St)	Arbeits- geschwindigkeit (St/h)	Versuchs- dauer (h)
1	6 000	100	60
2	3 000	150	20
3	1 600	200	8
Summe	10 600	450	88

Zur Berechnung der mittleren Arbeitsgeschwindigkeit dieser Maschine, etwa um eine Zahlenbasis für die künftige Kalkulation der Maschinenkapazität zu erhalten, würde die Ermittlung des einfachen arithmetischen Mittels aus den drei genannten Geschwindigkeitswerten nicht taugen, weil Geschwindigkeiten ihrer Dimension nach selbst bereits Bezugsgrößen sind und so auf nächsthöherer mathematischer Stufe stehen. Der betreffende Ergebniswert würde sich auf (100 + 150 + 200)/3 = 150 St/h belaufen und wäre damit zu hoch gegriffen. Hier kann nach der Formel des gewogenen Mittels gerechnet werden, wobei die für den einzelnen Versuch benötigte Versuchsdauer in Stunden (h) zu errechnen und als jeweiliges Gewicht zu verwenden wäre.
Mit Hilfe der Ergebnisspalte der Tabelle wird:

$$\text{Gewogenes Mittel} = \frac{100 \times 60 + 150 \times 20 + 200 \times 8}{88} = 120{,}45 \text{ St/h}$$

Dies entspricht in diesem Falle wiederum nichts anderem als dem einfachen arithmetischen Mittel, aber berechnet als Gesamtdurchschnitt aus den Summengrößen gerfertigte Menge (10 600 Stück) und Versuchsdauer insgesamt (88 h).

$$\bar{x} = \frac{10 600}{88} = 120{,}45 \text{ St/h}$$

Soll das arithmetische Mittel aus gruppiertem Material berechnet werden, tritt an die Stelle des Einzelwertes die Gruppenmitte. Die Gruppenmitte wird mit der Anzahl der zu dieser Gruppe gehörenden Werte multipliziert. Dabei wird unterstellt, daß sich die Einzelwerte gleichmäßig um die Gruppenmitten verteilen. Wo das nicht angenommen werden kann, ist das Ergebnis fragwürdig. Das heißt aber auch, daß jeder so errechnete Mittelwert nur als Näherungswert verstanden werden darf, da die Verteilung der Einzelwerte über die Gruppe nicht bekannt ist.

Gruppiert man zum Beispiel die Produktionsleistung der Arbeiter nach Maßgabe der folgenden Tabelle, ergibt sich unter Verwendung der entsprechenden Gruppenmitten und zugehöriger Rechenvorschrift eine Durchschnittsleistung von 245,5 Stück.

Produktionsleistung je Arbeiter			
Zahl der produzierten Stücke	Gruppenmitte x'_i	Häufigkeit (Zahl der Arbeiter) f_i	Gruppenmitte mal Häufigkeit $x'_i \cdot f_i$
201–220	210,5	8	1 684
221–240	230,5	10	2 305
241–260	250,5	16	4 008
261–280	270,5	14	3 787
Summe		48	11 784

$$\bar{x} = \frac{\Sigma x_i \cdot f_i}{\Sigma f_i} = 245,5$$

Eine besondere Anwendungsart des arithmetischen Mittels ist die Ermittlung *gleitender Durchschnitte*. Gleitende Durchschnitte werden dort benutzt, wo die Einzelwerte starken Schwankungen unterliegen.

Im folgenden Beispiel sind die Monatsumsätze eines Geschäftsjahres dargestellt. Im Monatsdurchschnitt beträgt der Umsatz 158 TDM. Dieser Durchschnitt eignet sich nicht besonders für die Beurteilung der einzelnen Monatswerte, weil diese vom Durchschnitt zu stark abweichen. Aus drei oder fünf Monatswerten gebildete Durchschnitte gestatten dagegen besser eine Einschätzung der einzelnen Monatswerte, weil in diesen Werten auch saisonbedingte Schwankungen ihren Niederschlag finden.

In der Tabelle haben der erste und der letzte Monat keine gleitenden Durchschnitte, weil das vorhergehende und das folgende Geschäftsjahr nicht aufgeführt sind.

Zur Auswertung der Abrechnungsergebnisse werden die gleitenden Durchschnitte nicht nur mit den Werten der einzelnen Monate verglichen, sondern auch den gleitenden Durchschnitten des Vorjahres gegenübergestellt.

Ein Nachteil der gleitenden Durchschnitte besteht darin, daß man sie gewissermaßen nur rückwirkend bilden kann. Der Dreimonatsdurchschnitt für den Monat Mai kann erst gebildet werden, wenn der Juniwert vorliegt, und zur Bildung des Fünfmonatsdurchschnitts für Mai muß man warten, bis der Juliwert bekannt ist.

Monate	Umsätze in TDM	Gleitender Dreimonatsdurchschnitt	Gleitender Fünfmonatsdurchschnitt
		Beispiel für gleitende Durchschnitte	
Januar	140	$\dfrac{140+100+110}{3} = 117$	–
Februar	100		
März	110	107	$\dfrac{140+100+110+110+150}{5} = 122$
April	110	123	124
Mai	150	137	138
Juni	150	157	148
Juli	170	160	162
August	160	170	170
September	180	177	182
Oktober	190	193	194
November	210	210	–
Dezember	230	–	–
	$1900:12 = 158$		

Jahreszeitlich bedingte Schwankungen lassen sich bei der Auswertung auch eliminieren, wenn man ein gleitendes Zwölfmonatsmittel bildet:

$$\frac{\text{Januar bis Dezember}}{12}, \quad \frac{\text{Februar bis Januar}}{12}, \quad \frac{\text{März bis Februar}}{12} \quad \text{usw.}$$

Zur Auswertung wird das Zwölfmonatsmittel des laufenden Jahres mit dem des Vorjahres verglichen.

An der Bildung des arithmetischen Mittels sind alle Einzelwerte beteiligt. Das wird als vorteilhaft empfunden, wenn die Einzelwerte nicht übermäßig vom arithmetischen Mittel abweichen. Umfaßt eine

34

statistische Masse dagegen neben einer großen Zahl mehr oder weniger gleichwertiger Elemente einige extrem abweichende Werte, so erhält man als arithmetisches Mittel eine Größe, die wohl rechnerisch ein Mittel darstellt, die aber nicht das Charakteristische der Gesamtmasse zum Ausdruck bringt. In diesen Fällen läßt sich ein sinnvolles Ergebnis erreichen, wenn bei der Ermittlung des Durchschnitts die Einzelwerte, die allzu extrem erscheinen, weggelassen werden. Dieses Vorgehen setzt jedoch viel Erfahrung und Gefühl voraus und ist nicht frei von Willkür. Oft bleibt aber gar keine andere Wahl, wenn es um die Gewinnung aussagekräftiger Kennzahlen geht. Besitzt eine statistische Masse mehrere ausgeprägte Häufungspunkte, dann ist die Aussage des arithmetischen Mittels von fraglichem Wert. In diesen Fällen sind zur Charakterisierung der Masse die dichtesten Werte heranzuziehen.

Zur Darstellung von Entwicklungstendenzen dient das *geometrische Mittel*. Die Ermittlung des geometrischen Mittels erfolgt ähnlich wie die des arithmetischen Mittels, allerdings auf der nächst höheren Rechenstufe. Für das arithmetische Mittel werden die Einzelwerte addiert und durch die Zahl der Elemente dividiert; zur Ermittlung des geometrischen Mittels multipliziert man die Einzelwerte x_1, x_2, x_3 ... $\cdot x_n$ miteinander und zieht aus dem Produkt die n-te Wurzel:

$$G = \sqrt[n]{x_1 \cdot x_2 \cdot x_3 \ldots \cdot x_n} \ .$$

Die Berechnung des geometrischen Mittels ist nicht möglich, wenn einer der x-Werte 0 oder negativ ist.

Die Berechnung des geometrischen Mittels erfolgt auf logarithmischem Wege:

$$\log G = \frac{1}{n} (\log x_1 + \log x_2 + \log x_3 + \ldots + \log x_n)$$
$$= \frac{1}{n} \Sigma \log x_i$$

Beispiel:

Jahr	Absatz in % des Vorjahresabsatzes
1	103,4
2	102,6
3	104,5
4	103,1

Wie groß ist die durchschnittliche Absatzzunahme in den 4 Jahren?

$$G = \sqrt[4]{1{,}034 \cdot 1{,}026 \cdot 1{,}045 \cdot 1{,}031} = \sqrt[4]{1{,}143} = 1{,}034$$

Das durchschnittliche Wachstum beträgt 3,4 %.

Liegen neben Prozentsätzen über die Entwicklung des Absatzes auch die absoluten Zahlen vor, kommt man zum gleichen Ergebnis, wenn die Wurzel aus dem Verhältnis zwischen Endjahr und Ausgangsjahr gezogen wird. Dabei ist zu beachten, daß das Ausgangsjahr nicht mitgezählt oder die Zahl der Jahre um 1 verringert wird. Die Vereinfachung ist möglich, weil sich die anderen Jahre kürzen lassen.

Beispiel:

Jahr	Absatz in TDM a_i	Absatz in % des Vorjahres x_i
1	320,0	
2	330,9	103,4
3	339,5	102,6
4	354,8	104,5
5	365,8	103,1

$$\sqrt[4]{\frac{330,9}{320,0} \cdot \frac{339,5}{330,9} \cdot \frac{354,8}{339,5} \cdot \frac{365,8}{354,8}} = \sqrt[4]{\frac{365,8}{320,0}} = 1,034$$

Die dieser Berechnung zugrunde liegende Formel für das Wachstumstempo W lautet:

$$W = \sqrt[n-1]{\frac{a_n}{a_0}},$$

wobei a_0, a_1, a_2 ... a_n die absoluten Entwicklungszahlen sind.

2.3.1.3 Zentralwert und dichtester Wert

Der *Zentralwert* oder *Median* ist der Wert des mittleren Elements einer Reihe. Zu seiner Ermittlung müssen die Elemente zunächst nach der Größe geordnet werden.

Tägliche Leistung bei einer Versuchsproduktion in t	Ordnungszahl
270	1
277	2
284	3
286 Zentralwert	4
287	5
289	6
293	7

Besteht eine statistische Reihe aus einer geraden Zahl von Elementen, so erhält man zwei Größen, die als Zentralwert in Frage kommen. In diesem Falle kann man eine der beiden Größen oder das arithmetische Mittel aus beiden Größen als Zentralwert angeben. Von Wertveränderungen der übrigen Elemente einer Reihe ist der Zentralwert unabhängig. Das ist vorteilhaft, wenn einzelne Elemente extreme Abweichungen vom Mittelwert aufweisen, nachteilig, wenn dadurch eine bestimmte Tendenz einer Reihe nicht zum Ausdruck kommt. In gewissem Sinne reagiert der Zentralwert umgekehrt wie das arithmetische Mittel. Man wird deshalb immer prüfen müssen, welcher der beiden Mittelwerte in einem gegebenen Fall die Verhältnisse am besten zum Ausdruck bringt. Oft wird man beide Werte zu Analysen heranziehen.

Der *dichteste Wert* ist die Einzelgröße, die in einer statistischen Masse am häufigsten auftritt; man nennt sie deshalb auch den *häufigsten Wert*. Zur Ermittlung des dichtesten Wertes ist das Material nach der Häufigkeit der Einzelgrößen zu ordnen.

Stundenleistung einer Anlage in t Ware

35,	50, 50, 50, 50, 50, 50,
36,	51,
47,	52, 52, 52, 52, 52,
48, 48,	53,
49, 49, 49,	55.

In diesem Beispiel ist 50 der dichteste Wert.

2.3.2 Häufigkeitsverteilung

Durch Mittelwertsbildung allein kann der Charakter einer statistischen Masse oft nicht ausreichend beschrieben werden. Dies wird leicht deutlich, wenn man nachfolgende Zahlenreihen betrachtet.

Zahlenreihe 1: 2, 8, 16, 22, 32
Zahlenreihe 2: 10, 14, 16, 18, 22

Das arithmetische Mittel errechnet sich bei beiden Zahlenreihen zu 16. Der Zentralwert liegt ebenfalls in beiden Reihen bei 16. Es ist leicht zu ersehen, daß dennoch beide Zahlenreihen eine völlig verschiedene Struktur aufweisen.

Nicht selten ist es erforderlich, eine Aussage über die gesamte Struktur von Zahlenreihen zu treffen. Dann sind mehrere oder alle Einzelglieder einer Reihe in der Häufigkeit ihres Auftretens zu beziffern. Zu diesem Zweck ist die sogenannte Häufigkeitsverteilung der Merkmale zu ermitteln und darzustellen. Dabei gibt die *absolute Häufigkeit* an, wie oft jeder einzelne Merkmalswert innerhalb der betreffenden statistischen Reihe vertreten ist. Die *relative Häufigkeit* drückt diese Zahl als Prozentanteil der Summe aller absoluten Häufigkeiten aus. Am besten läßt sich dies an einem Beispiel demonstrieren.

Die Zahlen des Produktionsausstoßes gemäß der folgenden Tabelle erhalten in numerisch steigender Folge mehrere gleiche Werte unterschiedlich häufigen Vorkommens.

Beispiel für den Produktionsausstoß einer Anlage (Häufigkeitsverteilungen)		
Registrierter Tagesausstoß in Tonnen	Vorkommen im Betrachtungszeitraum	
	Absolute Häufigkeit	Relative Häufigkeit (in %)
40	1 mal	1/15 x 100 = 6,7
42	1 mal	1/15 x 100 = 6,7
43 43 43	3 mal	3/15 x 100 = 20,0
44 44 44	3 mal	3/15 x 100 = 20,0
45 45 45 45	4 mal	4/15 x 100 = 26,7
47 47	2 mal	2/15 x 100 = 13,2
48	1 mal	1/15 x 100 = 6,7
Summe Häufigkeit	15 mal	100,0%

Noch plastischer lassen sich Häufigkeitsstrukturen mittels Stab- oder Säulendiagramm aufzeigen, wie sie auf S. 89 noch ausführlicher beschrieben werden: Die darzustellenden Merkmalswerte sind nach Größe sortiert auf der X-Achse aufgetragen; die Y-Achse zeigt die Häufigkeiten entweder in absoluter oder, wie nachstehend gezeigt, in relativer Form.

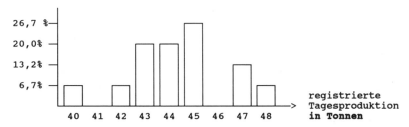

relative Häufigkeit
der Tagesproduktion
in %

26,7 %

20,0%

13,2%

6,7%

40 41 42 43 44 45 46 47 48

registrierte
Tagesproduktion
in **Tonnen**

Abb. 3: Diagramm der Häufigkeitsverteilung

Man sieht sofort, daß die Tagesproduktion 45 Tonnen am häufigsten erscheint. Es wurden hier 15 Tageswerte (Fälle) festgehalten. An 4 Tagen, also 4mal, wurde ein Produktionsausstoß von 45 Tonnen registriert, das sind 26,7 % der 15 Fälle. 3mal wurde ein Produktionsausstoß von 43 Tonnen und von 44 Tonnen registriert, das sind jedesmal genau 20 % aller Fälle usw.

Genauso läßt sich die Häufigkeit des Auftretens bestimmter Merkmalswerte auch für statistische Gruppen ausweisen. Die bereits bekannte Einteilung der Beschäftigten eines Unternehmens nach Altersgruppen könnte sich, wie im folgenden Beispiel gezeigt, ergeben. Gemäß diesem Beispiel entfallen 115 der insgesamt 1151 Beschäftigten auf die Altersklasse der 15- bis unter 25jährigen, 240 auf die Klasse 25 bis unter 35 Jahre usw. (absolute Häufigkeiten). Die relativen Häufigkeitswerte erhält man durch jeweilige Division durch die Summe aller absoluter Häufigkeiten, also hier durch die Gesamtzahl der Beschäftigten = 1151.

Beispiel für die Altersschichtung der Beschäftigten eines Unternehmens							
	Altersgruppe (von ... bis unter ... Jahre)						
	I 15-25	II 25-35	III 35-45	IV 45-55	V 55-65	VI über 65	Summe
Anz. Beschäftigte (absol. Häufigkeit)	115	240	361	310	120	5	1 151
Relat. Häufigkeit in %	10,0	20,9	31,4	26,9	10,4	0,4	100,0

Relative Häufigkeit Altersgruppe I = 115 : 1 151 x 100 = 9,99 = 10,0 %
Altersgruppe II = 240 : 1 151 x 100 = 20,85 = 20,9 %
Altersgruppe III = 361 : 1 151 x 100 = 31,36 = 31,4 %
usw.

Übersichtlichkeit und Genauigkeit gruppenbezogener Verteilungsdarstellungen hängen von der Wahl der Gruppenbreite und der Verteilung der Merkmalswerte innerhalb der einzelnen Gruppe ab. Breite Gruppen erhöhen die Übersicht, führen aber zu höheren Informationsverlusten, unterschiedliche Gruppenbreiten in einer Darstellung können den Eindruck verzerren. Da innerhalb der Gruppe eine absolute Gleichverteilung unterstellt wird, die im Normalfall gar nicht gegeben ist, muß durch diese Vereinfachung zwangsläufig ein Fehler entstehen (siehe hierzu unscharfe Gruppengrenze Gruppe VI). Dieser Fehler wird sich mit zunehmender Gruppenbreite vergrößern.

2.4 Streuungsmaße

2.4.1 Die Streuung statistischen Zahlenmaterials

Es wurde bereits gezeigt, daß Zahlenreihen trotz gleicher Durchschnitte sehr unterschiedliche Strukturen aufweisen können. Mittelwerte vermögen eine Zahlenreihe nicht vollständig zu repräsentieren, weil ihre Einzelglieder mehr oder weniger stark vom Durchschnitt abweichen können.

Die Strukturdarstellung in Form von Häufigkeitsverteilungen liefert zwar ein ganzes Profilbild, ist aber in der Gesamtheit ihrer Erscheinung recht komplex. Der Vergleich zweier Zahlenreihen mittels dieses Instruments bedarf der eingehenden Betrachtung und ist objektiv kaum möglich. Der Statistiker berechnet deshalb das *Streuungsmaß*, um die Abweichungen der Einzelwerte vom Mittelwert wiederum in einer einzigen Zahl ausdrücken zu können. Ein sehr einfach zu berechnendes Streuungsmaß ist die *Spannweite*. *Durchschnittliche absolute Abweichung, Varianz* und *Standardabweichung* sind berechnungsintensivere, aber häufiger verwendete Streuungsmaße. Für alle Streuungsmaße gilt: Je kleiner ihr Wert ausfällt, um so besser repräsentiert der Mittelwert die Einzelwerte der betrachteten statistischen Masse.

2.4.2 Spannweite und durchschnittliche Abweichung

Am einfachsten läßt sich die Streuung bestimmen, wenn man die Differenz zwischen dem größten und dem kleinsten Wert angibt. Diese Differenz, die als *Spannweite* bezeichnet wird, ist in der Zahlenreihe 1 auf S. 37 = 30, in der Zahlenreihe 2 ist sie = 12. Man kann die Spannweite auch oberhalb und unterhalb des Mittelwertes getrennt angeben. Dadurch wird deutlich, in welchem Teil der Masse die Streuung größer oder kleiner ist. In Zahlenreihe 1 ist die untere Spannweite 14, die obere 16; in der Zahlenreihe 2 sind obere und untere Spannweite 6.
Die Spannweite läßt sich leicht ermitteln. Nachteilig ist es, daß sich die Verteilung der Elemente innerhalb der Spannweite nicht erkennen läßt. Man bestimmt die Spannweite deshalb meist nur, um zu erkennen, ob eine genauere Berechnung der Streuung erforderlich ist.

Die *durchschnittliche Abweichung* wird auch als *lineares Streuungsmaß* bezeichnet. Für sie gilt das Symbol δ (sprich: delta). Sie stellt das arithmetische Mittel aus den Abständen der Einzelwerte vom Mittelwert dar. Zu ihrer Ermittlung werden die Abstände der Einzelwerte vom Mittelwert errechnet, ungeachtet ihrer positiven oder negativen Vorzeichen addiert und durch die Anzahl der Abweichungen dividiert:

$$\delta = \frac{\Sigma \, |(x_i - \bar{x})|}{n}$$

Beispiel:

Leistung in t x_i	Abweichung vom Mittelwert $|x_i - \bar{x}|$	
500	20	
505	15	$\bar{x} = \dfrac{5\,200}{10} = 520$
510	10	
516	4	
520	0	
522	2	$\delta = \dfrac{98}{10} = 9,8$
529	9	
530	10	
532	12	
536	16	
5 200	98	

Der durchschnittliche Abstand der Einzelwerte vom Mittelwert beträgt 9,8.

Die Formel für die relative Streuung (δ') lautet:

$$\delta' = \frac{\delta \, 100}{\bar{x}}$$

Im vorliegenden Beispiel beträgt die relative Streuung

$$\delta' = \frac{980}{520} = 1{,}9$$

Im Durchschnitt weichen die Einzelwerte um 1,9% vom Mittelwert ab. Die Formel für die relative Streuung läßt sich vereinfachen:

$$\delta' = \frac{\delta}{\bar{x}} = \frac{\frac{\Sigma \, |(x_i - \bar{x})|}{n}}{\frac{\Sigma \, x_i}{n}} = \frac{\Sigma \, |(x_i - \bar{x})|}{\Sigma \, x_i}$$

Danach braucht man zur Ermittlung der relativen Streuung nicht von der linearen Streuung und dem Mittelwert auszugehen. Man kommt zum gleichen Ergebnis, wenn die Summe aller Abstände vom Mittelwert durch die Summe aller Einzelwerte dividiert wird. Für das obige Beispiel ergibt sich folgende Rechnung:

$$\delta' = \frac{98}{5\,200} = 0{,}019 = 1{,}9\%$$

Im eben behandelten Beispiel tritt jeder x_i-Wert nur einmal auf. Sind mehrere gleich große x_i-Werte vorhanden, sind sie mit der Zahl ihrer Häufigkeit (f_i) zu multiplizieren.

Beispiel:

Arbeitstabelle zur Errechnung der durchschnittlichen Abweichung				
Leistung in kg x_i	Häufigkeit (Gewicht) f_i	$f_i \cdot x_i$	$\lvert x_i - \bar{x} \rvert$	$\lvert x_i - \bar{x} \rvert \cdot f_i$
30,2	5	151,0	3,2	16
30,3	7	212,1	3,1	21,7
31,5	12	378,0	1,9	22,8
32,2	1	32,2	1,2	1,2
32,7	18	588,6	0,7	12,6
33,0	30	990,0	0,4	12,0
33,2	35	1 162,0	0,2	7,0
33,5	33	1 105,5	0,1	3,3
33,8	30	1 014,0	0,4	12,0
34,2	20	684,0	0,8	16,0
34,5	18	621,0	1,1	19,8
34,8	4	139,2	1,4	5,6
35,0	2	70,0	1,6	3,2
	214	7 147,6		153,2

$$\bar{x} = \frac{\Sigma x_i\, f_i}{\Sigma f_i} = \frac{7\,147,6}{214} = 33,4 \qquad \delta = \frac{\Sigma \lvert (x_i - \bar{x}) \rvert \cdot f_i}{\Sigma f_i} = \frac{153,2}{214} = 0,715$$

$$\delta' = \frac{\delta}{\bar{x}} = 0,021 = 2,1\,\% \text{ oder}$$

$$\delta' = \frac{\lvert x_i - \bar{x} \rvert \cdot f_i}{\Sigma f_i\, x_i} = \frac{153,2}{7\,147,6} = 0,021 = 2,1\,\%$$

2.4.3 Standardabweichung und Varianz

Zur Berechnung von Standardabweichung und Varianz wird anstelle des linearen Abstandes der Einzelwerte vom Mittelwert das Quadrat dieser Abstände herangezogen. Damit gehen größere Abstände vom Mittel stärker gewichtet in die Berechnung ein als kleinere Abstände.

Man verwendet diese Maßzahlen besonders immer dann, wenn ein besonderes Augenmerk auf größere Ausschläge um einen Mittelwert gelegt werden soll. Außerdem gibt es statistisch-mathematische Berechnungen, wie beispielsweise die Bestimmung von Korrelationskoeffizienten oder Stichprobenfehlern, für die sich das lineare Streuungsmaß generell nicht eignet, etwa weil die Summe aller Abweichungen 0 ergeben kann. In diesen Fällen bedient man sich der Varianz, die mit σ^2 (sprich sigma) bzw. der Standardabweichung $\sigma = \sqrt{\sigma^2}$, die auch als quadratische Streuung bezeichnet wird.

Die Varianz ist der Durchschnitt der Quadrate der Abweichungen zwischen den Einzelwerten und dem Mittelwert:

$$\sigma^2 = \frac{\Sigma (x_i - \overline{x})^2}{n}.$$

Für die Standardabweichung gilt die Formel:

$$\sigma = \sqrt{\frac{\Sigma (x_i - \overline{x})^2}{n}}.$$

Für die Berechnung aus klassifizierten Werten gelten die Formeln:

$$\sigma^2 = \frac{\Sigma (x_i - \overline{x})^2 \cdot f_i}{\Sigma f_i} \quad \text{und}$$

$$\sigma = \sqrt{\frac{\Sigma (x_i - \overline{x})^2 \cdot f_i}{\Sigma f_i}}.$$

Beispiel:

Arbeitstabelle zur Errechnung der Varianz und der Standardabweichung			
Leistung in kg x_i	Häufigkeit (Gewicht) f_i	$f_i \cdot x_i$	$(x_i - \overline{x})^2 \cdot f_i$
30,2	5	151,0	51,20
30,3	7	212,1	67,27
31,5	12	378,0	43,32
32,2	1	32,2	1,44
32,7	18	588,6	8,82
33,0	30	990,0	4,80
33,2	35	1 162,0	1,40
33,5	33	1 105,5	0,33
33,8	30	1 014,0	4,80
34,2	20	684,0	12,80
34,5	18	621,0	21,78
34,8	4	139,2	7,84
35,0	2	70,0	5,12
	214	7 147,6	230,92

$$\sigma^2 = \frac{230{,}92}{214} = 1{,}08$$

$$\sigma = \sqrt{\frac{230{,}92}{214}} = 1{,}04$$

2.4.4 Zusammenfassung

Die Streuung wird also ermittelt, um sich beim arithmetischen Mittel ein Bild darüber machen zu können, in welchem Maße die Einzelwerte vom Mittelwert abweichen. So kann man erkennen, in welchem Maße das arithmetische Mittel die Einzelwerte repräsentativ vertritt. Je geringer die Streuung ist, um so besser repräsentiert der Mittelwert die Einzelwerte. Der einfachste Ausdruck der Streuung ist die Spannweite. Dazu wird der niedrigste und der höchste Wert angegeben. Das lineare Streuungsmaß ist das arithmetische Mittel aus den Abständen der Einzelwerte vom Mittelwert. Die relative Streuung drückt aus, wieviel Prozent die lineare Streuung vom arithmetischen Mittel ausmacht. Für mathematisch-statistische Berechnungen benötigt man die Varianz oder die Standardabweichung. Die Varianz ist der Durchschnitt der quadrierten Abweichungen der Einzelwerte vom Mittelwert. Die Standardabweichung ist die Quadratwurzel aus der Varianz.

2.5 Analyse statistischer Maßzahlen

2.5.1 Zeitreihen und ihre Komponenten

Zur Darstellung der Struktur und Entwicklung von Erscheinungen im zeitlichen Ablauf werden Zeitreihen gebildet. Dazu reiht man Ursprungszahlen, Mittelwerte, Verhältniszahlen oder andere Größen aneinander. Beispiele sind die zeitliche Produktionsentwicklung, Absatzentwicklung, Bestandsentwicklung und Arbeitskräfteentwicklung.
Handelt es sich bei der Untersuchung um einen Prozeß, so ist die Betrachtung eines Zeitraumes sinnvoll. Es wird also beispielsweise die Produktionsleistung nach Stunden, Tagen, Wochen und Monaten usw. dargestellt. Bestände und Arbeitskräfte werden als Größen zu bestimmten Zeitpunkten gezeigt. Entsprechend der Gliederung

der statistischen Massen nach Bestands- und Bewegungsmassen lassen sich die Zeitreihen in Zeitpunktreihen und Zeitraumreihen einteilen.

Die tatsächlichen Werte einer Zeitreihe entstehen durch das Zusammenwirken folgender Komponenten:

1. Der Trend gibt die langfristige Grundrichtung einer Zeitreihe an, wie die jährliche Zunahme der Produktion, des Absatzes oder des Energieverbrauchs. Der Trend kann sowohl einen Wachstums- als auch einen Schrumpfungsprozeß zum Ausdruck bringen.
2. Die konjunkturelle Komponente hat einen mittelfristigen Einfluß auf die Zeitreihe. Sie ist überbetrieblich bedingt und läßt sich nur schwer bestimmen. Da in der betrieblichen Praxis meist nur mit relativ kurzen Zeiträumen gearbeitet wird, wird die konjunkturelle Komponente mit dem Trend zusammengefaßt. Dadurch bleibt allerdings die Analyse der Zeitreihe mit entsprechenden Unsicherheiten behaftet.
3. Die Saisonkomponente, die allgemein richtiger als periodische Komponente bezeichnet wird, zeigt im zeitlichen Rhythmus vorgehende Schwankungen um den Trend. Die Ursachen solcher Schwankungen können auf Klima, Witterung, Festtage u. ä. zurückgeführt werden. Der zeitliche Rhythmus kann aber auch nur einen Monat, eine Woche, einen Tag oder eine Stunde umfassen.
4. Die Restkomponente umfaßt einmalige und zufällige Einflüsse. Für die praktische Arbeit wird angenommen, daß sich diese Einflüsse im Laufe der Zeit ausgleichen.

Die Werte einer Zeitreihe können als die Funktion der Trend- (T), der Konjunktur- (K), der Saison- (S) und der Resteinflüsse (R) dargestellt werden:

$$y = f(T, K, S, R)$$

T, K, S und R sind dabei von der Zeit (t) abhängig. Es wurde schon darauf hingewiesen, daß es schwierig ist, den Konjunktureinfluß zu bestimmen und daß man ihn in der Betriebsstatistik unberücksichtigt läßt.

Die oben angeführte Gleichung reduziert sich dann auf

$$y = f(T, S, R)$$

Bei der Restkomponente wird unterstellt, daß sich ihr Einfluß mehr mit der Zeit ausgleicht. Werden für einen längeren Zeitraum die auf die periodische und die Restkomponente zurückzuführenden Einflüsse zusammengefaßt, unterstellt man, daß durch das Sichausgleichen der Restkomponenten als Mittelwert nur die Saisonkomponente übrigbleibt. Damit ist eine weitere Vereinfachung der Gleichung möglich:

$$y = f \ (T, \ S)$$

Die Trendkomponente läßt sich durch verschiedene Verfahren bestimmen. Wird aus den Werten einer Zeitreihe die Trendkomponente eliminiert, bleibt die Saisonkomponente übrig.

2.5.2 Trendermittlung

Der Trend zeigt die Grundrichtung einer Zeitreihe an. Bei seiner Ermittlung ist die Vielzahl von Faktoren, die eine Zeitreihe bestimmt, auf einen Nenner zu bringen. Die Ermittlung des Trends kann zeichnerisch, durch gleitende Durchschnitte oder durch mathematische Verfahren erfolgen. Diese drei Möglichkeiten führen zu unterschiedlicher Genauigkeit der Ergebnisse und bedingen unterschiedlichen Arbeitsaufwand. Für welche Möglichkeit man sich entscheidet, hängt von der erforderlichen Genauigkeit und von der zur Verfügung stehenden Zeit ab. Wegen des Einsatzes elektronischer Rechengeräte stört der Rechenaufwand nicht mehr so sehr, und es wird deshalb zunehmend von der mathematischen Berechnung Gebrauch gemacht.

Zur übersichtlicheren Darstellung wird hier bei der Trendbestimmung von Jahreswerten ausgegangen, während Quartale nur bei der Bestimmung der Saisonkomponente berücksichtigt werden.

2.5.2.1 Zeichnerische Ermittlung des Trends

Bei der zeichnerischen Ermittlung des Trends zieht der Statistiker nach Augenmaß eine Linie mit eindeutiger Richtung durch den statistisch gegebenen Kurvenverlauf. Weil man sich dabei auf das Augenmaß verlassen muß, spricht man auch vom visuellen Trend. Die Trendkurve soll so zwischen den einzelnen Größen verlaufen, daß die Summe der Abstände der Einzelwerte vom Trend möglichst niedrig ist. Abbildung 4 veranschaulicht das Gesagte.

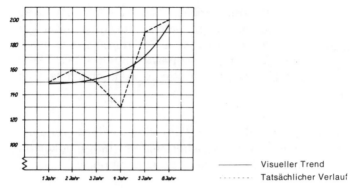

200
180
160
140
120
100

1 Jahr 2 Jahr 3 Jahr 4 Jahr 5 Jahr 6 Jahr

——————— Visueller Trend
- - - - - - - Tatsächlicher Verlauf

Abb. 4: Visueller Trend

2.5.2.2 Ermittlung des Trends über gleitende Durchschnitte

Gleitende Durchschnitte werden gebildet, um zu einer schwankungsfreien Darstellung der tatsächlichen Größen zu kommen. Den gleitenden Durchschnitten legt man meist 3, 4 oder 5 Glieder einer Reihe zugrunde[1]).

Bezieht man zuwenig Glieder in den Durchschnitt ein, besteht die Gefahr, daß sich die Schwankungen der tatsächlichen Werte noch zu stark auswirken. Wird bei der Durchschnittsbildung von zu vielen Reihengliedern ausgegangen, ergibt sich ein entstellter Trend, weil die Einzelwerte zu stark nivelliert worden sind.

Um nicht in eines der beiden Extreme zu verfallen, beginnt man mit dem Zeichnen des visuellen Trends. Dann entscheidet man sich für die Zahl von Reihengliedern für die Durchschnittsbildung, bei der die Grundrichtung am besten eingehalten wird.

Der erste Durchschnitt aus drei Gliedern wird aus dem 1., 2. und 3. Glied gebildet, der zweite Durchschnitt entsteht aus dem 2., 3. und 4. Glied usf.

---

[1]) Vgl. hierzu auch die Ausführungen über das arithmetische Mittel (s. S. 34 ff.).

Beispiel:

Trendermittlung mittels gleitender Durchschnitte				
Jahr	Umsatz in TDM	Gleitender Durchschnitt aus		
		3	5	4
			Gliedern	
1.	120	–	–	–
2.	110	116	–	–
3.	118	114	123	120
4.	115	128	131	130
5.	150	142	139	140
6.	160	153	141	146
7.	150	147	156	153
8.	130	157	166	163
9.	190	173	–	–
10.	200	–	–	–

1. Durchschnitt aus 3 Gliedern: $\dfrac{120 + 110 + 118}{3} = \dfrac{348}{3} = 116$

1. Durchschnitt aus 5 Gliedern: $\dfrac{120+110+118+115+150}{5} = \dfrac{613}{5} = 122,6$

1. Durchschnitt aus 4 Gliedern: $\dfrac{\dfrac{120}{2}+110+118+115+\dfrac{150}{2}}{4} = \dfrac{478}{4} = 119,5$

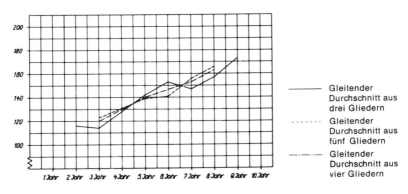

Gleitender Durchschnitt aus drei Gliedern

Gleitender Durchschnitt aus fünf Gliedern

Gleitender Durchschnitt aus vier Gliedern

Abb. 5: Trendermittlung mittels gleitender Durchschnittswerte

Ergibt sich bei einmaliger Anwendung der Durchschnittsbildung eine Kurve mit noch zu starken Schwankungen, so kann das Verfahren ein zweites oder drittes Mal angewandt werden. Auch dann ist wieder darauf zu achten, daß die Grundrichtung nicht durch zu starke Durchschnittsbildung entstellt wird.

Wird die Trendermittlung über gleitende Durchschnitte vorgenommen, so verkürzen sich die Kurven an beiden Enden um ein, zwei oder mehrere Zeiträume. Das ist ein großer Nachteil, insbesondere für die Prognose, da die Werte vor dem Beginn des Voraussagezeitraumes abbrechen.

2.5.3 Mathematische Trendfunktionen

Es soll eine mathematische Funktion gefunden werden, die sich dem Verlauf der Zeitreihe optimal anpaßt. Kriterium für die Anpassung der mathematisch ermittelten Trendwerte (T_i) an die empirischen Werte (y_i) der Zeitreihe ist die Summe der absoluten Abstände (d_i); die Summe der Quadrate der Abweichungen der theoretischen von den tatsächlichen Werten muß so klein wie möglich sein:

$$(y_i - T_i)^2 = \text{Min.} \tag{1}$$

Die Berechnung der Trendfunktion, die dieser Forderung entspricht, wird als die Methode der kleinsten Quadrate bezeichnet. Zunächst soll ein linearer Trend abgeleitet werden. Die Trendwerte (T_i) müssen die Funktion

$$T_i = a + b \cdot x_i \tag{2}$$

erfüllen. Dabei gibt a den Schnittpunkt der Geraden mit der y-Achse an, b ist der Koeffizient, der die Richtung der Kurve bestimmt, x drückt die Glieder der Zeitreihe aus (z. B. Monat oder Jahr).

Wird die Formel für die Trendfunktion (2) in die Formel für die Minimumbedingung der kleinsten Quadrate (1) eingesetzt, ergibt sich

$$\Sigma [y_i - (a + b \cdot x)]^2 = \text{Min.} \tag{3}$$

Mit Hilfe der Differentialrechnung lassen sich daraus die folgenden Normalgleichungen ableiten, die zur Bestimmung von a und b dienen:

$$\Sigma\, y_i = n\, a + b\, \Sigma\, x_i \qquad (4)$$
$$\Sigma\, x_i y_i = a\, \Sigma\, x_i + b\, \Sigma\, x_i^2 \qquad (5)$$

Es soll der Trend für das angeführte Beispiel errechnet werden. Dabei sind die x-Werte Jahreszahlen. Es würde die Rechnung unnötig erschweren, wenn man mit den Jahreszahlen rechnete. Eine wesentliche Vereinfachung wird erreicht, wenn die Jahreszahlen von 1 fortlaufend numeriert werden. In unserem Beispiel sind danach die Jahre 1 bis 10 einzusetzen.

Noch einfacher wird die Rechnung, wenn man die Ordnungszahlen für die einzelnen Jahre so wählt, daß ihre Summe gleich 0 ist. Für einen Zeitraum von 5 Jahren wären die Ordnungszahlen −2, −1, 0, +1, +2 zu verwenden.

Hat man es mit einer geraden Zahl von Zeiträumen zu tun, muß man auf die 0 in der Mitte der Ordnungszahlen verzichten, wenn die Summe der Ordnungszahlen gleich 0 sein soll. Man bezeichnet dann die beiden mittleren Zeiträume mit −1 und +1. Da zwischen diesen beiden Größen ein Abstand von 2 besteht, muß zu den übrigen Ordnungszahlen der gleiche Abstand eingehalten werden, also z. B. −5, −3, −1, +1, +3, +5.

Die Umsätze des obigen Beispiels sind in die folgende Tabelle übernommen worden. Die Zeiträume sind mit −9, bis +9 angegeben. xs und x^2 wurden durch Multiplikation ermittelt.

Mathematische Trendfunktion (Wertetabelle zum linearen Trend)				
Jahr	x_i	y_i (Umsatz)	$x_i\, y_i$	x_i^2
1. Jahr	−9	120	−1 080	81
2. Jahr	−7	110	− 770	49
3. Jahr	−5	118	− 590	25
4. Jahr	−3	115	− 345	9
5. Jahr	−1	150	− 150	1
6. Jahr	+1	160	+ 160	1
7. Jahr	+3	150	+ 450	9
8. Jahr	+5	130	+ 650	25
9. Jahr	+7	190	+1 330	49
10. Jahr	+9	200	+1 800	81
	$\Sigma x_i = 0$	$\Sigma y_i = 1\,443$	$\Sigma x_i y_i = 1\,455$	$\Sigma x_i^2 = 330$

Die Endwerte der Tabelle werden in die Gleichungen

(4) $\Sigma y = n \cdot a + b\Sigma x$ und
(5) $\Sigma xy = a\Sigma x + b\Sigma x^2$

eingesetzt; n, die Zahl der Reihenglieder, ist 10.

1) $1443 = 10a + b \cdot 0$
$10a = 1443$
$a = 144,3$

2) $1455 = a \cdot 0 + 330b$
$330b = 1455$
$b = 4,41$

Die Gleichung für den Trend lautet

$$T_i = 144,3 + 4,41 \, x.$$

In diese Gleichung werden zur Ermittlung der Trendwerte die Werte der einzelnen Jahre eingesetzt, für das erste Jahr beispielsweise -9.

1. Jahr:	$144,3 + 4,41 \cdot -9 = 104,6$	
2. Jahr:	$144,3 + 4,41 \cdot -7 = 113,4$	
3. Jahr:	$144,3 + 4,41 \cdot -5 = 122,2$	
4. Jahr:	$144,3 + 4,41 \cdot -3 = 131,1$	
5. Jahr:	$144,3 + 4,41 \cdot -1 = 139,9$	
6. Jahr:	$144,3 + 4,41 \cdot +1 = 148,7$	
7. Jahr:	$144,3 + 4,41 \cdot +3 = 157,5$	
8. Jahr:	$144,3 + 4,41 \cdot +5 = 166,4$	
9. Jahr:	$144,3 + 4,41 \cdot +7 = 175,2$	
10. Jahr:	$144,3 + 4,41 \cdot +9 = 184,0$	

Aus dieser Trendberechnung geht hervor, daß die Wachstumsrate des Umsatzes in den zehn Jahren 8,82 TDM beträgt. Auf S. 55 ist die Trendkurve dargestellt.

Der als Gerade berechnete Trend bringt die tatsächliche Entwicklung nicht genügend zum Ausdruck, weil unberücksichtigt bleibt, daß die Umsatzzunahme in den letzten Jahren stärker als in den ersten Jahren ist.

In diesem Fall empfiehlt es sich, einen parabolischen Trend zu berechnen. Dazu ist für T_i die allgemeine Funktion einer Parabel einzusetzen:

$$T_i = a + bx_i + cx_i^2 \qquad (6)$$

c ist in dieser Gleichung wie b ein Koeffizient, der die Richtung mitbestimmt. Wird die Formel (6) in die Minimumsbedingungen (1) eingesetzt ergibt sich

$$\Sigma \, [y_i - (a + b \cdot x_i + c \cdot x_i^2)]^2 = \text{Min.} \qquad (7)$$

Daraus lassen sich mit Hilfe der Differentialrechnung die folgenden drei Normalgleichungen ableiten, die zur Bestimmung von a, b und c dienen:

$$\Sigma \, y_i = na + b \, \Sigma \, x_i + c \, \Sigma \, x_i^2 \qquad (8)$$
$$\Sigma \, x_i \, y_i = a \, \Sigma \, x_i + b \, \Sigma \, x_i^2 + c \, \Sigma \, x_i^3 \qquad (9)$$
$$\Sigma \, x_i^2 \, y_i = a \, \Sigma \, x_i^2 + b \, \Sigma \, x_i^3 + c \, \Sigma \, x_i^4 \qquad (10)$$

Die Rechnung kann wieder vereinfacht werden, wenn die Zahlen für die Jahre so gewählt werden, daß ihre Summe gleich 0 ist.
Die zur Lösung erforderlichen Werte sind in der folgenden Tabelle ermittelt worden.

Mathematische Trendfunktion (Wertetabelle parabolischer Trend)						
Jahr	x_i	y_i	$x_i \, y_i$	$x_i^2 \, y_i$	x_i^2	x_i^3	x_i^4
1. Jahr	-9	120	$-1\,080$	9 720	81	-729	6 561
2. Jahr	-7	110	$-\ 770$	5 390	49	-343	2 401
3. Jahr	-5	118	$-\ 590$	2 950	25	-125	625
4. Jahr	-3	115	$-\ 345$	1 035	9	$-\ 27$	81
5. Jahr	-1	150	$-\ 150$	150	1	$-\ 1$	1
6. Jahr	$+1$	160	$+\ 160$	160	1	$+\ 1$	1
7. Jahr	$+3$	150	$+\ 450$	1 350	9	$+\ 27$	81
8. Jahr	$+5$	130	$+\ 650$	3 250	25	$+125$	625
9. Jahr	$+7$	190	$+1\,330$	9 310	49	$+343$	2 401
10. Jahr	$+9$	200	$+1\,800$	16 200	81	$+729$	6 561
	$\Sigma \, x_i = 0$	$\Sigma \, y_i =$ 1 443	$\Sigma \, x_i y_i =$ 1 455	$\Sigma \, x_i^2 \, y_i =$ 49 515	$\Sigma \, x_i^2 =$ 330	$\Sigma \, x_i^3 = 0$	$\Sigma \, x_i^4 =$ 19 338

Die Endwerte werden nun in die Gleichungen eingesetzt:

$$1\,443 = 10a + b \cdot 0 + 330\,c$$
$$1\,445 = a \cdot 0 + 330\,b + c \cdot 0$$
$$330\,b = 1\,455$$
$$\underline{\underline{b = 4{,}409}}$$
$$49\,515 = 330a + b \cdot 0 + 19\,338\,c.$$

Zur Ermittlung von c wird die erste Gleichung mit 33 multipliziert und von der dritten Gleichung abgezogen:

$$
\begin{aligned}
49\,515 &= 330\,a + 19\,338\,c \\
-47\,619 &= 330\,a + 10\,890\,c \\
\hline
1\,896 &= 8\,448\,c \\
c &= 0,224
\end{aligned}
$$

Der Wert für c wird in die erste Gleichung eingesetzt.

$$
\begin{aligned}
1\,443 &= 10\,a + 330 \cdot 0,224 \\
10\,a &= 1\,369 \\
a &= 136,9
\end{aligned}
$$

Die Gleichung für den Trend lautet

$$T_i = 136,9 + 4,409\,x + 0,224\,x^2.$$

Die einzelnen Trendwerte sind nachstehend aufgeführt:

y	136,9	$+4,409\,x$	$+0,224\,x^2$	= Trendwert
1. Jahr (−9)	136,9	−39,7	+18,1	= 115,3
2. Jahr (−7)	136,9	−30,9	+11,0	= 117,0
3. Jahr (−5)	136,9	−22,0	+ 5,6	= 120,5
4. Jahr (−3)	136,9	−13,2	+ 2,0	= 125,2
5. Jahr (−1)	136,9	− 4,4	+ 0,2	= 132,7
6. Jahr (+1)	136,9	+ 4,4	+ 0,2	= 141,5
7. Jahr (+3)	136,9	+13,2	+ 2,0	= 152,1
8. Jahr (+5)	136,9	+22,0	+ 5,6	= 164,5
9. Jahr (+7)	136,9	+30,9	+11,0	= 178,8
10. Jahr (+9)	136,9	+39,7	+18,1	= 194,7

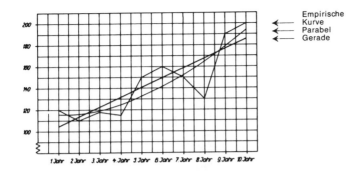

Abb. 6: Kurvendarstellung mathematischer Trendfunktionen

2.5.4 Prognose künftiger Werte

Der bei der Zeitreihenanalyse ermittelte Trend und die Saisonkomponente werden für die Prognose künftiger Werte eingesetzt. Eine Beschränkung auf diese Größen ist jedoch nur möglich, wenn erwartet werden kann, daß die Verhältnisse der Vergangenheit auch für die Zukunft gelten.

Selbstverständlich kann dies nicht einfach durch Berechnung der Trendwerte T_i über den Betrachtungshorizont hinaus geschehen; vielmehr ist die Verknüpfung zwischen Trend- und Saisonkomponente zu berücksichtigen. Das heißt, die in der Vergangenheit beobachteten Ausschläge der tatsächlichen Zeitreihenwerte Y_i müssen ebenfalls entsprechend in die Prognoserechnung eingehen. Die Trendkomponente ist den Darlegungen von S. 46 entsprechend von der Saisonkomponente (und Restkomponente) zu „isolieren". Wie dabei vorzugehen ist, hängt von der Art der Verbindung zwischen den beiden Komponenten ab.

Bleibt die Größe der Saisonschwankungen unabhängig von der Größe des Trends über den gesamten beobachteten Zeitraum annähernd absolut gleich groß, handelt es sich um additive Verbundenheit zwischen Trend- und Saisonkomponente. Es gilt dann die Beziehung

$$y_i = T_i \pm S$$

In diesem Fall ist die absolute Schwankung zu ermitteln.

Bei vielen Zeitreihen ist es jedoch so, daß die Saisonschwankungen mit steigendem Niveau der Zeitreihe zunehmen; die Saisonkomponente verhält sich proportional zu den Trendwerten. Es gilt dann

$$y_i = T_i \cdot S$$

In diesem Fall wird die relative Schwankung berechnet.

Die Ermittlung der Prognosewerte P_i wird anschließend folgendermaßen vorgenommen:

1. Bestimmung des Trends für die Zeitreihe (T_i-Werte)
2. Ermittlung der Differenzen d zwischen den Werten der Zeitreihe und den Trendwerten ($d_i = Y_i - T_i$)
3. Ermittlung der durchschnittlichen Differenz d zwischen den Werten der Zeitreihe und den Trendwerten je Zeitabschnitt (absolute Schwankung) oder: Ermittlung des Verhältnisses zwischen den Werten der Zeitreihe und den Trendwerten (relative Schwankung).
4. Ermittlung der Prognosewerte P_i durch Addition der durchschnittlichen Differenz auf den Trendwert T_i, bzw. Multiplikation des Trendwertes T_i mit dem entsprechenden Quotienten.

Der Zusammenhang ist in Abbildung 7 veranschaulicht.

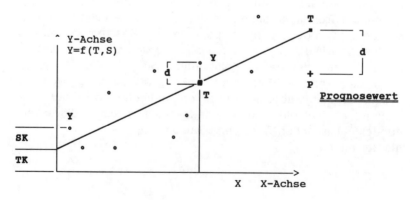

Abb. 7: Trend- und Prognoserechnung

Der gesamte Rechengang einer solchen Prognose wird an nachstehendem Zahlenbeispiel demonstriert:

Zu 1: Für eine Produktgruppe liegen die in der folgenden Tabelle aufgelisteten Umsätze vor. In der Praxis würde man bei Jahresbetrachtungen meist die monatlichen Schwankungen erfassen. Aus Platzgründen soll hier mit Quartalswerten gearbeitet werden.

Zeitreihe Umsatzentwicklung der Produktgruppe A in TDM					
Quartal \ Jahr	1	2	3	4	1 bis 4
I	110	116	120	130	476
II	102	109	112	118	441
III	103	112	114	121	450
IV	116	122	128	135	501
Σ	431	459	474	504	1868

Zur Bestimmung des Trends für die Zeitreihe wird von einem linearen Trendverlauf ausgegangen. Damit ergibt sich mit den vorgegebenen Umsatzwerten die Trend-Gleichung zu

$$T_i = 104 + 1,5\, x_i.$$

Die Koeffizienten wurden den Ausführungen auf S. 50 entsprechend gefunden. Als Ordnungszahlen x_i der laufenden Quartale wurden hier im Gegensatz zu früheren Rechnungen einfach ihre fortlaufenden Nummern ab 1 verwendet. x_1 bezeichnet das I. Quartal von Jahr 1 und erhält auch den Wert 1; x_2 steht für das II. Quartal in Jahr 1 usw., x_5 bezeichnet damit das I. Quartal von Jahr 2 und x_{16} das IV. Quartal von Jahr 4. Die sich so ergebenden Trendwerte zeigt die folgende Tabelle.

Linearer Trend der Produktgruppe A in TDM nach der Funktion $T_i = 104 + 1,5\, x_i$					
Quartal \ Jahr	1	2	3	4	1 bis 4
I	105,5	111,5	117,5	123,5	458,5
II	107,0	113,0	119,0	125,0	464,0
III	108,5	114,5	120,5	126,5	470,0
IV	110,0	116,0	122,0	128,0	476,0
Σ	431,0	455,0	479,0	503,0	1868,0

Zu 2: Bei Bestimmung der Saison- und Restkomponente werden zur Ermittlung der absoluten Schwankung die Trendwerte von den Werten der Zeitreihe abgezogen, also $d_i = Y_i - T_i$ Berechnet. Die folgende Tabelle zeigt diese Differenzwerte.

Zeitreihenwerte minus Trendwerte für Produktgruppe A ($d_i = Y_i - T_i$)					
Quartal \ Jahr	1	2	3	4	1 bis 4
I	4,5	4,5	2,5	6,5	18,0
II	-5,0	-4,0	-7,0	-7,0	-23,0
III	-5,5	-2,5	-6,5	-5,5	-20,0
IV	6,0	6,0	6,0	7,0	25,0
Σ	0,0	4,0	-5,0	1,0	0,0

Zu 3: Mit der Ermittlung der durchschnittlichen Differenz $\bar{d}$ als arithmetisches Mittel aller d-Werte für den jeweiligen Zeitabschnitt wird die endgültige Glättung des Einflusses der Restkomponente bewirkt.
Für den Zeitabschnitt I. Quartal Jahr 1 gilt:

$$\bar{d}_{\text{I. Quartal}} = \frac{d_1 + d_5 + d_9 + d_{13}}{n}$$

$$\bar{d}_{\text{I. Quartal}} = \frac{4,5 + 4,5 + 2,5 + 6,5}{4} = \frac{18}{4} = 4,5$$

Dementsprechend belaufen sich die absoluten Schwankungen für die restlichen drei Quartale auf:

$$\bar{d}_{\text{II. Quartal}} = -23 : 4 = -5,8$$

$$\bar{d}_{\text{III. Quartal}} = -20 : 4 = -5,0$$

$$\bar{d}_{\text{IV. Quartal}} = 25 : 4 = 6,3.$$

Zu 4: Als letzter Schritt erfolgt die Errechnung von Prognosewerten für die vier Quartale des Prognosejahres Jahr 5. Es gilt zu ermitteln, mit welchem Umsatz im folgenden Jahr zu rechnen ist und wie sich dieser Umsatz voraussichtlich auf die einzelnen Quartale aufteilen wird. Die vier Quartale sind die Zeiträume $x_{17} = 17$ bis $x_{20} = 20$. Es sind die absoluten Schwankungen zu berücksichtigen, wie sie im vorletzten Schritt ermittelt wurden.

Zunächst sind die Trendwerte T_{17} bis T_{20} nach der Funktion

$$T_i = 104 + 1,5 x_i$$

wie in Schritt 1 zu bestimmen:

$$T_{17} = 104 + 1,5 x_{17}$$
$$= 104 + 1,5 \times 17 = 129,5$$
$$T_{18} = 104 + 1,5 \times 18 = 131$$
$$T_{19} = 104 + 1,5 \times 19 = 132,5$$
$$T_{20} = 104 + 1,5 \times 20 = 134$$

Nun können die Prognosewerte P_{17} bis P_{20} errechnet werden:

$$P_{17} = T_{17} + \overline{d}_{I.\,Quartal}$$
$$= 129,5 + 4,5 = 134$$

$$P_{18} = T_{18} + \overline{d}_{II.\,Quartal}$$
$$= 131 + -5,8 = 125,2$$

$$P_{19} = T_{19} + \overline{d}_{III.\,Quartal}$$
$$= 132,5 + -5 = 127,5$$

$$P_{20} = T_{20} + \overline{d}_{IV.\,Quartal}$$
$$= 134 + 6,3 = 140,3$$

Für die *Ermittlung relativer Schwankungen* (statt absoluter Schwankungen ab Schritt 3) würde folgender Rechengang gelten: Wieder ausgehend vom linearen Trend, wie er in den vorhergehenden Tabellen gezeigt ist, werden hier die Zeitreihenwerte zu den entsprechenden Trendwerten ins Verhältnis gesetzt. Die folgende Tabelle zeigt die errechneten Verhältniszahlen.

Ermittlung relativer Schwankungen für Produktgruppe A ($d_i = Y_i / T_i$)					
Quartal \ Jahr	1	2	3	4	1 bis 4
I	1,043	1,040	1,021	1,053	4,157
II	0,953	0,965	0,941	0,944	3,803
III	0,949	0,978	0,946	0,956	3,829
IV	1,055	1,052	1,049	1,055	4,211
Σ	4,000	4,035	3,957	4,008	16,000

Zur Ausschaltung der Restkomponente wird aus den Verhältniszahlen zwischen Zeitreihenwerten und Trendwerten je Zeitabschnitt das arithmetische Mittel gebildet:

$$\text{I. Quartal:} \quad \frac{1{,}043 + 1{,}040 + 1{,}021 + 1{,}053}{4} = \frac{4{,}157}{4} = 1{,}039.$$

Einfacher läßt sich die relative Schwankung je Zeitabschnitt bestimmen, wenn die Verhältniszahlen aus den Summen je Zeitabschnitt der Zeitreihe und der entsprechenden Trendwerte gebildet werden (Y_i/T_i). Für die einzelnen Quartale ergeben sich folgende relative Schwankungen:

I. $476 : 458 = 1{,}039$
II. $441 : 464 = 0{,}950$
III. $450 : 470 = 0{,}957$
IV. $501 : 476 = 1{,}053$

Die vier Quartale für die Prognose sind wiederum die Zeiträume x_{17} bis x_{20}. Es sind jetzt diese relativen Schwankungen zu berücksichtigen. Damit wird:

Trend-Werte in TDM	$\times$ relative Schwankung		=	Prognose-wert in TDM
$T_{17} = 104 + 1{,}5 \times 17$	$= 129{,}5 \times 1{,}039$		$=$	$134{,}6$
$T_{18} = 104 + 1{,}5 \times 18$	$= 131{,}0 \times 0{,}950$		$=$	$124{,}5$
$T_{19} = 104 + 1{,}5 \times 19$	$= 132{,}5 \times 0{,}957$		$=$	$126{,}8$
$T_{20} = 104 + 1{,}5 \times 20$	$= 134{,}0 \times 1{,}053$		$=$	$141{,}1$

Wird erkannt, daß der Trend oder die relative Schwankung künftig anders ausfallen, können die Werte entsprechend korrigiert werden.

Beispiel:
Durch Marktforschung ist festgestellt worden, daß sich die Konjunktur belebt. Für die Produktgruppe A ist die Umsatzausweitung mit 145 TDM im 21. Quartal erstmalig voll zum Tragen gekommen. Mit welchem Jahresumsatz ist zu rechnen, wenn angenommen wird, daß für die einzelnen Quartale die bisher ermittelten relativen Schwankungen zu erwarten sind?

Ist-Quartalswert in TDM	:	relative Schwankung	=	saison-bereinigter Quartalswert in TDM	$\times 4 =$	prognostizierter Jahreswert
145	:	$1{,}039$	=	$139{,}6$	$\times 4 =$	$558{,}4$

Die Streuung der absoluten Differenz zwischen Zeitreihen und Trendwerten ist im vorliegenden Beispiel etwas größer als die Streuung der entsprechenden Quotienten um ihre Durchschnitte. Daraus würde sich genau genommen der Schluß ergeben, daß sich die Saisonkomponente proporitonal zu den Trendwerten verhält und mit den relativen Schwankungen zu arbeiten wäre. Wie die graphische Darstellung der Rechenergebnisse in Abb. 8 aber zeigt, sind die Auswirkungen auf die resultierenden Prognosewerte im vorliegenden Fall äußerst gering, so daß beide Verfahrensweisen verwendet werden können.

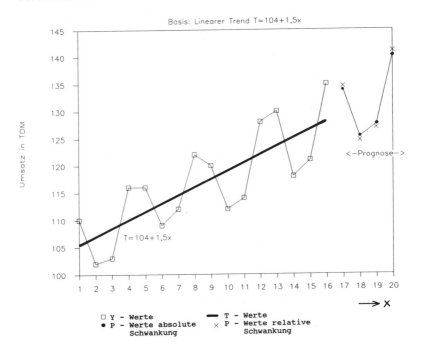

Abb. 8: Ergebnisgraphik zur Prognoserechnung

2.6 Korrelations- und Regressionsbeziehungen

2.6.1 Charakterisierung wirtschaftlicher Zusammenhänge

Im betrieblichen Alltag begegnet man einer Vielzahl wirtschaftlicher Zusammenhänge und Abhängigkeiten. Beispiele sind die Abhängigkeit des Umsatzes vom Preisniveau, die Zahl der Unfälle von der Wirksamkeit der Sicherheitsvorkehrungen oder der Wartungsaufwand für Maschinen von deren Nutzungszeit. Für die Leitung und Planung der betrieblichen Tätigkeit ist die detaillierte Kenntnis solcher Zusammenhänge von großer Bedeutung, weil sich durch Beeinflussung und optimale Gestaltung solcher Zusammenhänge meist das wirtschaftliche Ergebnis steigern läßt. Ist die Entwicklung des Reparaturaufwandes eines Maschinentyps von der Laufzeit über einen gewissen Bereich bekannt, läßt sich unter Berücksichtigung der Kosten der Ersatzinvestition bestimmen, zu welchem Zeitpunkt der Ersatz der Maschine billiger ist als die Reparatur.
Solche Zusammenhänge zu erkennen, bedarf es nicht unbedingt statistischer Methoden. Viele Zusammenhänge sind durch die Erfahrung bekannt. Soll dagegen ein erkannter oder vermuteter Zusammenhang quantitativ dargestellt werden, bedient man sich statistischer Methoden, insbesondere der Regressions- und Korrelationsrechnung. Bei der *Regressionsrechnung* geht es darum, mit Hilfe der Methode der kleinsten Quadrate[1]) eine mathematische Funktion zu berechnen, die den Zusammenhang zwischen den vorgefundenen Werten am besten zum Ausdruck bringt. Diese Funktion wird als Regressionsfunktion bezeichnet. Es handelt sich dabei um eine ähnliche Situation wie bei der Trendberechnung. Bei dieser geht es darum, die Entwicklung eines Merkmals in Abhängigkeit vom Merkmal Zeit darzustellen.
Es wird also z. B. berechnet, in welchem Verhältnis die Reparaturkosten (y) von der Laufzeit der Maschine (x) abhängen. Dieses Verhältnis läßt sich meist als lineare Funktion y = a + bx darstellen. Mit der Regressionsfunktion kann in einem bestimmten Bereich das Verhältnis zwischen Ursache und Wirkung vorausgesagt werden. Liegen für verschiedene Laufzeiten Reparaturkosten vor, kann also

---

[1]) Vgl. S. 50.

die Regressionsfunktion $y = a + bx$ berechnet werden. Dabei ist es rechnerisch sowohl möglich, die Reparaturkosten in Abhängigkeit von der Laufzeit als auch die Laufzeit in Abhängigkeit von den Reparaturkosten zu bestimmen. Natürlich ist hier nur die erste Aussage sinnvoll. Mit dieser Gegenüberstellung sollte indessen deutlich gemacht werden, daß die Regressionsrechnung nur ein Hilfsmittel ist, die die betriebswirtschaftliche Erkenntnis nicht ersetzt.

Regressionsfunktionen lassen sich unabhängig davon berechnen, wie stark der Zusammenhang ist. Von der Stärke des Zusammenhangs hängt es indessen ab, wie sicher die Aussage ist, die von der Regressionsfunktion abgeleitet werden kann. Die Stärke des Zusammenhangs zu bestimmen, ist Aufgabe der *Korrelationsrechnung.*

Zur Veranschaulichung soll zunächst an einen physikalischen Zusammenhang erinnert werden. Viele Stoffe verändern ihr Volumen in Abhängigkeit von der Temperatur. Temperaturänderungen als Ursache bewirken ganz bestimmte Veränderungen in der Quecksilbersäule des Thermometers (Wirkung). Bei dieser vereinfachenden Darstellung handelt es sich um einen Zusammenhang zwischen nur zwei Komponenten.

Bei den betriebswirtschaftlichen Zusammenhängen sind meist mehrere Komponenten beteiligt. Es ist bekannt, daß sich der Absatz durch Werbung steigern läßt. Die Höhe des Absatzes hängt indessen nicht von der Werbung schlechthin, sondern von den einzelnen Werbemaßnahmen und ihrer Auswahl ab. Werbung ist nicht eine einheitliche Komponente in diesem Zusammenhang, sondern ein Komplex von Komponenten. Außerdem wird die Absatzhöhe nicht nur von der Werbung, sondern z. B. auch vom angebotenen Sortiment, vom Preisniveau und von den Wettbewerbsverhältnissen bestimmt.

Bei sehr vielen Zusammenhängen ist es so, daß eine Zunahme der einen Komponente eine Zunahme der anderen Komponente bedingt. So bringt zunehmende Werbung steigenden Absatz. Es gibt aber auch Zusammenhänge mit umgekehrtem Verhältnis. So läßt sich durch die Senkung der Verkaufspreise der Umsatz steigern, durch Ausweitung der Produktionskontrolle kann die Zahl der Reklamationen gesenkt werden.

Aus praktischen Gründen werden die multiplen Zusammenhänge meist als Zusammenhang zwischen zwei Faktoren dargestellt, also z. B. die Abhängigkeit des Umsatzes von der Werbung oder von der

Senkung der Verkaufspreise. Von den anderen mitwirkenden Komponenten unterstellt man, daß sie sich konstant verhalten oder vernachlässigt werden können. Da sie in gewissem Umfang dennoch wirken, spielt der Zufall bei den isoliert betrachteten Komponenten eine große Rolle. Je größer der Einfluß des Zufalls, um so mehr streuen die tatsächlichen Werte um den zwischen zwei Komponenten berechneten mathematischen Zusammenhang.

Zur Feststellung, ob zwischen zwei Komponenten ein Zusammenhang besteht und wie stark dieser ist, ist es zunächst zweckmäßig, ein Punktdiagramm (ein sogenanntes Streudiagramm) aufzustellen. Die nachstehenden Punktdiagramme sollen Art und Stärke von Zusammenhängen verdeutlichen. Ein völlig positiver linearer Zusammenhang liegt vor, wenn die vorgefundenen Werte auf einer Geraden liegen. Das ist aus den bereits angeführten Gründen in der Regel nicht zu erwarten. Je nachdem, ob die tatsächlichen Werte um eine durch sie hindurchgezogene Linie, die die grundsätzliche Richtung zeigt, wenig oder stark streuen, handelt es sich um einen starken oder schwachen Zusammenhang (b, g, h, c, f). Läßt sich durch die tatsächlichen Werte am besten eine Gerade ziehen, handelt es sich um einen linearen Zusammenhang (a, b, c, e, f). Die Beispiele g und h zeigen nichtlineare Zusammenhänge.

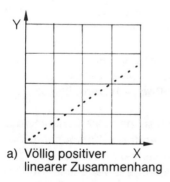

a) Völlig positiver
linearer Zusammenhang

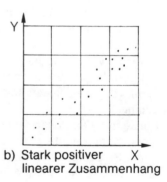

b) Stark positiver
linearer Zusammenhang

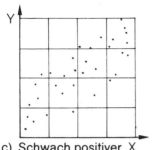

c) Schwach positiver X
   linearer Zusammenhang

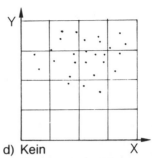

d) Kein X
   Zusammenhang

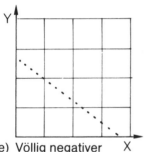

e) Völlig negativer X
   linearer Zusammenhang

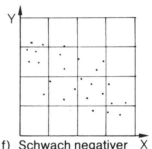

f) Schwach negativer X
   linearer Zusammenhang

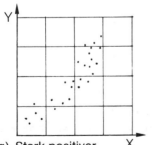

g) Stark positiver X
   nichtlinearer Zusammenhang

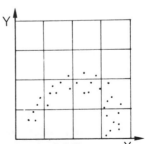

h) Stark nichtlinearer X
   Zusammenhang

2.6.2 Regressionsrechnung

Es empfiehlt sich, den zu untersuchenden Zusammenhang zunächst graphisch in einem Koordinatensystem darzustellen. Dabei werden die Werte der abhängigen Komponente der y-Achse, die der unabhängigen Komponente der x-Achse zugeordnet.
Es soll festgestellt werden, ob und in welchem Verhältnis die Reparaturkosten von den Laufstunden bei Gabelstaplern abhängig sind. In der Tabelle auf S. 67 sind in Spalte 2 die Reparaturkosten und in Spalte 1 die Laufstunden verschiedener Gabelstapler aufgeführt. Das dazugehörige Streudiagramm ist in Abb. 9 dargestellt.
Hier soll als Regressionsfunktion nur die Gleichung für die Gerade behandelt werden. Ausgangspunkt sind die beiden Normalgleichungen, die bereits bei der Trendberechnung Verwendung fanden.

(1) $\qquad \Sigma\, y_i = n\, a + b\, \Sigma\, x_i$

(2) $\qquad \Sigma\, x_i\, y_i = a\, \Sigma\, x_i + b\, \Sigma\, x_i{}^2.$

Für die Berechnung der Konstanten a und der Variablen b lassen sich daraus die folgenden Gleichungen ableiten:

(3) $\qquad b = \dfrac{\Sigma\, (x_i - \bar{x})\, (y_i - \bar{y})}{\Sigma\, (x_i - \bar{x})^2}$

(4) $\qquad a = \bar{y} - b\bar{x}.$

Die Mittelwerte für x und y betragen $\bar{x} = 3{,}6$, $\bar{y} = 10$.
Die zur Lösung der Gleichung 3 erforderlichen Werte können den Spalten 5 und 7 der Tabelle auf S. 67 entnommen werden.

$$b = \frac{64{,}95}{93{,}84} = 0{,}69$$

$$a = 10 - 0{,}69 \cdot 3{,}6 = 7{,}52.$$

Die Regressionsfunktion für das vorliegende Beispiel lautet:

$$y = 7{,}52 + 0{,}69\,x.$$

Sie ist in das Streudiagramm in Abb. 9 eingezeichnet.
Aus der Regressionsfunktion kann abgeleitet werden, daß die Reparaturkosten mit steigender Laufstundenzahl zunehmen und daß die Zunahme 690,–/1000 Laufstunden beträgt.

Arbeitsdaten zur Berechnung der Regressionsgeraden						
1000 Std. Laufzeit x_i	Reparatur-kosten in TDM y_i	$x_i - \bar{x}$	$y_i - \bar{y}$	$(x_i - \bar{x})^2$	$(y_i - \bar{y})^2$	$(x_i - \bar{x}) \cdot (y_i - \bar{y})$
1	2	3	4	5	6	7
0,9	8,0	-2,7	-2,0	7,29	4,00	5,40
1,0	7,5	-2,6	-2,5	6,76	6,25	6,50
1,2	8,3	-2,4	-1,7	5,76	2,89	4,08
1,4	8,7	-2,2	-1,3	4,84	1,69	2,86
1,6	8,4	-2,0	-1,6	4,00	2,56	3,20
1,8	8,6	-1,8	-1,4	3,24	1,96	2,52
2,0	9,3	-1,6	-0,7	2,56	0,49	1,12
2,1	9,0	-1,5	-1,0	2,25	1,00	1,50
2,4	10,0	-1,2	0,0	1,44	0,00	0,00
2,7	9,2	-0,9	-0,8	0,81	0,64	0,72
2,8	10,5	-0,8	0,5	0,64	0,25	-0,40
3,2	9,7	-0,4	-0,3	0,16	0,09	0,12
3,6	10,6	0,0	0,6	0,00	0,36	0,00
4,2	9,5	0,6	-0,5	0,36	0,25	-0,30
4,6	10,0	1,0	0,0	1,00	0,00	0,00
5,2	11,0	1,6	1,0	2,56	1,00	1,60
5,4	10,5	1,8	0,5	3,24	0,25	0,90
5,8	11,4	2,2	1,4	4,84	1,96	3,08
6,5	12,5	2,9	2,5	8,41	6,25	7,25
6,6	11,8	3,0	1,8	9,00	3,24	5,40
6,8	12,5	3,2	2,5	10,24	6,25	8,00
7,4	13,0	3,8	3,0	14,44	9,00	11,40
79,2	220,0			93,84	50,38	64,95

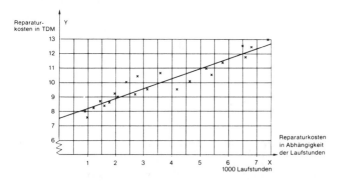

Abb. 9: Streudiagramm zur Berechnung der Regressionsgeraden

2.6.3 Korrelationsrechnung

Durch die eben dargestellte Regressionsrechnung wurde geprüft, ob zwischen Reparaturkosten und Laufstundenzahl ein Zusammenhang besteht. Mit Hilfe von Korrelationskoeffizienten stellt man fest, wie stark dieser Zusammenhang ist.

Die Korrelationskoeffizienten bewegen sich zwischen +1 und –1. +1 bedeutet, daß ein absoluter positiver Zusammenhang vorliegt, bei 0 besteht kein Zusammenhang und –1 gibt einen absolut negativen Zusammenhang an. Ist der Korrelationskoeffizient kleiner als 0,5, liegt nur ein geringer Zusammenhang vor, der auch auf Zufall beruhen kann; Schlüsse dürfen dann nur mit Vorsicht gezogen werden. 0,5 bis 0,7 zeigt einen deutlichen, 0,7 bis 0,9 einen besonders hohen Zusammenhang an.

Man unterscheidet zwischen Rangkorrelationskoeffizienten und linearen Korrelationskoeffizienten.

2.6.3.1 Rangkorrelationskoeffizient

Zur Ermittlung des Rangkorrelationskoeffizienten werden die x- und y-Werte der Größe nach geordnet. Der Grad der Übereinstimmung der Ordnungsnummern von x mit y oder der Grad des umgekehrten Verhältnisses in den Ordnungsnummern zwischen x und y werden als Maß für die Stärke des Zusammenhangs betrachtet. Der hier behandelte Rangkorrelationskoeffizient geht auf den Amerikaner Spaermann zurück.

In der nachstehenden Tabelle sind in den Spalten 3 und 4 die Ordnungsnummern für die x- und y-Werte aufgeführt. In Spalte 5 ist die quadrierte Differenz zwischen den x- und y-Werten ausgewiesen. Die Formel für den Rangkorrelationskoeffizienten ϱ (sprich: rho) lautet:

$$\varrho = 1 - \frac{6 \, \Sigma \, (x_i - y_i)^2}{n \, (n^2 - 1)}.$$

n ist die Anzahl der untersuchten Merkmalspaare, im vorliegenden Beispiel n = 22.

Bei den Reparaturkosten in Spalte 2 decken sich mehrere Werte. Beispielsweise ist der Wert 10,0 zweimal vorhanden, worauf die

Ordnungsnummern 9 und 15 entfallen. Die beiden Werte sind mit 12,5 zu versehen.

Für das Beispiel beträgt der Rangkorrelationskoeffizient:

$$\varrho = 1 - \frac{6 \cdot 88,50}{22\,(22^2 - 1)}$$

$$= 1 - 0,0499 = 0,95.$$

Arbeitsdaten zur Ermittlung des Rangkorrelationskoeffizienten

1000 Std. Laufzeit x_i	Reparatur- kosten in TDM y_i	Rang der Laufzeit x_i	Rang der Reparatur- kosten y_i	quadrierte Rang- differenz $(x_i - y_i)^2$
1	2	3	4	5
0,9	8,0	1	2	1
1,0	7,5	2	1	1
1,2	8,3	3	3	0
1,4	8,7	4	6	4
1,6	8,4	5	4	1
1,8	8,6	6	5	1
2,0	9,3	7	9	4
2,1	9,0	8	7	1
2,4	10,0	9	12,5	12,25
2,7	9,2	10	8	4
2,8	10,5	11	14,5	12,25
3,2	9,7	12	11	1
3,6	10,6	13	16	9
4,2	9,5	14	10	16
4,6	10,0	15	12,5	6,25
5,2	11,0	16	17	1
5,4	10,5	17	14,5	6,25
5,8	11,4	18	19	1
6,5	12,5	19	20,5	2,25
6,6	11,8	20	18	4
6,8	12,5	21	20,5	0,25
7,4	13,0	22	22	0
				88,50

Nach dem Rangkorrelationskoeffizienten liegt ein sehr enger Zusammenhang vor. Das heißt, daß im Bereich der vorliegenden Werte ohne weiteres Schlüsse aus der Abhängigkeit der Reparaturkosten von der Laufzeit gezogen werden können.

Der Vorzug des Rangkorrelationskoeffizienten besteht darin, daß er sich relativ einfach berechnen läßt und daß die Abstände zwischen den einzelnen Rängen nicht gleich groß sein müssen. Die Rangkorrelation ist auch berechenbar, wenn qualitative Ränge vorliegen, wie Güteklassen, Zeugnisnoten, Stellung im Wettbewerb u. a. Darüber hinaus ist die Berechnung nicht an das Vorliegen einer Regressionsgraden gebunden. Es ist nachteilig, daß dieser Koeffizient relativ ungenau ist, weil lediglich die Übereinstimmung der Reihenfolge zwischen x- und y-Werten, dagegen nicht die Differenz zwischen den einzelnen x- und y-Werten berücksichtigt wird.

2.6.3.2 Linearer Korrelationskoeffizient

Bei diesem Koeffizienten werden die Abweichungen der einzelnen Werte von ihren Mittelwerten berücksichtigt. Er ist deshalb genauer als der Rangkorrelationskoeffizient. Der lineare Korrelationskoeffizient wird nach folgender Formel ermittelt:

$$r = \frac{\Sigma (x_i - \bar{x}) (y_i - \bar{y})}{\sqrt{\Sigma (x_i - \bar{x})^2 \, \Sigma (y_i - \bar{y})^2}}$$

Für das vorliegende Beispiel können die erforderlichen Werte aus den Spalten 4, 6 und 7 der Tabelle auf S. 67 entnommen werden.

$$r = \frac{64,95}{\sqrt{93,84 \cdot 50,38}} = \frac{64,95}{68,76} = 0,94$$

Im vorliegenden Beispiel ist der relative Korrelationskoeffizient niedriger als der Rangkorrelationskoeffizient, weil er größere Anforderungen an den Zusammenhang stellt. Dennoch ist der Zusammenhang so stark, daß Schlüsse aus der Anzahl der Laufstunden auf die Reparaturkosten gezogen werden können.

3 Gewinnung und Verarbeitung des betriebsstatistischen Zahlenmaterials

3.1 Erhebung des Zahlenmaterials

3.1.1 Erfassungsverfahren

Um überhaupt Kennzahlen errechnen zu können, muß sich der Betriebsstatistiker zuallererst sein Zahlenmaterial beschaffen, er muß sein Urmaterial oder Ursprungsmaterial erheben.
Bei der Durchführung von Erhebungen unterscheidet man:
1. nach dem ursprünglichen Verwendungszweck des gewonnenen Materials zwischen primär- und sekundärstatistischer Erhebung (Primärerhebung, Sekundärerhebung),
2. nach der Häufigkeit der Durchführung zwischen einmaliger oder auch periodischer Erhebung bzw. Erfassung,
3. nach dem Umfang zwischen Total- oder Teilerhebung (Total- oder Teilerfassung).

3.1.1.1 Primär- oder sekundärstatistische Erhebung

Von einer Primärerhebung spricht man, wenn das Zahlenmaterial speziell für die statistische Aufbereitung erfaßt wird. Das kann z. B. bei der Ermittlung der Zahl der Beschäftigten oder bei der Feststellung des stündlichen Produktionsausstoßes der Fall sein. Um eine sekundärstatistische Erhebung handelt es sich, wenn das Zahlenmaterial bereits für einen anderen Zweck ermittelt worden ist und nun zusätzlich der statistischen Auswertung zugänglich gemacht wird. So greift die Statistik auf die in der Buchhaltung ermittelten Monatsumsätze zurück.
Es ist leicht einzusehen, daß sich der für die Statistik erforderliche Arbeitsaufwand senken läßt, wenn es gelingt, zunehmend auf bereits für andere Zwecke erfaßtes Zahlenmaterial zurückzugreifen. Das wird erreicht, wenn alle Erfassungen so vorgenommen werden, daß die gewonnenen Angaben für verschiedene Zwecke auswertbar sind (z. B. bei elektronischer Datenerfassung). Erst wenn keine geeigneten Unterlagen vorhanden sind, um bestimmte statistische

Auswertungen vornehmen zu können, sollte eine primärstatistische Erfassung durchgeführt werden.

3.1.1.2 Einmalige oder periodische Erfassung

Einmalige Erfassungen werden durchgeführt,

– wenn es sich um Erscheinungen handelt, die einmalig auftreten (z. B. Versuchsproduktionen, Schadensfälle), oder
– wenn die zu erfassende Erscheinung in größeren Zeiträumen keinen oder nur geringen Schwankungen unterliegt und deshalb eine einmalige Beobachtung zunächst ausreicht, oder
– wenn man sich aus Zeit- oder Kostengründen mit einer einmaligen Erfassung begnügen muß.

Nach Bedeutung und Häufigkeit tritt die einmalige Erfassung hinter der periodischen zurück. Das erklärt sich daraus, daß im Vordergrund die laufende statistische Überwachung des betrieblichen Geschehens steht, die in erster Linie auf periodischen Erfassungen aufbauen muß. Welche Zeitabstände dabei vorzusehen sind, hängt von der gewünschten Aussagekraft der gewonnenen Angaben und dem vertretbaren Arbeitsaufwand ab. Erfaßt man z. B. den Produktionsausstoß nur wöchentlich, so erkennt man nicht täglich bedingte Produktionsschwankungen. Die tägliche Erfassung ist wiederum nicht ausreichend, um Leistungsschwankungen zu bestimmten Tageszeiten offenzulegen. In solchen Fällen schließt man einen Kompromiß zwischen einmaliger und periodischer Erfassung. Um tageszeitlich bedingte Leistungsschwankungen sichtbar zu machen, erfaßt man die Produktionsleistung einmalig nach Stunden, während man sich für die laufende Erfassung der Produktion mit täglichen oder wöchentlichen Aufschreibungen begnügt.

3.1.1.3 Total- oder Teilerhebung

Bei der Totalerhebung werden alle zu einem Erfassungsobjekt gehörigen Elemente aufgenommen. Für die Ermittlung des Belegschaftsstandes wird also jedes Belegschaftsmitglied berücksichtigt und bei der Inventur jedes Fertigerzeugnis. Durch die Erfassung aller vorhandenen Elemente kann man sich das bestmögliche Bild über wirtschaftliche Vorgänge oder Tatbestände machen. Der Nachteil der Totalerfassung besteht darin, daß sie mit relativ hohem Arbeitsaufwand verbunden ist und oft keine kurzfristige Auswertung ermöglicht.

Bei der Teilerhebung wird – wie es schon die Bezeichnung ankündigt – nur ein Teil der vorhandenen Elemente erfaßt. Dadurch verursacht sie weniger Arbeitsaufwand, und man kommt schneller zu den gewünschten Ergebnissen. Allerdings wird nicht der gleiche Genauigkeitsgrad erreicht.

Von der Teilerhebung macht man Gebrauch,

– wenn die damit erzielte Genauigkeit ausreichend ist,
– wenn nur so eine hinreichend schnelle Durchführung der Erfassung erreicht wird und
– wenn eine wesentliche Arbeitserleichterung eintritt.

Bisweilen ist eine Totalerhebung praktisch unmöglich, z. B. wenn Erzeugnisse auf ihre Tauglichkeit geprüft werden müssen und dabei für die weitere Verwendung unbrauchbar werden, z. B. Blitzlichtlämpchen. Weiter kann es so sein, daß man Messungen an der Gesamtzahl der vorhandenen Elemente nicht mit der umfassenden Sorgfalt vornehmen kann, wie es bei Stichproben möglich ist. Schließlich kommt es vor, daß man zwischen zwei Totalerfassungen eine oder mehrere Teilerfassungen einschiebt.

3.1.2 Stichprobe

3.1.2.1 Grundsätzliches zu Stichprobenuntersuchungen

Durch Stichprobenuntersuchungen, d. h. durch Untersuchungen eines Teiles einer Gesamtsumme von Einheiten, sollen Aussagen gewonnen werden, die für die Gesamtsumme der Einheiten Gültigkeit haben. Das setzt voraus, daß die Stichprobe die Gesamtmasse repräsentiert. Grundsätzlich wird das nur durch eine zufällige Auswahl erreicht. Das Gegenstück zur zufälligen Auswahl ist die bewußte Auswahl, bei der man sich von theoretischen Erwägungen leiten läßt. Die aus der Untersuchung einer bewußten Auswahl gewonnenen Erkenntnisse haben zunächst nur für diese Auswahl Gültigkeit. Werden jedoch für die bewußte Auswahl die typischen Elemente einer Gesamtsumme von Einheiten gewonnen, so kommt man auch bei der Untersuchung dieser Auswahl zu Ergebnissen, die für die Gesamtsumme gültig sind. Soll z. B. festgestellt werden, wie sich die Preiserhöhungen bei einem Sortiment von 13 Erzeugnisarten auf den Durchschnittserlös auswirken, und man weiß, daß vier der Erzeugnisarten 80% des Absatzes ausmachen, dann läßt sich schon an Hand der Preise dieser vier Erzeugnisse die zu erwartende Erlösveränderung relativ genau berechnen.

3.1.2.2 Auswahlverfahren

Bei *rein zufälliger Auswahl* besteht für jede Einheit die gleiche Möglichkeit, ausgewählt zu werden. Für jede Einheit wird ein Zettel in eine Urne gelegt. Durch Ziehen der Zettel wird entschieden, welche Einheiten zu erfassen sind. Anstelle der Zettel können natürlich auch bereits vorhandene Unterlagen, wie Fertigungsscheine, verwandt werden.

Man kann dabei *systematisch* auswählen, das heißt die Einheiten werden zunächst beliebig aneinandergereiht, damit anschließend blind eine Starteinheit ausgewählt werden kann. Von der Starteinheit ausgehend wird je nach Stichprobenumfang jede soundsovielte Einheit erfaßt.

Eine andere Möglichkeit besteht darin, nicht einzelne Einheiten auszuwählen, sondern Gruppen von Einheiten zu erfassen. Man spricht von einer *Klumpenauswahl*. So können beispielsweise immer die ersten 10 Stück einer Serie erfaßt werden.

Die *bewußte Auswahl* kann gezielt erfolgen *(gezielte Auswahl)* indem aufgrund theoretischer Überlegungen bestimmt wird, welche Einheiten zu erfassen sind. So kann festgelegt werden, daß die Maschinenlaufzeit je Erzeugniseinheit alle zwei Stunden zu erfassen ist.

Setzt sich die Summe der Einheiten aus mehreren Gruppen zusammen, so muß die Anzahl der aus jeder Gruppe zu entnehmenden Elemente dem Anteil der Gruppen an der Gesamtmasse entsprechen.

Von einer *konzentrierten Auswahl* wird gesprochen, wenn man wiederum aufgrund theoretischer Überlegungen aus einer Summe von Elementen die bedeutungsvollsten aussucht. Soll zum Beispiel die durchschnittliche Kostenerhöhung für die Kostenträger ermittelt werden, beschränkt man sich auf die Untersuchung derjenigen

Kostenträger, die den größten Anteil am Produktionsvolumen haben.

Man kann die angeführten Verfahren auch *kombinieren.* Das bekannteste kombinierte Verfahren ist die *geschichtete Auswahl.* Aus der Gesamtheit der Elemente werden bestimmte Gruppen ausgewählt. Aus diesen Gruppen, die auch Schichten genannt werden, wird eine systematische oder Klumpenauswahl vorgenommen. Durch die bewußte Auswahl der Gruppen können auch in der Entwicklung befindliche und dadurch zahlenmäßig noch nicht so stark auftretende Erscheinungen entsprechend ihrer künftigen Bedeutung berücksichtigt werden.

3.1.3 Bestimmung von Stichprobenumfang und Stichprobenfehler

Die Ergebnisse aus Stichprobenuntersuchungen sollen denen aus Totaluntersuchungen möglichst nahe kommen. Das wird erreicht, wenn dabei bestimmte mathematisch-statistische Zusammenhänge beachtet werden. Die Theorie, die den mathematisch-statistisch bestimmten Stichproben zugrunde liegt, ist ein Gebiet, das dem Nichtmathematiker nur schwer zugänglich ist.

In der nötigen Ausführlichkeit kann die Behandlung dieses Stoffgebietes nur in der entsprechenden Fachliteratur, insbesondere zum Thema Wahrscheinlichkeitsrechnung erfolgen. Wegen der Bedeutung, die der Anwendung von Stichprobenverfahren in der täglichen Betriebsarbeit aber zukommt, sollen im folgenden unter bewußtem Verzicht auf erschöpfende Darstellung zumindest die wichtigsten Zusammenhänge zwischen Stichprobenumfang und Stichprobenfehler aufgezeigt werden.

Unter einer Stichprobe versteht man eine Anzahl von Elementen (n), die einer Grundgesamtheit (N) entstammen. Die Genauigkeit der Aussage über eine Grundgesamtheit durch Schluß von der Stichprobe auf die zugehörige Grundgesamtheit hängt auch vom Umfang der Stichprobe ab. Deshalb wird zwischen großen mit mindestens 100 Elementen und kleinen Stichproben unterschieden. Weiter ist zwischen Stichproben bei zahlenmäßigen Merkmalen und solchen bei Anteilsgrößen zu unterscheiden. Um zahlenmäßige Merkmale handelt es sich, wenn die Elemente der Grundgesamtheit durch eine stetige Zufallsvariable charakterisiert werden können, wie z. B.

die Stundenleistung einer Maschine in kg oder die Auftragsgröße in DM. Anteilsgrößen liegen vor, wenn bestimmte Elemente in der Grundgesamtheit ein bestimmtes Merkmal besitzen, das sich zahlenmäßig nicht ausdrücken läßt, andere Elemente dieses Merkmal dagegen nicht aufweisen, wie z. B. Raucher und Nichtraucher, Mitglieder und Nichtmitglieder.

Bei allen folgenden Überlegungen, wird unterstellt, daß die zur Stichprobe gehörigen Elemente der Grundgesamtheit rein zufällig, d. h. ohne subjektive Beeinflussung, entnommen worden sind.

3.1.3.1 Bestimmung des Stichprobenfehlers bei zahlenmäßigen Merkmalen

Entnimmt man einer sehr großen Grundgesamtheit N mit dem arithmetischen Mittel $\overline{X}$ (sprich groß X-quer) wiederholt Stichproben vom Umfang n und ermittelt aus diesen jeweils das arithmetische Mittel $\overline{x}$, so erhält man in der Regel aus jeder Stichprobe einen von den anderen Stichprobendurchschnitten und dem Gesamtdurchschnitt $\overline{X}$ abweichenden Wert. Bildet man aus den Stichprobendurchschnitten wiederum einen Durchschnitt, so deckt sich dieser mit dem Durchschnitt aus der Grundgesamtheit um so mehr, je größer die Zahl der Stichproben ist.

Unter sonst gleichen Voraussetzungen wird das arithmetische Mittel aus einer Stichprobe $\overline{x}$ um so mehr mit dem arithmetischen Mittel aus der Grundgesamtheit $\overline{X}$ übereinstimmen, je homogener die Grundgesamtheit ist. Um sich ein Bild darüber machen zu können, in welchem Maße die Einzelwerte vom Mittelwert abweichen, wird der Standardfehler ermittelt[1]).

Die Standardabweichung der möglichen Stichprobendurchschnitte $\sigma_{\overline{x}}$ (Streuung der Stichprobendurchschnitte um den Durchschnitt aus der Grundgesamtheit) hängt von der Standardabweichung der Einzelwerte der Grundgesamtheit und vom Umfang n der Stichprobe ab. Je geringer die Streuung der Einzelwerte ist, um so weniger streuen auch die Durchschnitte aus den möglichen Stichproben um den Durchschnitt aus der Grundgesamtheit. Anderer-

---

[1]) Siehe hierzu die Ausführungen auf S. 43.

seits sinkt die Standardabweichung mit wachsendem Umfang der Stichprobe. Dabei besteht die Beziehung:

$$\sigma_{\bar{x}} = \frac{\sigma}{\sqrt{n}}$$

wobei gilt:

$\sigma_{\bar{x}}$ = Standardabweichung der Stichprobendurchschnitte
σ = Standardabweichung der Einzelwerte der Grundgesamtheit

Die Standardabweichung der Stichprobendurchschnitte sinkt auf die Hälfte ihres ursprünglichen Wertes, wenn der Umfang der Stichprobe um den Faktor 4 wächst.

Beispiel:
Die Standardabweichung der Einzelwerte einer Grundgesamtheit beträgt $\sigma = 12$. Die Standardabweichungen der Durchschnitte von Stichproben vom Durchschnitt aus der Grundgesamtheit sind für verschieden große Stichproben wie folgt aufgeführt:

Stichprobenumfang n	$\sigma_{\bar{x}} = \frac{\sigma}{\sqrt{n}}$
9	4
36	2
144	1
576	0,5
2 304	0,25

Die Standardabweichungen der Stichprobendurchschnitte $\sigma_{\bar{x}}$ gilt als quantitatives Maß der zufallsbedingten Streuung der Stichprobendurchschnitte um den Durchschnitt aus der Grundgesamtheit. Werden aus einer Grundgesamtheit viele große Stichproben gezogen, dann nimmt die Verteilung der Mittelwerte dieser Stichproben annähernd die Form einer Normalverteilung an. Das gilt selbst dann, wenn die Einzelwerte der Grundgesamtheit stark von der Normalverteilung abweichen.
In der folgenden Abbildung ist die Normalverteilungskurve dargestellt, die für Stichprobendurchschnitte aus einer Grundgesamtheit gilt.

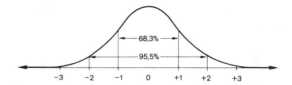

Als Abszisseneinheit wurde die Größe t gewählt, ein normiertes Maß für die Abweichungen der Stichprobendurchschnitte vom Durchschnitt aus der Grundgesamtheit. Im Bereich von –1 bis +1 t befinden sich 68,3 % aller Stichprobendurchschnitte mit einer Abweichung bis zu 1 $\sigma_{\bar{x}}$ vom Durchschnitt aus der Grundgesamtheit. Im Bereich von –2 bis +2 sind es 95,5 % mit einer Abweichung bis zu 2 $\sigma_{\bar{x}}$ und im Bereich von –3 bis +3 99,7 % mit einer Abweichung bis zu 3 $\sigma_{\bar{x}}$ vom Durchschnitt aus der Grundgesamtheit.

Man kann auch sagen: Mit einer Sicherheit von 68,3 % weicht der Durchschnitt aus einer Stichprobe um nicht mehr als 1 $\sigma_{\bar{x}}$ vom Durchschnitt aus der Grundgesamtheit ab. Die Wahrscheinlichkeit, daß die Abweichung größer als 1 $\sigma_{\bar{x}}$ ist, beträgt 31,7 %. Mit einer Sicherheit von 99,7 % weichen die Durchschnitte aus einer Stichprobe um höchstens 3 $\sigma_{\bar{x}}$ vom Durchschnitt aus der Grundgesamtheit ab. Die Wahrscheinlichkeit, daß die Abweichung größer als 3 $\sigma_{\bar{x}}$ ist, beträgt dagegen nur 0,3 %.

Ein hoher Grad an Sicherheit bedingt einen niedrigen Grad an Genauigkeit und umgekehrt.

t wird auch als Sicherheitsfaktor bezeichnet.

Dem Sicherheitsfaktor 1,00 entspricht so die Sicherheit 68,3 %, dem Sicherheitsfaktor 1,50 entspricht die Sicherheit 86,4 % usw. Nachstehend sind einige Zwischenwerte, die der gezeigten „Glockenkurve" einer Normalverteilung entsprechen, als Tabelle zusammengestellt.

Sicherheitsfaktor t	Sicherheit in %
1,00	68,3
1,50	86,4
1,75	92,0
2,00	95,5
2,58	99,0
3,00	99,7

Von praktischem Interesse ist nun der in den jeweiligen Erfassungs-einheiten ausgedrückte eigentliche Stichprobenfehler(e) als Maß für die höchstmögliche Abweichung des Durchschnitts aus der Stichprobe vom Durchschnitt aus der Grundgesamtheit. e beträgt

$$e = t \cdot \sigma_{\bar{x}}$$

Da $\sigma_{\bar{x}}$ in der Regel unbekannt sein dürfte, setzt man stattdessen die entsprechenden Werte der ersten Gleichung ein und erhält:

$$e = t \cdot \frac{\sigma}{\sqrt{n}}$$

Betriebliche Problemstellungen laufen in diesem Zusammenhang meist auf die Frage nach dem Stichprobenfehler hinaus, der sich bei Ziehung einer Stichprobe vom Umfang n nach Vorgabe einer ge-wünschten Eintrittssicherheit einstellen muß.
Ist beispielsweise die Standardabweichung einer Grundgesamtheit von Packungen, deren Durchschnittsgewicht erneut bestimmt wer-den soll, aus früheren Untersuchungen bekannt und weist $\sigma = 10$ g auf, errechnet sich der Stichprobenfehler für eine Stichprobe über $n = 200$ Packungen zu:

$$e = t \cdot \frac{10}{\sqrt{200}} = t \cdot 0{,}7071$$

Um den Zahlenwert für e letztlich ermitteln zu können, muß die ge-wünschte Wahrscheinlichkeit vorgegeben werden, mit der das Er-gebnis wirklich auch innerhalb des errechneten Intervalls liegen muß. Verlangt man eine Sicherheitsgarantie etwa von 92 % (t = 1,75), wird das symmetrisch um das Stichprobenmittel liegende Fehler-intervall

$$e = 1{,}75 \cdot 0{,}7071 = 1{,}24$$

Beträgt angenommenerweise das durchschnittliche Packungs-gewicht in der Stichprobe 502,3 g kann mit der gewünschten Wahr-scheinlichkeit von 92 % garantiert werden, daß das durchschnitt-liche Gewicht aller Packungen zwischen 502,3 ± 1,24 g (also zwischen 501,06 und 503,54) liegt. Bei 8 % aller Packungen ist die Abweichung größer als 1,24 g.

Wird eine höhere Sicherheit der Aussage, vielleicht sogar $t = 3,0$, angestrebt, wird

$$e = 3,0 \cdot 0,7071 = 2,12$$

bedeutend größer; wenn die Abweichung des Gewichtes nur bei nunmehr 0,3 % aller Packungen außerhalb des angegebenen Intervalls liegen darf, muß eine deutlich kleinere Aussagegenauigkeit in Kauf genommen werden.

Ist auch die Standardabweichung der Einzelwerte in der Grundgesamtheit σ nicht bekannt, kann sie hilfsweise durch die Standardabweichung der Einzelwerte innerhalb der Stichprobe s ersetzt werden, wie sie sich gemäß S. 44 errechnet.

Zum Beispiel könnte die Stundenleistung einer Maschine mittels einer Stichprobe von 170 einzelnen Leistungsmessungen zu einem Durchschnittswert von 261 kg ermittelt worden sein. Gesucht wäre die Größe des Stichprobenfehlers dieser Messung, der mit einer Wahrscheinlichkeit von 99,7 % ($t = 3,00$) nicht überschritten wird. Hier ist infolge der fehlenden Standardabweichung der Grundgesamtheit zuerst ersatzweise die Standardabweichung dieser Stichprobe (s) zu errechnen. Die Einzelwerte der Messung sind bekannt und erlauben die Errechnung der Standardabweichung s der Stichprobe zu hier angenommenerweise 12,25.

$$\text{Mit } e = t \cdot \frac{s}{\sqrt{170}} \text{ wird so } e = 3,00 \cdot \frac{12,25}{\sqrt{170}} = 2,82$$

Das Ergebnis bedeutet statistisch: Die Wahrscheinlichkeit, daß der Durchschnitt aus diesen 170 Messungen um mehr als 2,82 kg vom Durchschnitt aller Messungen abweicht, beträgt nicht mehr als 0,3 %.

Nicht immer ist es möglich oder erwünscht, eine Stichprobe aus der Grundgesamtheit zu ziehen. Wird die Stichprobe einer beschränkten Grundgesamtheit entnommen, ist die Formel für die Berechnung des Stichprobenfehlers um den Korrekturfaktor

$$\sqrt{\frac{N-n}{N-1}} \text{ zu ergänzen.}$$

Meist ist N so groß, daß näherungsweise N = N − 1 gesetzt werden kann. Der Stichprobenfehler berechnet sich dann nach der Formel:

$$e = t \cdot \frac{s}{\sqrt{n}} \cdot \sqrt{\frac{N-n}{N}}$$

3.1.3.2 Bestimmung des Stichprobenfehlers bei Anteilsgrößen

Umfaßt die zu untersuchende Gesamtheit zwei Gruppen mit jeweils gleichen Merkmalen, wie zum Beispiel Männer und Frauen, bezeichnet P den Anteil des einen Merkmals und Q = 1 − P den Anteil des zweiten. Die Standardabweichung bei alternativen Merkmalen ist:

$$\sigma = \sqrt{P \cdot Q}$$

Die Formel für den Stichprobenfehler lautet dann:

$$e = t \cdot \sqrt{\frac{P \cdot Q}{n}}$$

Die Größen P und Q der Grundgesamtheit fehlen in den meisten Fällen. Sofern die Stichprobe nicht zu klein gewählt wurde, darf nach einem Satz der mathematischen Statistik von den entsprechenden Größen p und q der Stichprobe auf P und Q der Gesamtheit geschlossen werden; die Formel bleibt so nach Austausch von P durch p und Q durch q gültig.

Beispiel:
Bei der Fertigung eines Erzeugnisses fallen erfahrungsgemäß 15% Ausschuß an. Gute Produktion und Ausschußproduktion werden zunächst in 100 Stück fassenden Gefäßen gesammelt. Welche fehlerhafte Stückzahl kann mit 95,5%iger Wahrscheinlichkeit in einem Gefäß auftreten?

$$e = 2 \cdot \sqrt{\frac{0,85 \cdot 0,15}{100}} = 0,071.$$

Bei Stichproben von 100 Stück ist mit einem Stichprobenfehler von ± 7,1% zu rechnen; es ist also noch als normal anzusehen, wenn der gefundene Ausschuß zwischen 7,9 und 22,1% der Gesamtproduktion schwankt.

Wird die Stichprobe aus einer endlichen Gesamtheit gezogen, ist die Formel so für den Stichprobenfehler um den bereits angeführten Faktor $\sqrt{\dfrac{N-n}{N}}$ zu ergänzen.

$$e = t \cdot \sqrt{\frac{p \cdot q}{n}} \cdot \sqrt{\frac{N-n}{N}}.$$

Beispiel:
Von einem Erzeugnis wurde eine Serie von 500 Stück gefertigt. Bei der Untersuchung von 100 willkürlich ausgewählten Stück fand man 10 % Ausschuß. In welchen Grenzen kann mit einer Sicherheit von 99 % (t = 2,58) der Ausschußanteil in der Gesamtheit erwartet werden?

$$e = 2,58 \cdot \sqrt{\frac{0,10 \cdot 0,90}{100}} \cdot \sqrt{\frac{500 - 100}{500}}$$

$$e = 2,58 \cdot \qquad 0,03 \qquad \cdot \qquad 0,89 \qquad = 0,07.$$

Der Ausschußanteil der Gesamtheit liegt mit 99 %iger Wahrscheinlichkeit zwischen (0,10 ± 0,07) 3 und 17 %.

3.1.3.3 Bestimmung des optimalen Stichprobenumfanges bei zahlenmäßigen Merkmalen

Besonders aus Gründen der Aufwands- und Kostenminimierung interessiert es den Betriebsstatistiker sehr oft auch umgekehrt, welcher Stichprobenumfang mindestens erforderlich ist, um mit vorgegebener Wahrscheinlichkeit innerhalb eines bestimmten Fehlerintervalls bleiben zu können.
Die Formel für die Ermittlung des optimalen Umfanges einer Stichprobe mit zahlenmäßigen Merkmalen der Elemente lautet:

$$n = \frac{t^2 \cdot \sigma^2}{e^2 + \dfrac{t^2 \cdot \sigma^2}{N}}$$

Mit steigender Zahl der Elemente der Grundgesamtheit nimmt auch der optimale Umfang der Stichprobe zu. Die Zunahme verhält sich jedoch nicht proportional zum Umfang der Grundgesamtheit. In dem Maße, in dem N, die Zahl der Elemente der Grundgesamtheit, unendlich groß wird, nähert sich die angeführte Formel der Größe

$$n = \frac{t^2 \cdot \sigma^2}{e^2}$$

Beispiel:
Stäbe werden auf eine bestimmte Länge geschnitten. Das Streuungsmaß der Grundgesamtheit beträgt 1 cm. Wieviel Stäbe müssen nachgemessen werden, damit mit 99%iger Sicherheit (t = 2,58) gesagt werden kann, daß die größte Abweichung des Stichprobenmittels vom Mittelwert aus der Grundgesamtheit nicht mehr als e = 0,1 cm beträgt?

$$n = \frac{2,58^2 \cdot 1^2}{0,1^2} = 666$$

Beispiel:
Wie groß müßte unter den Bedingungen in Beispiel 6 der Umfang der Stichprobe sein, wenn die Grundgesamtheit 1000 Stäbe umfaßt?

$$n = \frac{2,58^2 \cdot 1^2}{0,1^2 + \dfrac{2,58^2 \cdot 1^2}{1\,000}} = 400$$

3.1.3.4 Bestimmung des optimalen Stichprobenumfanges bei Anteilsgrößen

Die Formel für die Ermittlung des optimalen Umfanges einer Stichprobe bei Anteilsgrößen lautet:

$$n = \frac{t^2 \cdot P \cdot Q}{e^2 + \dfrac{t^2 \cdot P \cdot Q}{N}}$$

Beispiel:
In einem Betrieb mit 6000 Beschäftigten soll eine neue Arbeitszeitregelung eingeführt werden. Wieviel Beschäftigte müssen befragt werden, damit man zu einer repräsentativen Aussage der Meinung der Belegschaft kommt, wenn erwartet wird, daß etwa 80% der Belegschaft für die Maßnahme sind, eine Sicherheit der Aussage von 92% (t = 1,75) genügt und der Stichprobenfehler nicht größer als 4% sein darf?

$$n = \frac{1,75^2 \cdot 0,8 \cdot 0,2}{0,04^2 + \dfrac{1,75^2 \cdot 0,8 \cdot 0,2}{6\,000}} = 292.$$

Auch für den Stichprobenumfang bei Anteilsgrößen gilt, daß mit steigender Zahl der Elemente der Grundgesamtheit der optimale Umfang der Stichprobe zunimmt, daß sich die Zunahme jedoch nicht proportional zum Umfang der Grundgesamtheit verhält. Je größer der Umfang der Grundgesamtheit wird, um so mehr nähert sich die angeführte Formel der Größe

$$n = \frac{t^2 \cdot P \cdot Q}{e^2}.$$

Bleibt im vorhergehenden Beispiel die Zahl der Elemente der Grundgesamtheit unberücksichtigt, wächst der Stichprobenumfang nur noch auf 306 an.

Beispiel:
95 % der zu verpackenden Erzeugnisse sind einwandfrei. Wie viele Erzeugnisse muß man jeweils zusammen verpacken, um mit 95,4 %iger Sicherheit (t = 2) garantieren zu können, daß der Anteil der einwandfreien Erzeugnisse um weniger als 2 % vom Durchschnitt abweicht?

$$n = \frac{2^2 \cdot 0,95 \cdot 0,05}{0,02^2} = 475.$$

Meist sind die Größen P und Q der Grundgesamtheit unbekannt. Die Streuung in der Grundgesamtheit (P · Q) muß dann durch einen Schätzwert ersetzt werden. Der maximale Wert der Streuung ist ¼, wenn der Anteil von P und Q jeweils ½ beträgt. Um auf der „sicheren Seite" zu sein, wird dieser Maximalwert verwandt, wenn über den Anteil von P und Q in der Grundgesamtheit keine Angaben vorliegen. Die Formel

$$n = \frac{t^2 \cdot P \cdot Q}{e^2} \quad \text{geht dann über in}$$

$$n = \frac{t^2}{4 \cdot e^2}.$$

Beispiel:
Wieviel Verbraucher muß man über die Beurteilung eines Erzeugnisses befragen, um mit einer Sicherheit von 92 % (t = 1,75) bei einem Stichprobenfehler von 5 % sagen zu können, wieviel Verbraucher sich in der Grundgesamtheit für das Erzeugnis aussprechen werden?

$$n = \frac{1,75^2}{4 \cdot 0,05^2} = 307.$$

3.1.3.5 Schätzen der Standardabweichung

Häufig ist bei Bestimmung des Stichprobenumfanges die Standardabweichung σ der Grundgesamtheit nicht bekannt. Man kann sich dann mit einer der folgenden Möglichkeiten behelfen:

1. Es wird die Standardabweichung eingesetzt, die bei früheren gleichartigen Untersuchungen ermittelt worden ist.
2. Es wird eine Stichprobe „nach Gefühl" gezogen und aus dieser die Standardabweichung s ermittelt, die dann als Schätzwert für σ eingesetzt wird.
3. Es wird durch überschlägige Schätzung festgestellt, wie groß σ höchstens sein kann. Indem man bewußt einen Wert festlegt, der die Obgrenze des Erwartungswertes darstellt, befindet man sich hinsichtlich des Stichprobenergebnisses auf der „sicheren Seite".
4. Nach Schätzung des größten Wertes (X_{max}) und des kleinsten Wertes (X_{min}) in der Grundgesamtheit, der Verteilung dieser beiden Größen und der Lage des Mittelwertes wird mit Hilfe dieser Angaben ein Schätzwert s für die Standardabweichung in der Grundgesamtheit berechnet.

Neben der Gleichverteilung über das gesamte Intervall können grundsätzlich auch mehrere weitere recht unterschiedliche Verteilungstypen wie symmetrische und nichtsymmetrische Zwei-Punkte-Verteilung, Häufungen in ansonst gleicher Verteilung u.a. gegeben sein. Es sollte deshalb nach der Stichprobenerhebung die Streuung der Stichprobe berechnet und geprüft werden, ob die Stichprobe den gestellten Anforderungen gerecht wird.

Für *kleine Stichproben* gelten grundsätzlich dieselben Beziehungen, wie sie für große Stichproben dargestellt wurden. Wegen der geringeren Wahrscheinlichkeit, die durch den geringen Stichprobenumfang bedingt ist, muß allerdings der Faktor t einer anderen Wahrscheinlichkeitsverteilung, der sogenannten Studentschen t-Verteilung entnommen werden, die hier nicht weiter erörtert wird. Mit wachsendem Stichprobenumfang nähert sich die Größe des Faktors t der Studentschen t-Verteilung dem bisher benutzten Faktor t.

Für die Berechnung des Stichprobenfehlers ergibt sich so auch kein grundlegender Unterschied. Legt man die in folgender Tabelle zusammengestellte Auswahl einiger t-Werte der Studentschen t-Verteilung zugrunde, errechnen sich die gesuchten Größen beispielsweise wie folgt:

Stichprobenumfang n−1	Statistische Sicherheit 80%	90%	95%
2	1,89	2,92	4,30
.	.	.	.
.	.	.	.
5	1,48	2,02	2,57
10	1,37	1,81	2,23
20	1,33	1,73	2,09
50	1,30	1,68	2,01
.	.	.	.
100	1,29	1,66	1,98

Beispiel: 11 Messungen führten zu folgenden Werten:

n_i	x_i	$\bar{x} - x$	$(\bar{x} - x)^2$
1	2,97	+0,07	0,0049
2	2,94	+0,04	0,0016
3	2,85	−0,05	0,0025
4	2,90	0,0	0,0
5	3,02	+0,12	0,0144
6	2,74	−0,16	0,0256
7	2,78	−0,12	0,0144
8	2,86	−0,04	0,0016
9	2,96	+0,06	0,0036
10	2,88	−0,02	0,0004
11	3,00	+0,10	0,0100
Σ 31,90			Σ 0,0790

$$\bar{x} = 31,90 : 11 = 2,90$$

$$s = \sqrt{\frac{0,079}{10}} = 0,089$$

1. In welchem Intervall $(\bar{X} \pm e)$ liegt mit einer statistischen Sicherheit von 95% der Mittelwert aus der Grundgesamtheit?

Der für die Rechnung erforderliche t-Wert (n-1) beträgt 2,23.

$$e = t \cdot \frac{s}{\sqrt{n}}$$

$$e = 2,23 \cdot \frac{0,089}{3,32} = 0,06$$

Der Mittelwert aus der Grundgesamtheit liegt mit 95 %iger Wahrscheinlichkeit im Intervall 2,84 – 2,96.

2. Wie groß ist die Wahrscheinlichkeit dafür, daß das Stichprobenmittel vom Mittelwert in der Grundgesamtheit nicht mehr als e = 0,05 abweicht?

$$t = \frac{e}{s} = \sqrt{n}$$

$$t = \frac{0,05}{0,089} \cdot 3,32 = 1,86$$

Für n-1 = 10 zeigt die angeführte Tabelle für 1,86 eine Wahrscheinlichkeit von 90 %. Der errechnete Wert von 1,88 läßt also eine Wahrscheinlichkeit von über 90 % erwarten.

Der Übergang von einer großen zu einer kleinen Stichprobe ist im Grunde fließend. Praktisch gelten Stichproben mit weniger als 100 Elementen als klein.

3.2 Darstellung des Zahlenmaterials

3.2.1 Gestaltung von Tabellen

Grundsätzlich kann die Darstellung statistischen Zahlenmaterials in Tabellenform oder als Graphik erfolgen. Tabellen erlauben das Zusammenstellen von Zahlenmaterial in seiner kompaktesten Form. Auf kleinstem Raum läßt sich ein Maximum an Informationsgehalt unterbringen. Zugleich läßt die Informationsdarbietung in Form von Zahlenwerten die größtmögliche Darstellungsgenauigkeit zu.
Zur Vorbeugung von Mißverständnissen sind bei der Tabellengestaltung einige Regeln zu beachten. Wie aus dem nachfolgenden Schema zu ersehen, besteht eine Tabelle aus drei Teilen: dem Kopf, dem Rumpf und dem Fuß.

Der *Tabellenkopf* enthält die Tabellenüberschrift, die den Tabelleninhalt deutlich und vollständig benennt. In den Kopf gehört außerdem eine Tabellennummer. Wenn zu einem Sachverhalt mehrere Tabellen existieren, kann eine Numerierung der Tabellen die Übersicht über das Gesamte erleichtern.

Der *Tabellenfuß* nimmt erläuternde Hinweise zu den Tabelleninhalten auf, die im Rumpf nicht untergebracht werden können. Außerdem wird hierin auf weitere Darstellungen verwiesen, die den Inhalt in irgendeiner Weise fortsetzen, ausschnittsweise vertiefen, interpretieren oder sonstwie damit in sachlogischer Beziehung stehen. Die eigentlichen Zahlenwerte sind innerhalb des *Tabellenrumpfes* in Spalten und Zeilen angeordnet. Der einzelne Spalteninhalt wird in einer Spaltenbezeichnung näher benannt; alle Spalten zusammen erhalten häufig eine weitere, gemeinsame Überschrift, die Spaltenüberschrift. Die Zeilenbezeichnungen stehen vor den einzelnen Spalten des Rumpfes in der sogenannten Vorspalte. Zeilen und Spalten großer Tabellen werden zur Erleichterung einer späteren Bezugnahme oft durchnumeriert.

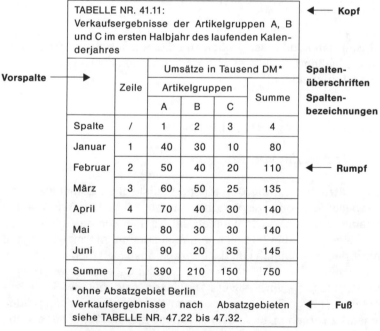

Abb. 10: Beispiel für den Aufbau einer Tabelle

Spalten- und Zeilenbezeichnungen müssen das dargestellte Objekt und die Einheiten genau benennen, in denen es erfaßt wurde (also Umsatz in DM, Produktionsausstoß in Tonnen/Tag u. a.), sind ansonsten aber so kurz wie möglich zu halten. Besonders im Hinblick auf eine rechnergestützte Verarbeitung soll die Tabellengestaltung eine gewisse Kontinuität aufweisen. Die Art der Bezeichnung, sowie Form und Gestalt des Tabellenformulars sollen möglichst immer die gleichen bleiben. Auf S. 215 ff. sind ausführliche Muster für die Tabellengestaltung im Rechnereinsatz gegeben.

Die Tabellengestaltung ist genormt. Die detaillierten Vorschriften des zuständigen Arbeitsausschusses Statistik im Deutschen Normenausschuß finden sich in der DIN 55 301.

3.2.2 Graphische Darstellungen

Mit dem Bedürfnis rascher statistischer Unterrichtung gewinnt die graphische Darstellung statistischer Zahlen immer größere Bedeutung. Ihr Vorzug besteht darin, daß sie die abstrakten Zahlen der Tabelle in anschaulicher Form wiedergibt. Das Wesentliche eines durch die Statistik dargestellten Zusammenhanges läßt sich dann leichter überblicken. So ist die graphische Darstellung ein hervorragendes Mittel zur schnellen Information der Geschäftsleitung. Außerdem ist sie dazu geeignet, statistische Ergebnisse zu popularisieren, weil durch ihre anschauliche Form auch die Personen angesprochen werden, die mit einer Tabelle nichts anzufangen vermögen. Inhaltlich gesehen bietet sie gegenüber der Tabelle nichts Neues. Deshalb vermag die graphische Darstellung die Tabelle nicht zu ersetzen; sie kann die Tabelle nur ergänzen.

Was für die graphische Darstellung spricht, ist die Form der Darstellung. Durch diese Form sind ihr allerdings auch Grenzen gesetzt. Die graphische Darstellung bietet meist nicht die gleiche Genauigkeit und Ausführlichkeit wie die Tabelle. Indem sie das Wesentliche in den Vordergrund stellt, vergröbert sie. Kleine Zahlenunterschiede gehen bei ihr unter.

In der Betriebsstatistik kommen im allgemeinen die Grundtypen der sogenannten Geschäftsgraphiken (Business-Graphiken) zur Anwendung, nämlich

– Linien- oder Kurvendiagramm (auch als Punktediagramm),
– Säulendiagramm bzw. Balkendiagramm (auch als gestapelte Säulen bzw. Stapelbalken) und
– Kreisdiagramm.

Linien- und Kurvendiagramme werden für Entwicklungskurven und Häufigkeitsdarstellungen verwendet.

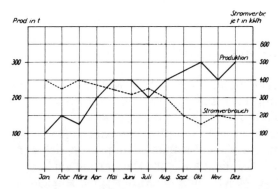

Abb. 11: Beispiel für ein Kurvendiagramm (monatliche Produktionsmengen und Stromverbrauch im Zeitverlauf)

Säulen eignen sich gut zur Darstellung von Bestandsmassen. Ob die Säulen dabei breit oder schmal gehalten werden sollen, ist eine Frage der geschmackvollen Gestaltung. Für die richtige Wiedergabe der Zahlengröße ist meist nur die Höhe der Säule entscheidend.
Gleichartige Größen sind einheitlich oder gar nicht zu schraffieren. Durch die Schraffur kommen die Darstellungen jedoch meist besser zur Geltung.
Sollen verschiedenartige Größen durch Säulen dargestellt werden, dann sind die Säulen unterschiedlich zu schraffieren.
Die Zusammensetzung einer Masse aus ihren Teilmassen kann man bei der Säulendarstellung ebenfalls durch unterschiedliche Schraffuren und vor allem durch Darstellung in Stapelbalken-Form zum Ausdruck bringen. Vgl. Abb. 12 und 13.

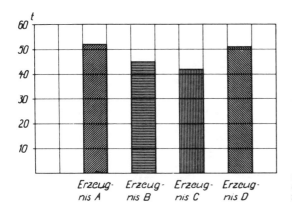

Bestand an Fertig-
erzeugnissen in t per
31. 12. 19 . .

Abb. 12: Beispiel für Balkendiagramm (Balken): Bestand Fertigerzeugnisse

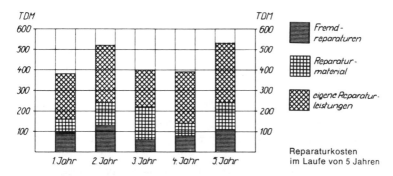

Fremd-
reparaturen

Reparatur-
material

eigene Reparatur-
leistungen

Reparaturkosten
im Laufe von 5 Jahren

*Abb. 13: Beispiel für Balkendiagramm (Stapelbalken): Reparaturkosten mit
Kostenstruktur*

Das *Kreisdiagramm* eignet sich wiederum zur Darstellung von Teilmassen einer Gesamtmasse, aber ausschließlich für einen einzigen
Betrachtungszeitpunkt oder -zeitraum. Die Anteile werden durch
Kreissektoren wiedergegeben. Zur Ermittlung der Größen der einzelnen Kreissektoren wird die Gesamtmasse durch 360 dividiert.
Damit zeigt sich, wieviel Grad auf eine Einheit entfallen. Abb. 14 enthält ein typisches Kreisdiagramm.

91

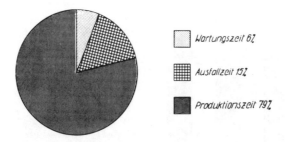

Wartungszeit 6%

Ausfallzeit 15%

Produktionszeit 79%

Abb. 14: Beispiel für ein Kreisdiagramm: Zeitliche Auslastung einer Anlage

Die Konstruktion eines Kreisdiagrammes ist ansonsten relativ unproblematisch, da mit einem Kreis auch immer nur eine Grundmasse dargestellt und aufgeteilt werden kann.

Allerdings ist zu beachten, daß ein Vergleich mehrerer Gesamtmassen miteinander nur über das Verhältnis der entsprechenden Kreisflächen, nicht etwa der Radien, stattfinden darf.

3.3 Betriebsstatistische Kennzahlen

3.3.1 Analyse betrieblicher Daten durch Kennzahlenbildung

Es wurde eingangs bereits gesagt, daß der Betriebsstatistiker zur Analyse betrieblicher Vorgänge Kennzahlen bilden muß.

Die einzelne Zahl ist eine aus dem Zusammenhang herausgerissene Größe und für sich allein beziehungslos. In der Wirklichkeit hängen die Dinge aber aufs engste zusammen und bedingen einander. Es ist Aufgabe der Statistik, die Beziehungen zwischen den einzelnen Größen durchsichtig und übersichtlich zu machen und Vergleiche zu ermöglichen.

Dazu verwendet die Betriebsstatistik Kennzahlen (auch Verhältniszahlen genannt). Kennzahlen können Gliederungszahlen Beziehungszahlen (auch Kennziffer genannt) oder Indexzahlen sein.

Die Berechnung von Kennzahlen erfolgt immer durch Division. Rechnerisch ist das eine ganz einfache Angelegenheit, weshalb bisweilen die Meinung besteht, Berechnung und Verwendung von Verhältniszahlen seien eine ganz einfache und selbstverständliche

Angelegenheit. Tatsächlich ist die Berechnung der Verhältniszahlen nicht schwierig, wohl aber ihre richtige Auswahl. Die Kunst des Statistikers besteht darin, die für einen bestimmten Zusammenhang sinnvollsten und ausdrucksfähigsten Verhältniszahlen auszuwählen und zu berechnen. Außerdem ist zu beachten, daß Kennzahlen immer auch mit absoluten Zahlen zu untermauern sind. So führen bloße Kennzahlenvergleiche bei unterschiedlichen Bezugsbasen zu falschen bzw. widersprüchlichen Aussagen. Beispielsweise kann sich in zwei Werkstätten die gleiche Quote für die Ausschußproduktion = 10 % ergeben, in der einen bezogen auf die Gesamtproduktion von 10 000 Stück, in der anderen aber nur auf eine Teilproduktion von 500 Stück. Für den Betrachter macht es sicher einen Unterschied, daß somit einmal 1 000, zum anderen nur 50 unbrauchbare Teile entstanden sind.

3.3.2 Gliederungszahlen und Beziehungszahlen

Gliederungszahlen zeigen, welchen Anteil Teilmassen an einer Gesamtmasse haben. Meist wird die Gesamtmasse gleich 100 gesetzt; die Gliederungszahlen geben dann an, welchen prozentualen Anteil die Teilmassen an der Gesamtmasse haben.

Beispiel:

Absolute Zahlen		Gliederungszahlen
360 männl. Beschäftigte (Teilmasse)	=	60 %
240 weibl. Beschäftigte (Teilmasse)	=	40 %
600 Beschäftigte insges. (Gesamtmasse)	=	100 %

Gesamtmassen können zur Analyse nach sachlichen, räumlichen und zeitlichen Gesichtspunkten in Teilmassen zerlegt werden. Für diese drei Möglichkeiten der Unterteilung können Gliederungszahlen gebildet werden.

Beispiele:
Prozentualer Anteil der einzelnen Produkte am Gesamtabsatz (sachliche Unterteilung),
prozentualer Anteil der einzelnen Absatzgebiete am Gesamtabsatz (räumliche Unterteilung),
prozentualer Anteil der einzelnen Monate am Gesamtabsatz (zeitliche Unterteilung).

Aussagekräftig sind die Gliederungszahlen nur in Verbindung mit den zugehörigen absoluten Zahlen, weil sie lediglich den relativen Anteil der Teilmassen an der Gesamtmasse ausdrücken. Die absoluten Zahlen können sich unter Umständen in umgekehrter Richtung entwickeln.

Ob eine Masse Teil- oder Gesamtmasse ist, hängt vom Zweck der Untersuchung ab. Wenn man feststellt, daß von 400 Beschäftigten eines Betriebes 60 Beschäftigte Handwerker sind, dann sind die 60 Handwerker Teilmasse im Verhältnis zur Gesamtzahl der Beschäftigten. Die 60 Handwerker sind dagegen als Gesamtmasse zu betrachten, wenn man ihnen die zugehörigen Teilmassen von 30 Schlossern, 12 Klempnern und anderen Handwerkern gegenüberstellt.

Zur Ermittlung des Anteils der einzelnen Handwerkergruppen an der Zahl der Gesamtbeschäftigten des Betriebes können die absoluten Zahlen der Handwerkergruppen durch die Zahl der Gesamtbeschäftigten dividiert und mit 100 multipliziert werden (für Schlosser:

$$\frac{30}{400} \cdot 100 = 7,5\,\%).$$

Eine Gesamtmasse kann nach verschiedenen Merkmalen gegliedert und damit in verschiedene Teilmassen zerlegt werden. Die Zahl der Angestellten kann z. B. nach kaufmännischen und technischen Angestellten und nach männlichen und weiblichen Angestellten unterteilt werden.

Bei den Beziehungszahlen oder Kennziffern werden zwei ungleichartige Massen zueinander ins Verhältnis gesetzt, um besseren Einblick in vorhandene Zusammenhänge zu gewinnen. Beziehungszahlen sind beispielsweise

– Arbeitszeitverbrauch je Erzeugnis,
– Materialverlust je t Produktion,
– Stromverbrauch je t Produktion,
– Produktion je Stunde,
– Produktionsausfall je Monat.

An diesen verschiedenartigen Beispielen wird bereits deutlich, daß es sehr viele Beziehungszahlen gibt, die für die Beurteilung der betrieblichen Tätigkeit von Bedeutung sind. Wirklichen Wert haben sie nur, wenn Größen ins Verhältnis gesetzt werden, die in einem bestimmten Zusammenhang stehen. Wird das nicht beachtet, besteht die Gefahr, daß falsche Schlüsse gezogen werden. Beim Festlegen von Beziehungszahlen muß man sich deshalb immer fragen, ob der Leser der Statistik nicht in die Gefahr kommt, falsche Schlußfolgerungen zu ziehen.

3.3.3 Indexzahlen

Indexzahlen entstehen dadurch, daß eine Vielzahl einzelner Reihenwerte mit einem einzigen Maßausdruck charakterisiert werden. Meist wird ausgerechnet, wie sich eine Masse im Verhältnis zu einer anderen Masse prozentual darstellt. Wenn im Vorjahr 1 100 t produziert wurden und die Produktion im Berichtsjahr 1 320 t betrug, dann ist der Index der Produktionsveränderung $\frac{1\,320}{1\,100} \cdot 100 = 120\,\%$. Dabei ist das Vorjahr gleich 100% gesetzt worden.

Am häufigsten dienen Indizes der Darstellung einer Entwicklung. Man will beispielsweise zeigen, wie sich die Produktion im Laufe der Jahre entwickelt hat, wie sich die Rohstoffpreise veränderten oder welche Tendenz bei den Erlösen vorliegt.

Es gibt verschiedene Möglichkeiten, um mit Hilfe von Indizes die Entwicklung bestimmter Erscheinungen darzustellen. Nach ihrer Berechnungsart lassen sich die Indizes wie folgt einteilen:

 1. einfache Indizes (= Meßzahlen)
  a) mit fixer Basis,
  b) mit beweglicher Basis,
 2. zusammengesetzte Indizes.

3.3.3.1 Einfacher Index oder Meßzahl

Der einfache Index, auch Meßzahl genannt, entsteht dadurch, daß man gleichartige Massen zueinander ins Verhältnis setzt.

Durch Indexzahlen werden meistens nicht nur zwei, sondern mehrere Werte miteinander verglichen. Man muß sich deshalb entscheiden, welcher Wert als Bezugsbasis verwandt werden soll. Praktische Bedeutung haben zwei Möglichkeiten:

a) alle Werte einer Reihe werden auf einen Basiswert bezogen (Indexreihe mit fester Basis),

95

b) die Werte einer Reihe werden auf den jeweils vorhergehenden Wert bezogen (Indexreihe mit veränderlicher Basis).

Zur Demonstration soll die Entwicklung der Produktion eines Betriebes mit Hilfe einfacher Indizes dargestellt werden. Der Betrieb produzierte in den einzelnen Jahren folgende Mengen:

1. Jahr 5 400 t	4. Jahr 6 400 t
2. Jahr 5 700 t	5. Jahr 6 900 t
3. Jahr 6 000 t	6. Jahr 6 800 t

Wenn jedes Glied der Reihe auf das Anfangsglied bezogen wird, ergeben sich folgende Indizes (I):

$$I_{1., 1.} = \frac{5\,400}{5\,400} = 100,0\,\%$$

$$I_{1., 2.}{}^{*)} = \frac{5\,700}{5\,400} = 105,6\,\%$$

$$I_{1., 3.} = \frac{6\,000}{5\,400} = 111,1\,\%$$

$$I_{1., 4.} = \frac{6\,400}{5\,400} = 118,5\,\%$$

$$I_{1., 5.} = \frac{6\,900}{5\,400} = 127,8\,\%$$

$$I_{1., 6.} = \frac{6\,800}{5\,400} = 125,9\,\%$$

Als feste Basis kann auch der Durchschnitt aus allen oder einigen Reihengliedern verwandt werden. Im vorliegenden Beispiel beläuft sich die Durchschnittsproduktion (D) in den ersten beiden Jahren auf 5550 t. Verwendet man diese als feste Basis, ergeben sich folgende Indizes:

$$I_{D, 1.} = \frac{5\,400}{5\,550} = 97,3\,\%$$

$$I_{D, 2.} = \frac{5\,700}{5\,550} = 102,7\,\%$$

$$I_{D, 3.} = \frac{6\,000}{5\,550} = 108,1\,\%$$

---

*) Sprich Index 2. Jahr im Vergleich zum 1. Jahr.

$$I_{D,\,4.} = \frac{6\,400}{5\,550} = 115,3\,\%$$

$$I_{D,\,5.} = \frac{6\,900}{5\,550} = 124,3\,\%$$

$$I_{D,\,6.} = \frac{6\,800}{5\,550} = 122,5\,\%$$

Bisweilen ist es nicht nur angebracht, die Entwicklung von einem bestimmten Zeitpunkt an zu zeigen, sondern auch auf einen bestimmten Zeitpunkt hin darzustellen. Dazu wird der letzte Wert der Reihe gleich 100 % gesetzt. Für das obige Beispiel ergeben sich folgende Indizes:

$$I_{6.,\,1.} = \frac{5\,400}{6\,800} = 79,4\,\%$$

$$I_{6.,\,2.} = \frac{5\,700}{6\,800} = 83,8\,\%$$

$$I_{6.,\,3.} = \frac{6\,000}{6\,800} = 88,2\,\%$$

$$I_{6.,\,4.} = \frac{6\,400}{6\,800} = 94,1\,\%$$

$$I_{6.,\,5.} = \frac{6\,900}{6\,800} = 101,5\,\%$$

$$I_{6.,\,6.} = \frac{6\,800}{6\,800} = 100,0\,\%$$

Auch die Indexreihe, bei der das letzte Jahr das Basisjahr ist, kann sehr anschaulich sein. Rechentechnisch gesehen liegt ihr Nachteil darin, daß jedes Jahr eine neue Indexreihe berechnet werden muß. Das ist nicht nötig, wenn irgendein anderes Glied der Reihe als Basis gewählt wird, weil dann die Indizes zurückliegender Jahre immer wieder verwandt werden können.

Bei der Indexreihe mit *veränderlicher* Basis wird in der Regel der vorhergehende Zeitraum oder Zeitpunkt als Basis angesetzt. Für das obige Beispiel ergeben sich folgende Indizes:

$$I_{1.,\,2.} = \frac{5\,700}{5\,400} = 105,6\,\%$$

$$I_{2.,3.} = \frac{6\,000}{5\,700} = 105,3\,\%$$

$$I_{3.,4.} = \frac{6\,400}{6\,000} = 106,7\,\%$$

$$I_{4.,5.} = \frac{6\,900}{6\,400} = 107,8\,\%$$

$$I_{5.,6.} = \frac{6\,800}{6\,900} = 98,6\,\%$$

Die Indexreihe mit fester Basis zeigt die Entwicklung über einen längeren Zeitraum, während die Indexreihe mit veränderlicher Basis die Veränderungen von Zeitraum zu Zeitraum wiedergibt. Beide Indexreihen sind wichtig. Oft werden sie parallel angewandt. Aus den Indizes mit veränderlicher Basis lassen sich die entsprechenden Indizes mit fester Basis durch Multiplikation ermitteln.

Beispiel:

$$I_{1.,2.} \cdot I_{2.,3.} \cdot I_{3.,4.} = I_{1.,4.}$$
$$105,6 \cdot 105,3 \cdot 106,7 = 118,5\,\%$$

Die Richtigkeit dieser Umrechnung wird deutlich, wenn man die einzelnen Indizes als Brüche darstellt und Zähler gegen Nenner kürzt. Die Rechnung sieht wie folgt aus:

$$\frac{\cancel{5\,700}}{5\,400} \cdot \frac{\cancel{6\,000}}{\cancel{5\,700}} \cdot \frac{6\,400}{\cancel{6\,000}} = \frac{6\,400}{5\,400} = 118,5\,\%.$$

Umgekehrt kann man aus den Indizes mit fester Basis Indizes mit veränderlicher Basis ermitteln, indem man den Index mit fester Basis eines Zeitraumes durch den Index des vorhergehenden Zeitraumes dividiert.

Beispiel:

$$I_{1.,5.} : I_{1.,4.} = I_{4.,5.}$$
$$127,8 : 118,5 = 107,8\,\%$$

Auch diese Umrechnungsmöglichkeit läßt sich mit der Bruchrechnung begründen:

$$\frac{6\,900}{5\,400} : \frac{6\,400}{5\,400} = \frac{6\,900}{\cancel{5\,400}} \cdot \frac{\cancel{5\,400}}{6\,400} = \frac{6\,900}{6\,400} = 107,8\,\%.$$

3.3.3.2 Zusammengesetzter Index

Während einfache Indizes immer nur Veränderungen einer einzelnen statistischen Erscheinung zeigen, können zusammengesetzte Indizes (als Indexzahlen im eigentlichen Sinn) auch Beziehungen zwischen mehreren verschiedenen, sachlogisch zusammengehörenden Datengruppen durch einen Maßausdruck charakterisieren. Im Gegensatz zum einfachen Index, der die Entwicklung nur des Materialpreises von einem Einsatzstoff beschreiben könnte, läßt sich beispielsweise durch den zusammengesetzten Index berücksichtigen, daß jeder Einsatzstoff eine andere Preisveränderung hat und daß von den einzelnen Einsatzstoffen unterschiedliche Mengen benötigt werden.

Die zu beschreibenden Erscheinungen sind insofern komplexer; die Rechenvorschrift zur Bildung der einzelnen Indexzahlen enthält mehrere Faktoren. Das soll mit Hilfe des folgenden Zahlenbeispiels demonstriert werden:

Beispiel für einen zusammengesetzten Index				
	1. Jahr		2. Jahr	
	p_0 Preis/kg	q_0 Menge in kg	p_1 Preis/kg	q_1 Menge in kg
Material A	6,–	30 000	7,–	25 000
Material B	8,–	20 000	8,–	25 000
Material C	14,–	16 000	15,–	12 000
		66 000		62 000

Die Notwendigkeit zur Bildung des komplexeren, zusammengesetzten Index ergibt sich daraus, daß verschiedenartige Güter in ihrem Preis bzw. ihrer Menge nicht addierbar sind. Würde es sich bei Material A bis C um immer das absolut gleiche Gut handeln – etwa um ein und dieselbe Motorenöl-Marke, eingekauft bei drei verschiedenen Lieferanten –, könnte das Ganze auf die Berechnung des einfachen Index (Meßzahl) reduziert werden. Zur Berechnung etwa des Preisindex darf man die Preise addieren und das arithmetische Mittel einer jeden Periode errechnen. Anschließend stellt man diese Preisveränderungsdurchschnitte als Indexreihe dar. Die Durchschnittspreise ergeben sich zu

$$\bar{x}_0 = \frac{6 + 8 + 14}{3} = 9{,}33 \qquad \bar{x}_1 = \frac{7 + 8 + 15}{3} = 10$$

Die Formel für den Preisindex lautet dann:

$$I_{0,1} = \frac{\bar{x}_1}{\bar{x}_0} = \frac{\Sigma\, p_1/n}{\Sigma\, p_0/n} = \frac{\Sigma\, p_1}{\Sigma\, p_0} = 107{,}1\,\%$$

Es wird hier der Index der Mittelwerte gebildet, also Mittelwerte verschiedener Zeitpunkte miteinander verglichen.

Bei verschiedenartigen Gütern kann das Problem der Nichtaddierbarkeit von Preisen dadurch umgangen werden, daß man nicht den Index der Durchschnittspreise, sondern den Durchschnitt des einfachen Index der einzelnen Güter bildet. Das heißt im Beispiel, man bildet zuerst den einfachen Index jeweils für Material A, B und C allein. Diese errechnen sich zu:

$$I_{0,1}\ \text{Material A} = \frac{p_1}{p_0} = \frac{7}{6} = 116{,}7\,\%, \text{ analog wird:}$$

$I_{0,1}$ Material B = 8/8 = 100 % und $I_{0,1}$ Material C = 15/14 = 107,1 %.

Der Preisindex insgesamt ergibt sich als sogenannter *einfacher Summenindex* durch Bildung des arithmetischen Mittels aus diesen drei Indexzahlen, also Division durch die Anzahl der einfachen Indexwerte. Es wird:

$$\text{Preisindex } I_{0,1} = \frac{\Sigma\, (p_1/p_0)}{n} = \frac{116{,}7 + 100{,}0 + 107{,}1}{3} = 107{,}9\,\%$$

Die Verwendung des einfachen Summenindex ist vertretbar und in seiner Aussagefähigkeit brauchbar, solange sich die betrachteten Güter nur geringfügig unterscheiden, also wenn es sich im Beispiel zwar immer um Maschinenöl, aber um drei verschiedene Marken A, B und C mit Qualitätsunterschieden handeln würde.
Die Aussage- und Interpretationsmöglichkeiten des *einfachen Summenindex* sind begrenzt, weil die Mengen der betrachteten Güter völlig außen vor bleiben.

Bei stark unterschiedlichen Gütern wird es zunehmend wichtig zu erfassen, welches Gewicht der Preisänderung eines einzelnen Gutes in der Gesamtrechnung zukommt. Es ist schließlich nicht gleichgültig, ob sich der Preis des in geringen Mengen benötigten

Motorenöls oder des ständig in großen Mengen verbrauchten Treib-
stoffs der Motoren um beispielsweise 10% erhöht.
Dies kann nur durch eine sinnvolle Gewichtung erreicht werden, es
entsteht der *gewogene Summenindex.* Die Formel des einfachen
Summenindex als Preisindex wird mittels Gewicht g überführt in:

$$\text{Preisindex } I_{0,1} = \frac{\Sigma\,(p_1/p_0 \cdot g)}{\Sigma g}$$

Ein sinnvolles Gewicht im vorliegenden betriebsstatistischen Zusammenhang stellt der jeweilige Umsatz dar. Das Produkt aus Menge
mal Preis = Umsatz ist eine in Werteinheiten (DM) ausgedrückte
Größe; über diese einheitliche Dimension ist der Vergleich unterschiedlicher Güter möglich und erlaubt.
Gehen die Mengen in die Berechnung mit ein, entsteht ein weiteres
Problem. Soll der reine Preisindex errechnet werden, muß der Einfluß von Mengenveränderungen im Zeitverlauf unberücksichtigt
bleiben. Alle verwendeten Gewichte müssen dem gleichen Zeitraum
entstammen.
Werden die Gewichte der Basisperiode entnommen, spricht man
vom *Laspeyres*-Index[1] (siehe hierzu auch die Erläuterungen zum
Beispiel Seite 104). Die entsprechende Formel leitet sich aus der
vorangegangenen dann wie folgt ab:

Umsatz Basisperiode $_0$

$$\text{Preisindex } I_{0,1} = \frac{\Sigma\,(p_1/p_0 \cdot p_0 q_0)}{\Sigma p_0 q_0}$$

Durch Kürzen von p_0 usw. ergibt sich[2]:

$$\text{Preisindex } I_{0,1} = \frac{\Sigma\,p_1 \cdot q_0}{\Sigma\,p_0 \cdot q_0}$$

Im Zahlenbeispiel wird:

$$\text{Preisindex } I_{0,1} = \frac{7 \cdot 30\,000 + 8 \cdot 20\,000 + 15 \cdot 16\,000}{6 \cdot 30\,000 + 8 \cdot 20\,000 + 14 \cdot 16\,000} = 108,2\%$$

---

[1] Benannt nach dem Statistiker Laspeyres.
[2] Die abgekürzte Formelschreibweise des Betriebsstatistikers läßt das
Nachvollziehen der Umformung hier nicht zu. Es sei auf die Ausführungen zu den Beispielen im nächsten Abschnitt und zum langfristigen
Produktionsvergleich verwiesen.

Die Periode 0 ist die Basis, die zu 100% angenommen wird. Im Vergleich zur Basis ist das Preisniveau unseres Materialeinsatzes um 8,2% gestiegen.

Die Gewichte werden bei Verwendung des Laspeyres-Index nur einmal, und zwar für die Basisperiode bestimmt. Der Nenner der Formel bleibt für jede zu berechnende Indexzahl einer jeden nachfolgenden Periode immer gleich. Alle Indexwerte einer Indexreihe sind auf diese Weise direkt miteinander vergleichbar.

Nachteilig wirkt sich diese konstante Basis insofern aus, als so für jeden Folgezeitpunkt dieselbe Mengenzusammensetzung des Materialeinsatzes unterstellt wird, wie sie in der Basisperiode vorliegt. Da sich Mengenrelationen in der Praxis fortlaufend ändern, dürfte ein so errechneter Preisindex mit zunehmendem Abstand von der Basis immer unexakter werden.

Zum Ausgleich dieses Nachteils wird in der allgemeinen Wirtschaftsstatistik der Index nach Paasche[1] gebildet. Hierbei wird das Gewicht der Basisperiode durch das Gewicht der jeweiligen Berichtsperiode ersetzt. Die Formel für den hier gewählten Preisindex wird:

$$\text{Preisindex } I_{0,1} = \frac{\Sigma\, p_1 \cdot q_1}{\Sigma\, p_0 \cdot q_1}$$

Im Zahlenbeispiel wird entsprechend:

$$\text{Preisindex } I_{0,1} = \frac{7 \cdot 25\,000 + 8 \cdot 25\,000 + 15 \cdot 12\,000}{6 \cdot 25\,000 + 8 \cdot 25\,000 + 14 \cdot 12\,000} = 107{,}1\%$$

Das heißt, die einzelnen Güter gehen entsprechend ihrer Bedeutung in der Gegenwart in die Indexrechnung ein. Neben dem generell höheren Rechenaufwand ist mit der Berechnung dieses Paasche-Index der Nachteil verbunden, daß jeder Indexwert der Einzelperiode ein anderes Gewicht erhält. Ein direkter Vergleich aller Indexwerte ist so nicht mehr möglich. Ein Vergleich von Entwicklungen über mehrere Perioden erfordert zusätzliche Berechnungen.

Das Gesagte gilt sinngemäß auch für die Berechnung von *Mengenindizes,* die analog der Preisindizes Mengenänderungen darstellen, ohne die damit einhergehenden Preisänderungen zu berücksich-

---

[1]) Benannt nach dem Statistiker Paasche.

tigen. Desgleichen können sogenannte *Volumenindizes* gebildet werden, die sowohl Preis- als auch Mengenveränderungen beinhalten.

Man sieht hieran, daß die Entscheidung über die zu verwendende Formel immer nur vor dem Hintergrund einer spezifischen Aufgabe getroffen werden kann. Nachfolgend sollen hierfür typische Fragestellungen aus der Betriebsstatistik exemplarisch behandelt werden.

3.3.3.3 Ausgewählte Beispiele zur Indexrechnung

Im bereits oben gezeigten Beispiel (vgl. S. 99) haben sich Preise sowie Mengen wie folgt entwickelt:

	1. Jahr		2. Jahr	
	p_0 Preis/kg	q_0 Menge in kg	p_1 Preis/kg	q_1 Menge in kg
Material A	6,–	30 000	7,–	25 000
Material B	8,–	20 000	8,–	25 000
Material C	14,–	16 000	15,–	12 000
		66 000		62 000

Es sollen jetzt unterschiedliche Produkte bzw. Materialien A bis C unterstellt werden.
Eine mögliche Fragestellung wäre:
1. Frage: Wie haben sich die Materialkosten gesamt in der Berichtsperiode gegenüber der Basisperiode verändert?
Es ist offensichtlich ein Kostenindex im Sinne des besprochenen Volumenindex lediglich bezogen auf Einstandskosten, gefragt. Die Kostensumme (Summe Preis mal Menge) des Berichtsjahres wird zur Kostensumme des Basisjahres ins Verhältnis gesetzt.

Die Formel für diesen Index lautet:

$$I_{0.,1.} = \frac{\Sigma\, p_1 \cdot q_1}{\Sigma\, p_0 \cdot q_0}$$

Für das vorliegende Beispiel sieht die Indexberechnung wie folgt aus:

$$I_{1.,2.} = \frac{7 \cdot 25\,000 + 8 \cdot 25\,000 + 15 \cdot 12\,000}{6 \cdot 30\,000 + 8 \cdot 20\,000 + 14 \cdot 16\,000} = \frac{555\,000}{564\,000} = 98{,}4\,\%$$

Faktisch wurden hier durch Multiplikation aller Preise mit den zugehörigen Mengen zum jeweiligen Zeitpunkt Umsätze (da es sich um Materialeinkauf handelt eher Kosten) berechnet. Durch die Quotientenbildung entsteht also der Umsatz- bzw. (Kosten-)Index der gesamten Produktion.

Änderungen bei den Materialkosten (Volumensänderungen) lassen sich auf Änderungen in der mengenmäßigen Zusammensetzung der bezogenen Materialien (Struktur) und Änderungen der Preise der einzelnen Materialarten zurückführen. Hieraus ergibt sich die 2. Frage.

2. Frage: In welchem Umfang verändern sich die Materialpreise insgesamt durch Preisschwankungen bei den einzelnen Einsatzmaterialien?

Um dies zu zeigen, wird am besten ein Preisindex als gewogener Summenindex möglichst aktuellen Mengenbezugs, der Paasche-Index, gebildet:

$$I = \frac{\Sigma p_1 \cdot q_1}{\Sigma p_0 \cdot q_1} = 107,1$$

Der Paasche-Index wurde aus Sicht des Basisjahres errechnet; ihm liegen, wie gesagt, die Mengen des Berichtsjahres als Gewicht zugrunde. Man kann hier genauso aus Sicht des Basisjahres den Laspeyres-Index berechnen, indem die Mengen des Basisjahres zugrundegelegt werden:

$$I = \frac{\Sigma p_1 \cdot q_0}{\Sigma p_0 \cdot q_0} = 108,1$$

3. Frage: In welchem Umfang verändern sich die Materialkosten gesamt aufgrund von Schwankungen allein in der Mengenstruktur? Im Gegensatz zur 1. Frage ist hier nicht die Veränderung der Materialkosten überhaupt, sondern nur insoweit gefragt, wie sie auf Mengenveränderungen zurückgeht (Kostenindex als Volumenindex). Sinngemäß zu den vorangegangenen Rechnungen und zur Lösung der 1. Frage gilt:

$$I = \frac{\Sigma p_0 \cdot q_1}{\Sigma p_0 \cdot q_0} = \frac{6 \cdot 25\,000 + 8 \cdot 25\,000 + 14 \cdot 12\,000}{6 \cdot 30\,000 + 8 \cdot 20\,000 + 14 \cdot 16\,000} = 91,8\%$$

Um den Einfluß der Preise zu eliminieren, sind in Zähler und Nenner die gleichen Preise eingesetzt. Der Index zeigt, daß die Gesamtkosten auf 91,8 % der Kosten im Basisjahr zurückgegangen wären, wenn die Materialpreise seit dem Basisjahr unverändert geblieben wären. Dieselbe Rechnung läßt sich unter Ausschaltung der Mengenwirkungen anstellen. Dann gilt:

$$I = \frac{\Sigma p_1 \cdot q_0}{\Sigma p_0 \cdot q_0} = \frac{7 \cdot 30000 + 8 \cdot 20000 + 15 \cdot 16000}{6 \cdot 30000 + 8 \cdot 20000 + 14 \cdot 16000} = 108,2 \%$$

Da der Mengeneinfluß eliminiert wurde, handelt es sich hier um den Index, der die Entwicklung der Materialkosten infolge Preisveränderungen bei den Einsatzmaterialien anzeigt. Hier ist gesagt, daß die Veränderung der Gesamtkosten unter der Annahme unveränderter Mengenrelationen seit dem Basisjahr + 8,2 % beträgt. Dies entspricht dem gewogenen Preisindex nach Laspeyres, wie er ebenfalls bereits berechnet wurde.

Wie bei den einfachen Indizes besteht auch bei den zusammengesetzten Indizes die Möglichkeit, mit fester oder veränderlicher Basis zu rechnen. Für den Preisindex nach Paasche können die beiden folgenden Indexreihen aufgestellt werden:

Mit fester Basis	Mit veränderlicher Basis
$I_{0.,1.} = \dfrac{\Sigma p_1 \cdot q_1}{\Sigma p_0 \cdot q_1}$	$I_{0.,1.} = \dfrac{\Sigma p_1 \cdot q_1}{\Sigma p_0 \cdot q_1}$
$I_{0.,2.} = \dfrac{\Sigma p_2 \cdot q_2}{\Sigma p_0 \cdot q_2}$	$I_{1.,2.} = \dfrac{\Sigma p_2 \cdot q_2}{\Sigma p_1 \cdot q_2}$
$I_{0.,3.} = \dfrac{\Sigma p_3 \cdot q_3}{\Sigma p_0 \cdot q_3}$	$I_{2.,3.} = \dfrac{\Sigma p_3 \cdot q_3}{\Sigma p_2 \cdot q_3}$
usw.	usw.

Durch Multiplikation des Index der zweiten Spalte, des Index mit veränderlicher Basis, kann man rein mathematisch die Entwicklung von der Basisperiode bis zur gewünschten Periode in einem Zahlenwert darstellen. Es entsteht ein Kettenindex, wie er im Beispiel zur Berechnung des einfachen Index schon hergeleitet wurde. Inhaltlich ist dieser jedoch anders zu interpretieren, weil er die sich ändernde Mengenbewegung von Glied zu Glied berücksichtigt.

Die Bildung solcher zusammengesetzter Kettenindizes über Indizes mit veränderlicher Basis soll am folgenden Beispiel demonstriert werden:

Jahr		Material A	Material B	Material C	Summe
1. Jahr	Preis je kg	6,––	8,––	14,––	
	Menge in kg	30 000	20 000	16 000	66 000
2. Jahr	Preis je kg	7,––	8,––	15,––	
	Menge in kg	25 000	25 000	12 000	62 000
3. Jahr	Preis je kg	7,––	8,––	16,––	
	Menge in kg	35 000	30 000	18 000	83 000
4. Jahr	Preis je kg	8,––	10,––	17,––	
	Menge in kg	35 000	30 000	20 000	85 000
5. Jahr	Preis je kg	8,––	11,––	17,––	
	Menge in kg	35 000	30 000	19 000	84 000
6. Jahr	Preis je kg	8,––	11,––	18,––	
	Menge in kg	30 000	35 000	18 000	83 000

Die Indizes mit veränderlicher Basis lauten:

$$I_{1., 2.} = \frac{7 \cdot 25\,000 + 8 \cdot 25\,000 + 15 \cdot 12\,000}{6 \cdot 25\,000 + 8 \cdot 25\,000 + 14 \cdot 12\,000} = \frac{555\,000}{518\,000} = 107,14\,\%$$

$$I_{2., 3.} = \frac{7 \cdot 35\,000 + 8 \cdot 30\,000 + 16 \cdot 18\,000}{7 \cdot 35\,000 + 8 \cdot 30\,000 + 15 \cdot 18\,000} = \frac{773\,000}{755\,000} = 102,38\,\%$$

$$I_{3., 4.} = \frac{8 \cdot 35\,000 + 10 \cdot 30\,000 + 17 \cdot 20\,000}{7 \cdot 35\,000 + 8 \cdot 30\,000 + 16 \cdot 20\,000} = \frac{920\,000}{805\,000} = 114,29\,\%$$

$$I_{4., 5.} = \frac{8 \cdot 35\,000 + 11 \cdot 30\,000 + 17 \cdot 19\,000}{8 \cdot 35\,000 + 10 \cdot 30\,000 + 17 \cdot 19\,000} = \frac{933\,000}{903\,000} = 103,32\,\%$$

$$I_{5., 6.} = \frac{8 \cdot 30\,000 + 11 \cdot 35\,000 + 18 \cdot 18\,000}{8 \cdot 30\,000 + 11 \cdot 35\,000 + 17 \cdot 18\,000} = \frac{949\,000}{931\,000} = 101,93\,\%$$

Aus diesen Indizes mit veränderlicher Basis lassen sich folgende Kettenindizes ableiten:

$$I_{1.} = 100\,\%$$

$$I_{2.} = 100\% \cdot \frac{7 \cdot 25\,000 + 8 \cdot 25\,000 + 15 \cdot 12\,000}{6 \cdot 25\,000 + 8 \cdot 25\,000 + 14 \cdot 12\,000}$$

$$= 100 \cdot \frac{555\,000}{518\,000} = 107,14\%$$

$$I_{3.} = 107,14\% \cdot \frac{7 \cdot 35\,000 + 8 \cdot 30\,000 + 16 \cdot 18\,000}{7 \cdot 35\,000 + 8 \cdot 30\,000 + 15 \cdot 18\,000}$$

$$= 107,14 \cdot \frac{773\,000}{755\,000} = 109,69\%$$

$$I_{4.} = 109,69\% \cdot \frac{920\,000}{805\,000} = 125,36\%$$

$$I_{5.} = 125,36\% \cdot \frac{933\,000}{903\,000} = 129,52\%$$

$$I_{6.} = 129,52\% \cdot \frac{949\,000}{931\,000} = 132,02\%$$

Index mit veränderlicher Basis:

$$I_{1.,2.} \cdot I_{2.,3.} = I_{3.}$$

$$107,14\% \cdot 102,38\% = 109,69\%$$

Kettenindex:

$$I_{3.} \cdot I_{3.,4.} = I_{4.}$$

$$109,69\% \cdot 114,29\% = 125,36\%$$

$$I_{4.} \cdot I_{4.,5.} = I_{5.}$$

$$125,36\% \cdot 103,32\% = 129,52\%$$

$$I_{5.} \cdot I_{5.,6.} = I_{6.}$$

$$129,52\% \cdot 101,93\% = 132,02\%$$

Der Kettenindex drückt im vorliegenden Beispiel aus, daß durch Veränderung der Einzelpreise vom Erstjahr bis zum sechsten Jahr die Materialkosten um 32,02% gestiegen sind. Dadurch, daß bei dieser Indexberechnung Mengenveränderungen von Glied zu Glied berücksichtigt werden, bleibt die Darstellung der Preisveränderung von Strukturschwankungen ungestört. Der Index mit fester Basis stellt den gleichen Tatbestand verwischt dar, weil der Einfluß der Strukturveränderung auf den durchschnittlichen Materialpreis nicht ausgeschaltet ist. Dieser Index ist deshalb nicht geeignet zur Untersuchung des Einflusses der Preisveränderungen auf den durchschnittlichen Materialpreis. Der entsprechende Index mit fester Basis lautet:

$$I_{1.,6.} = \frac{8 \cdot 30\,000 + 11 \cdot 35\,000 + 18 \cdot 18\,000}{6 \cdot 30\,000 + 8 \cdot 35\,000 + 14 \cdot 18\,000} = \frac{949\,000}{712\,000} = 133,29\%$$

Die Rechnung ist statistisch-mathematisch richtig, in der Anwendung aber problematisch, da bei der zugrundeliegenden Berechnung des Paasche-Index keine durchlaufende Reihe entstanden ist. Jedes Glied der Zahlenreihe ist mit einer anderen Basis zustande gekommen. Das heißt, man darf die Ergebniswerte 107,14 %, 102,38 %, 114,29 % usw. nicht auf der gemeinsamen Basis 100 % miteinander vergleichen. Eine solche Vorgehensweise ist nur bei Verwendung des Laspeyres-Index möglich.

4 Anwendungen klassischer Betriebsstatistik

4.1 Die Kennzahlen der Aufgabenbereiche

Die traditionelle Betriebsstatistik strebt zunächst unabhängig von Betriebstyp und firmenindividueller Problemlage eine sachlogisch geordnete und vollständige Zusammenstellung aller Kennzahlen nach dem in Abb. 1 (siehe S. 19) gezeigten Systembild betrieblicher Abläufe an. Dies setzt eine ebenso sachlich strukturierte Ermittlung und Bildung zugehöriger Kennzahlen voraus, die ein möglichst geschlossenes Abbild betrieblicher Funktionen bieten sollen. Die so entstehenden funktionalen Kennzahlenkataloge sind durchaus geeignet, dem Leser einen Eindruck zu vermitteln, wie Sachverhalte in geeigneter Form in Zahlen ausgedrückt werden können. Schließlich besteht gerade der anspruchsvollste Teil der betriebsstatistischen Arbeit darin, zu jedem relevanten Sachverhalt genau diejenigen Kennzahlen zu „kreieren", die in ihrer Aussagefähigkeit die Sache am ehesten zu treffen vermögen. Ist diese Auswahl einmal getroffen, können alle benötigten Zahlenwerte anschließend auf eher schematischem Weg durch einfache Arithmetik errechnet werden. Die Herleitung von Kennzahlen soll deshalb anhand einiger typischer betriebsstatistischer Anwendungen exemplarisch gezeigt und durch die Zusammenstellung wichtiger Kennzahlen als Muster für den praktischen Benutzer ergänzt werden.

Da sich die reinen Rechenvorgänge für die einzelnen Aufgabenbereiche wiederholen und die grundlegenden Bildungsgesetze für betriebsstatistische Kennzahlen Gegenstand vorausgehender Abschnitte ist, kann auf eine vollständige Darstellung aller Aufgabenbereiche an dieser Stelle zugunsten der Diskussion grundsätzlicher Zusammenhänge verzichtet werden.

4.2 Anwendung I: Erfolgsstatistik

4.2.1 Die Umsatzstatistik

Die Umsatzstatistik (oft auch als Absatz- oder Verkaufsstatistik bezeichnet) ist als wesentlicher Bestandteil der betrieblichen Ergebnisstatistik zugleich der wohl auch am sorgfältigsten gepflegte Teil der Betriebsstatistik insgesamt. Die Beobachtung und Analyse des Absatzes ist entscheidend für die Beurteilung der Unternehmensentwicklung, zumal sich das betriebliche Schwergewicht immer stärker vom Produktions- auf den Absatzsektor verlagert.

Hauptaufgabe der Umsatzstatistik ist es, den Umsatzverlauf mengen- und wertmäßig widerzuspiegeln, wobei er vielfältiger Gruppierung – z. B. nach Warengruppen und Artikeln, Vertreter- und Verkaufsgebieten, Abnehmern, Vertriebswegen u.a. – bedarf. Es gilt weiterhin, den laufenden Auftragseingang und die Lieferzeiten zu überwachen. Im weiteren Sinne gehört auch die Werbestatistik in den Bereich der Umsatzstatistik.

Die Umsatzstatistik erfaßt zunächst einfach die Differenz aus angenommenen Aufträgen und ausgeführten Lieferungen als *Auftragsbestand*. Der Auftragsbestand ist für den Betrieb eine sehr wichtige Größe. Aus ihr läßt sich ableiten, in welchem Maße und bis zu welcher Zeit die Beschäftigung vom Markt her gesichert ist. Da der Auftragsbestand stark schwanken kann, wird er meist täglich ermittelt.

Die Statistik über den Auftragsbestand wird oft nur mengenmäßig geführt. Mengen haben den Vorteil, daß man bessere Schlußfolgerungen für die Produktions- bzw. Beschaffungsplanung ziehen kann, jedoch lassen sich verschiedenartige Erzeugnisse nicht sinnvoll zusammenfassen. Selbst eine wertmäßig geführte Auftragsbestandsstatistik verliert an Aussagekraft, wenn sehr verschiedenartige Erzeugnisse zusammengefaßt werden. Man wird deshalb den Auftragsbestand je Erzeugnisgruppe verfolgen müssen.

Die Endzahlen der Tagesstatistik über den Auftragsbestand werden in eine entsprechende Monatsstatistik übernommen. Durch sie wird deutlich, welche Schwankungen im Auftragseingang in den einzelnen Monaten eingetreten sind.

Genau wie der Auftragseingang wird die eigentliche Umsatzentwicklung (dargestellt durch den *wertmäßigen Umsatz*) häufig zuerst täglich erfaßt und anschließend in Monatswerten zusammengestellt. Nach längerer statistischer Beobachtung lassen sich meist charakteristische Umsatzschwankungen erkennen. Besondere Bedeutung kommt den Saisonschwankungen und Schwankungen infolge von Stoßgeschäften zu, weil sie den geregelten Betriebsablauf stören. Stoßweise auftretende Nachfrage bedingt Betriebseinrichtungen, die für die durchschnittliche Beschäftigung zu groß sind, und unregelmäßige Beschäftigung des Personals. Stoßweisen Anforderungen des Marktes kann durch sorgfältige Disposition in Produktion, Lagerhaltung und Versand aber weitgehend entsprochen werden. Das setzt jedoch genaue Kenntnis des Saisonverlaufs voraus. Hierin liegt die Bedeutung der Umsatzstatistik.

Meistens interessiert sowohl die zeitliche Entwicklung des Umsatzes insgesamt als auch die Umsatzentwicklung gegliedert nach einzelnen Absatzgebieten.

4.2.1.1 Auftrags- und Umsatzentwicklung

Um Einblick in die zeitliche Entwicklung des Umsatzes zu erhalten, erfaßt man den Umsatz je Monat und den Umsatz seit Beginn des Geschäftsjahres tabellarisch. Dabei kann man noch feststellen, wie sich der Umsatz seit Beginn des Geschäftsjahres prozentual entwickelt hat. Wenn man möglichst viele Geschäftsjahre verfolgt, kann man die typische Entwicklung besser erkennen.

Die jahreszeitlich bedingten Absatzschwankungen lassen sich am besten durch ein Kurvendiagramm hervorheben, wie es die Abbildung 15 zeigt.

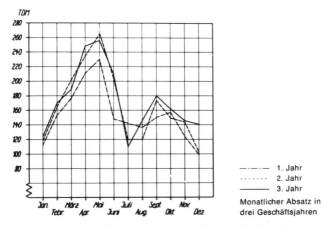

Abb. 15: *Monatlicher Absatz in drei Geschäftsjahren*

Die Gliederung der Umsatzentwicklung nach Absatzgebieten gibt der Verkaufsförderung wichtige Aufschlüsse darüber, in welchen Vekaufsgebieten (und möglichst auch Bezirken) der Umsatz getätigt wird. Im Prinzip entsteht so keine neue, sondern lediglich eine sehr viel detailliertere Statistik, die die vorgenannten Umsatzzahlen jetzt für eine Vielzahl einzelner Gebiete enthalten muß. Üblicherweise wird dabei die Erfassung der Inlands- und Exportumsätze getrennt dargestellt, weil sich für diese Bereiche meist ein unterschiedlicher Rhythmus ergibt. Die Kenntnis ist wichtig, wenn es darum geht, die Fertigung gleichmäßig auszulasten. Möglicherweise lassen sich fehlende Inlandsaufträge durch Exportaufträge ersetzen.

Zur Beurteilung des Umsatzes muß man darüber hinaus die *Preisentwicklung* kennen. Der Ursachenforschung sind hier Grenzen gesetzt, da der erzielte Preis nicht nur von Angebot und Nachfrage, sondern auch von den Fähigkeiten der Verkäufer abhängt. Es ist dann schwer zu entscheiden, ob die erzielten Preise auf Produktions- oder Verkaufsleistungen zurückzuführen sind. Dennoch ist es aufschlußreich, die Entwicklung statistisch zu verfolgen. Bei einem kleinen Sortiment kann das für jede Erzeugnisart geschehen. Ist das zu aufwendig, beschränkt man sich auf einige repräsentative Erzeugnisarten oder auf Erzeugnisgruppen.

111

Die in einer Tabelle aufzuführenden Preise werden, soweit das möglich ist, mit den Preisen der Konkurrenz verglichen. Zum Preisvergleich sind auch die Erzeugnisse der Konkurrenz heranzuziehen, die beim Abnehmer als Ersatz für die eigenen Erzeugnisse in Frage kommen. Liegen keine direkten Vergleichsangaben vor, kann man Indexzahlen des Fachverbandes oder des Statistischen Jahrbuches der Bundesrepublik heranziehen. Für einen Indexvergleich müssen zunächst die Indizes für die eigene Preisentwicklung ermittelt werden.

Neben der Preisentwicklung interessiert die durch die Preiserhöhung durchschnittlich eingetretene *Erlöszunahme*. Man errechnet aus dem Gesamtumsatz und den umgesetzten Mengen jeweils den Durchschnittspreis. Die Durchschnittspreise einzelner Jahre können zur Berechnung eines entsprechenden Index herangezogen werden, wie es auf verschiedene Weise auf S. 103 vorgeführt wurde.

Die Entwicklung der Durchschnittspreise gibt keine eindeutige Auskunft, wenn sie durch Verschiebungen in der Struktur des Absatzes beeinflußt wird. Es empfiehlt sich deshalb, den Index des Durchschnittspreises in einen Index durch Preisveränderungen und einen Index durch Strukturveränderungen der abgesetzten Mengen aufzuspalten.

Um zu erkennen, welchen Anteil Preisveränderungen an der Entwicklung des Durchschnittspreises haben, muß man den Durchschnittspreis zu *dem* rechnerisch ermittelten Durchschnittspreis ins Verhältnis setzen, der sich ergeben hätte, wenn die Menge des Berichtsjahres zu Vorjahrespreisen abgesetzt worde wäre[1]):

$$\frac{\dfrac{\Sigma\, p_1 \cdot q_1}{\Sigma\, q_1}}{\dfrac{\Sigma\, p_0 \cdot q_1}{\Sigma\, q_1}}$$

Durchschnittspreis des Berichtsjahres

Durchschnittspreis, der sich ergeben hätte, wenn die Mengen des Berichtsjahres zu Preisen des Vorjahres abgesetzt worden wären

---

[1]) Index aus der Sicht des Berichtsjahres (vgl. hierzu S. 101 ff.)

Die Formel für die Berechnung des Indexes, der den Anteil an der Veränderung des Durchschnittserlöses durch Änderung der Umsatzstruktur ausdrückt, lautet):

$$\frac{\dfrac{\Sigma\, p_1 \cdot q_1}{\Sigma\, q_1}}{\dfrac{\Sigma\, p_1 \cdot q_0}{\Sigma\, q_0}} \quad \frac{\text{Durchschnittspreis des Berichtsjahres}}{\text{Durchschnittspreis, der sich ergeben hätte, wenn die Vorjahres-mengen zu Preisen des Vorjahres abgesetzt worden wären}}$$

4.2.1.2 Beobachtung des Kundenstammes

Wer seinen Absatz treffend einschätzen will, hat auch die Entwicklung des Kundenstammes zu verfolgen, denn dadurch gewinnt man Hinweise für die künftige Gestaltung des Absatzes. Meist genügt es, Statistiken über den Kundenstamm vierteljährlich aufzustellen. Wenn Kundenkäufe branchenbedingt nur nach längeren Zeiträumen getätigt werden, kann es sogar zweckmäßig sein, auf einen noch längeren Zeitraum abzustellen.
Die wichtigsten Unterlagen für die statistische Bearbeitung der mit der Entwicklung des Kundenstammes zusammenhängenden Fragen sind die Kundenkartei und die Debitoren-Konten. Natürlich kann eine Kundenkartei nur dort geführt werden, wo die Namen der Kunden bekannt sind, was nicht überall der Fall ist. In der Kundenkartei werden die Bestellungen und durchgeführten Lieferungen, unterteilt nach Artikeln mit Datum und Preis, festgehalten. Bei jedem Kunden wird eingetragen, ob es sich um einen Stammkunden, einen zeitweiligen Kunden oder einen Interessenten handelt. Aufschluß-reich ist es, einzutragen, wie der Kunde als Abnehmer gewonnen wurde (Vertreterbesuch, Werbebrief, Empfehlung).
Von Zeitraum zu Zeitraum wird die Zahl der Kunden festgestellt, die der Betrieb hatte. Dabei ist zwischen Kunden zu unterscheiden, die im abgelaufenen Zeitraum einen Auftrag erteilt haben oder beliefert worden sind, und Kunden, die früher einmal, aber nicht im abgelaufenen Zeitraum, gekauft haben. Von der Art der abzusetzenden Erzeugnisse und der betrieblichen Erfahrung hängt es ab, wie lange man solche Kunden weiterführt.

Es kann aufschlußreich sein, die Gesamtzahl der Kunden zur Zahl der Kunden ins Verhältnis zu setzen, die im abgelaufenen Zeitraum gekauft haben:

$$\frac{\text{Zahl der Kunden, die gekauft haben}}{\text{Gesamtzahl der Kunden}} = \frac{240}{350} = 68,6\,\%.$$

Aus der Entwicklung dieses Verhältnisses lassen sich oft Schlußfolgerungen über die Pflege des Kundenstammes und seine Bedeutung ziehen.

Die Gesamtzahl der Kunden kann man nach verschiedenen Gesichtspunkten aufgliedern, z.B. nach Erzeugnisgruppen, nach Absatzgebieten, nach Branchen. Die einzelnen Gliederungen können auch miteinander kombiniert werden.

Unter den verschiedenen Möglichkeiten zur Gliederung der Kundenzahl kommt der Gliederung nach Umsatzgruppen besondere Bedeutung zu. Sie wird meist mit der Gliederung des Umsatzes nach Umsatzgruppen kombiniert. Bei der Einteilung nach Umsatzgruppen wird vor allem zwischen Klein-, Mittel- und Großabnehmern unterschieden. Dabei läßt sich keine allgemeingültige Regel für die Zuordnung festlegen. Man muß die Gruppierung vielmehr auf Grund der tatsächlich bei den einzelnen Kunden auftretenden Umsätze vornehmen.

Soll die Gliederung für kürzere Zeiträume vorgenommen werden, etwa für Quartale, dann ist für jedes Quartal eine neue Zuordnung der Kunden nach Umsatzgruppen durchzuführen. Für diese Gruppierung werden die jährlichen Umsatzspannen der einzelnen Gruppen durch 4 dividiert.

4.2.2 Die Vertreterstatistik

Eine sehr wichtige Komponente der Umsatzstatistik stellt die Vertreterstatistik dar. Sie nimmt in der Umsatzstatistik und innerhalb der gesamten Erfolgsstatistik aufgrund ihrer vielfältigen Vernetzung mit weiteren Sachgebieten eine Schlüsselstellung ein. Sie soll dieser Bedeutung wegen als Beispiel für den Aufbau eines betriebsstatistischen Tabellenwerks in detaillierter Form dienen. Mit der Abb. 16 wird die bereits in Abb. 1 (S. 19) gezeigte Systematik in Richtung Betriebsstatistik ausschnittsweise weiter verfeinert. Sie gibt damit die Beziehung der Vertreterstatistik zu benachbarten Statistiken und übergeordneten Aufgabengebieten genauer wieder.

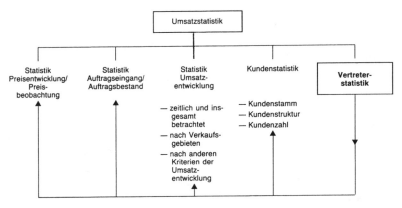

Abb. 16: Stellung der Vertreterstatistik innerhalb der betriebsstatistischen Aufgabenbereiche

Die dominierende Stellung der Vertreterstatistik resultiert aus ihrer Mehrfachfunktion.

– Erstens ist jede Unternehmensführung an der betrieblichen Erfolgsstatistik generell stark interesssiert und damit auch an der Vertreterstatistik, die ein Teilgebiet davon ist.

– Zweitens ist fast jedem Vertriebschef daran gelegen, die Tätigkeit seiner Vertreter möglichst genau zu überwachen, zu beurteilen sowie Informationen zur Ermittlung angemessener Soll-Werte für künftige Umsatzvorgaben zu erhalten.

– Drittens fungiert die Vertreterstatistik als Zahlenlieferant fast aller weiterer Einzelstatistiken des Umsatzbereichs, weil sie nahezu zwangsläufig die Aufgabe der Primärerhebung von Absatzdaten übernimmt. Durch regelmäßigen Kundenbesuch und das Erstellen von Besuchs- und Verkaufsberichten hält der Vertreter alle wichtigen Ergebnisdaten, wie getätigten Umsatz, Preis, Name der Kunden, etc., in höchstmöglichem Detaillierungsgrad fest. Diese Zahlen gehen in die oben beschriebenen Statistiken der laufenden Umsatzentwicklung, der Kundenzahl- und Kundenstruktur, der Preisentwicklung u.a. ein. Letzteres ist in der Graphik durch entsprechende Einflußlinien und Pfeile angedeutet.

4.2.2.1 Aufbau

Nach klassischer Auffassung dient die Vertreterstatistik vorrangig der persönlichen Beurteilung einzelner Vertreter und der Kontrolle der von ihnen erbrachten Verkaufsleistungen mittels Soll-Ist-Vergleich des Umsatzes. Sie erhält so meist den in der folgenden Tabelle dargestellten zweiteiligen Aufbau:

Beispiel einer Vertreterstatistik (Beurteilung der Vertretertätigkeit in einem Geschäftsjahr)

	Vertreter Lehmann	Vertreter Richter	Vertreter Seibold	Vertreter Weber
Umsatz in DM	322 400	432 600	287 300	246 700
davon durch neu gewonnene Kunden in DM	102 400	170 800	86 700	75 300
Zahl der Reisetage	214	205	218	208
Zahl der Besuche	1 420	1 370	1 830	1 750
Zahl der Aufträge	1 030	1 250	1 020	950
Debitorenverluste in DM	8 400	2 100	5 600	3 200
Vertreterkosten in DM	30 200	42 700	29 600	25 400
Umsatz je Reisetag in DM	1 507	2 110	1 318	1 186
Umsatz je Besuch in DM	227	316	157	141
Umsatz je Auftrag in DM	313	346	282	260
Aufträge je 100 Besuche	73	91	56	54
Debitorenverluste in % des Umsatzes	2,6	0,5	1,9	1,3
Vertreterkosten in % des Umsatzes	9,4	9,9	10,3	10,3

Die Tabelle zeigt, daß in erster Linie die persönlichen Leistungsdaten der einzelnen Vertreter nebeneinander gestellt werden. Aus den erfaßten Basisdaten des oberen Teils der Tabelle werden in den unteren Teil solche Kennzahlen aufgenommen, die sich für die Vertreterbeurteilungen eignen.

Da die Vertreter geographisch abgegrenzte Verkaufsbezirke zugewiesen erhalten, können die zur Erstellung der Tabelle benötigten Basiswerte direkt den Vertreterabrechnungen entnommen werden. Noch aufschlußreichere Angaben können gewonnen werden, wenn die Vertreter spezielle vorgegebene Vertreterberichte verfassen, die unter anderem die Auftragseingänge noch unterscheiden nach:

– Aufträgen, die durch vom Vertreter neu geworbene Kunden erteilt wurden,
– Aufträgen, die von alten Kunden anläßlich von Vertreterbesuchen erteilt wurden,
– Anschlußaufträgen von alten Kunden, die früher vom Vertreter geworben wurden, ohne neue Mitwirkung des Vertreters,
– Aufträgen von Kunden, die ohne Mitwirkung des Vertreters erteilt werden.

Die statistischen Aufzeichnungen des Vertreters können in Form der folgenden Tabelle geführt werden.

Beispiel für Vertreteraufzeichnungen											
Tag	Zahl der Besuche	Zahl der Aufträge	Wert der Aufträge in DM	Auftrags- Soll	Neu ge- wonnene Kunden	Verlorene Kunden	Art der Erzeugnisse				
3.	7	3	2 340		–	–					
4.	12	6	5 430		2	–					
5.	5	5	4 320		1	–					
6.	4	3	5 300		–	–					
.	.	.	.		.	.					
.	.	.	.		.	.					
22.	160	100	132 600	125 000	12	3					

Die Erfassung eventuell noch weiter verfeinerter Basisdaten würde die Sicherheit der zu treffenden Aussagen erhöhen, ihre Erhebung kann aber ab einem gewissen Umfang vom Vertreter nicht mehr „nebenbei" erwartet werden. Das gilt vor allem dann, wenn Zahlen dieser Art nicht direkt anfallen, sondern durch mehr oder weniger aufwendige Operationen erst errechnet werden müssen. In der Praxis muß im jeweiligen Einzelfall der vertretbare Erfassungsaufwand herausgefunden werden.
Bei der Beurteilung der einzelnen Vertreter werden meist sowohl die Leistungsergebnisse als auch die persönlichen Fähigkeiten wie Fleiß und Einsatzbereitschaft bewertet. Anstelle des Auftragseingangs wird häufig der tatsächlich getätigte Umsatz verwendet.

4.2.2.2 Aussage- und Interpretationsmöglichkeiten

Neben dem Gesamtumsatz ist noch der Umsatz angegeben, der durch vom Vertreter neu geworbene Kunden erzielt wurde. Diese Größe gibt über die Aktivität der Vertreter Aufschluß. Aus der Zahl der Reisetage und Besuche ist zu erkennen, inwieweit Routinearbeiten nachgegangen worden ist. Die Größe der Debitorenverluste zeigt, ob „gute" Kunden gewonnen worden sind. Die Debitorenverluste sollten über mehrere Jahre miteinander verglichen werden, um feststellen zu können, ob es sich um Zufälligkeiten handelt. Die Vertreterkosten in Prozent des Umsatzes schwanken, weil der Anteil des Fixums unterschiedlich ist.

Letztlich entscheidend wird der Vertreter sehr oft einfach daran gemessen, inwieweit er ein vorgegebenes Umsatz-Soll erreicht hat. Als Maßzahl hierfür dient die Soll-Erfüllung (der Soll-Erfüllungsgrad), also der Quotient aus erzieltem Ist-Umsatz und vorgegebenem Soll-Umsatz, ausgedrückt in %. Diese Kennzahl wird meist separat als Zeitreihe über mehrere Perioden festgehalten. Sie schlägt sich dann in direkten persönlichen Leistungsvergleichs-Kurven der in Abb. 17 gezeigten Art nieder.

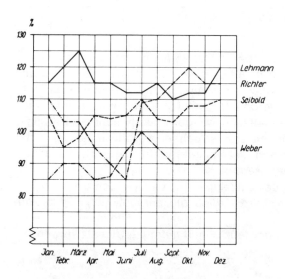

Abb. 17: Monatlicher Leistungsvergleich mittels Soll-Erfüllungsgrad über ein Geschäftsjahr

Die oft dominierende Position der Kennzahl Soll-Erfüllungsgrad bei der Leistungsbeurteilung birgt eine nicht zu unterschätzende Gefahr. Kurvendarstellungen der gezeigten Art suggerieren eine arithmetische Präzision, die in der Sache nicht vorhanden sein muß. Abweichungen von der Soll-Vorgabe können anstelle auf Leistungsschwächen beim Vertreter auch auf Vorgabefehler zurückzuführen sein. Besonders bei saisonabhängigem Absatz müssen die in der Vergangenheit registrierten Schwankungen richtig einbezogen, d.h. der zu erwartenden Entwicklung entsprechend prognostiziert werden. Die einfache Erhöhung vergangener Ergebnisse um einen „erwarteten" Prozentsatz reicht nicht aus. Außerdem müssen strukturelle Gegebenheiten des Verkaufsbezirks (Verkehrsverbindungen, räumliche Bevölkerungsdichte, Kaufkraft usw.) und deren mögliche Veränderungen einbezogen werden. Die Berücksichtigung von Struktureffekten bei der Soll-Vorgabe wird sich besonders dann als schwierig erweisen, wenn häufiger neue Produkte einzuführen sind und der Ansatz der Produkte kurzfristigen Modetrends unterworfen ist.

Eine Übererfüllung der Soll-Vorgabe kann einhergehen mit erhöhten Vertreterkosten (Kennzahl Vertreterkosten in % des Umsatzes), was diese Leistung durchaus wieder schmälern würde. Zugleich stellt sich aber auch die Frage, inwieweit dies dem Vertreter angelastet werden darf; schließlich könnte eine geringe „Ertragskraft" gerade seines Bezirks einen generell höheren Aufwand zur Umsatzerlangung und damit quasi naturgemäß auch höhere Kosten bedingen.

Man sieht, daß Kennzahlen auf jeden Fall konkretere Bewertungsgrößen darstellen als die zugrundeliegenden Basiszahlen, worin sich ihre zentrale Bedeutung in der Betriebsstatistik bestätigt. Man sieht aber auch, daß zu einer halbwegs zuverlässigen Beurteilung generell möglichst viele Kennzahlen herangezogen werden müssen (das Beispiel „Vertreteraufzeichnungen" auf S. 117 gibt diesbezüglich das absolute Minimum wieder) und daß dennoch ein gewisser Interpretationsspielraum verbleibt.

4.2.3 Ausgewählte Kennzahlen zur Erfolgsstatistik

Werbekontrollzahlen (periodenweise, je Werbekampagne, Artikel, Werbemittel u. a. feststellbar)	Kostenkontrollzahlen	$\dfrac{\text{Werbekosten}}{\text{Umsatz}}$
		$\dfrac{\text{Werbekosten}}{\text{Gesamtkosten}}$
		$\dfrac{\text{Werbekosten}}{\text{Anzahl der Bestellungen}}$
	Umsatzkontrollzahlen	$\dfrac{\text{Umsatzwert}}{\text{Anzahl der Bestellungen}}$
		$\dfrac{\text{Anzahl der Bestellungen}}{\text{Anzahl der Werbebriefe}}$
	Rücksendungsquote (wichtig bei Ansichtssendungen)	$\dfrac{\text{Anzahl der Rücksendungen}}{\text{Anzahl der Versandstücke}}$
	Rentabilitäts- kontrollzahlen	$\dfrac{\text{Werbekosten}}{\text{Reinertrag + Werbekosten}}$
		$\dfrac{\text{Werbekosten}}{\text{Rohgewinn}}$
Auftragskontrollzahlen	Auftragsfluß	$\dfrac{\text{Auftragseingang}}{\text{Umsatz}}$
		$\dfrac{\text{Auftragseingang}}{\text{Auftragsbestand}}$
		$\dfrac{\text{Auftragseingang}}{\text{Berichtsperiode}}$
		$\dfrac{\text{Auftragseingang}}{\text{Basisperiode}}$
	Auftragsintensität	$\dfrac{\text{Auftragseingang}}{\text{Kundenzahl}}$ (oder Einwohnerzahl des Absatzgebietes u. a.)
	Durchschnittsgrößen	$\dfrac{\text{Gesamter Auftragswert}}{\text{Auftragsanzahl}}$
		$\dfrac{\text{Auftragsanzahl}}{\text{Zahl der Arbeitstage}}$
	Kundenstruktur	$\dfrac{\text{Neukunden}}{\text{Altkunden}}$
		$\dfrac{\text{Großhandelskunde}}{\text{Gesamtkunden}}$

		(weitere Relationen für Einzelhandelskunden, Kunden der einzelnen Geschäftsarten, Größen und sonstigen Kundengruppen)
Auftragskontrollzahlen (Forts.)		
		Barzahler
		Kreditnehmer
Kennzahlen zur Umsatzgröße	Umsatz-Bestandsvergleiche	$\dfrac{\text{Umsatz}}{\text{Auftragsbestand}}$
		$\dfrac{\text{Umsatz}}{\text{Lagerbestand}}$
		$\dfrac{\text{Umsatz}}{\text{Forderungsbestand}}$
	Kopfzahlen	$\dfrac{\text{Umsatz}}{\text{durchschnittl. Beschäftigte}}$
		(oft auch bezogen auf Angestellte, Arbeiter, Verkaufspersonel, Abteilung u. a.)
		$\dfrac{\text{Umsatz}}{\text{Kundenanzahl}}$
		$\dfrac{\text{Umsatz}}{\text{Bestelleranzahl}}$
		$\dfrac{\text{Umsatz}}{\text{Vertreter}}$
Kennzahlen zur Umsatzstruktur (Aufgliederung der Kennzahlen nach Sortimenten, Markenartikelanteil, Anteil preisgebundener Ware u. a. ist möglich)	Finanzierungsart	$\dfrac{\text{Barumsatz}}{\text{Gesamtumsatz}}$
		(oder auch Kreditverkäufe bzw. Teilzahlungsverkäufe zu Gesamtumsatz)
	Sachzusammensetzung	$\dfrac{\text{Umsatz je Artikel bzw. Artikelgruppe oder Geschäftsart}}{\text{Gesamtumsatz}}$
		$\dfrac{\text{Umsatz Lagerware}}{\text{Gesamtumsatz}}$
		$\dfrac{\text{Umsatz Streckengeschäft}}{\text{Gesamtumsatz}}$
Sonstige Umsatzrelationen	Umsatzentwicklung	$\dfrac{\text{Umsatz Berichtsperiode}}{\text{Umsatz Basisperiode}}$

Sonstige Umsatz-relationen (Forts.)		(gegebenenfalls auf-gegliedert nach Geschäfts-arten, Warengruppen, Abteilungen u. a.)
	Umsatzintensität	$\dfrac{\text{Umsatz}}{\text{Verkaufstage}}$
		$\dfrac{\text{Umsatz}}{\text{Verkäuferanzahl}}$
		$\dfrac{\text{Umsatz}}{\text{Verkaufsfläche}}$ (oder Ausstellungsfläche)
Umschlagszahlen	Umschlagshäufigkeit	$\dfrac{\text{Umsatz}}{\text{Bestand}}$
	Relation zum Kapital	$\dfrac{\text{Umsatz}}{\text{Betriebskapital}}$ (bzw. Fremd- oder Eigen-kapital)
Rücklieferungen	Ausmaß	$\dfrac{\text{Verkaufswert der Rücklieferungen}}{\text{Warenausgang}}$
	Struktur	$\dfrac{\text{Rücklieferung wegen Mängelrüge}}{\text{Gesamte Rücklieferungen}}$ (bzw. wegen Umtausch, Zahlungsunfähigkeit u. a.)
Nachlässe	Ausmaß	$\dfrac{\text{Preisnachlässe}}{\text{Bruttoumsatz}}$
		$\dfrac{\text{Preisnachlässe}}{\text{Nettoumsatz}}$
	Struktur	$\dfrac{\text{Preisnachlaß als Wiederverkaufsrabatt}}{\text{Gesamte Nachlässe}}$ (bzw. Treue-, Mengen-, Mängel-, Saison- und andere Rabatte zu gesamten Nachlässen)

4.3 Anwendung II: Produktion

4.3.1 Aufgaben der Produktionsstatistik

In traditioneller Sichtweise steht die Produktion als der eigentliche Prozeß betrieblichen Schaffens im Mittelpunkt des Interesses. Diese produktionsbezogene Betrachtungsweise muß zwangsläufig eine entsprechend mächtige Produktionsstatistik hervorbringen; die Statistik des Produktionsbereichs (auch Fertigungsstatistik oder Betriebsstatistik im engeren Sinne genannt) stellt das wichtigste und umfangreichste Tabellenwerk der klassischen Betriebsstatistik dar. Sie umfaßt auf der einen Seite all diejenigen Größen, die als betriebswirtschaftliche Produktionsfaktoren gelten und die zur Leistungserstellung benötigt werden, also im wesentlichen Maschinen, Gebäude und Arbeitskräfte. Auf der anderen Seite interessiert in noch stärkerem Maße, welche konkreten Ergebnisse der Einsatz dieser Produktionskapazitäten als Output des laufenden Produktionsvorgangs hervorbringt. So entstehen gemäß der Systematik von Abb. 1 (vgl. S. 19) die Teilstatistiken

– *Produktionsgrundlagen,* also die Arbeitskräfte- und die Anlagenstatistik,
– *Produktionskapazität,* die Auskünfte über das vorhandene Potential an Produktionsmitteln geben soll,
– *Produktionsprozeß,* die den Produktionsausstoß und dessen Überwachung im Zeitverlauf zum Gegenstand hat.

Besonders der letztgenannten Teilstatistik des Produktionsprozesses gilt noch immer in der Mehrzahl aller Betriebe die weitaus größte Aufmerksamkeit. Schließlich wird eine effiziente, d. h. möglichst rationelle Produktion mit einer erfolgreichen Unternehmensführung nahezu gleichgesetzt.

4.3.2 Statistik des Produktionsprozesses

Die Beobachtung des Produktionsprozesses bezweckt in allererster Linie, Unterlagen für die Verbesserung betrieblicher Herstellungsprozesse, insbesondere zur Kostensenkung und Leistungssteigerung, zu entwickeln und damit zur Erhöhung der Wirtschaftlichkeit in der Produktion beizutragen; d. h. sie dient der internen Rationalisierung.

4.3.2.1 Produktionsleistung

Zunächst muß in jedem Falle eine einfache Erfassung des Produktionsausstoßes, der Produktionsleistung, erfolgen. Die Produktionsleistung kann sowohl mengen- als auch wertmäßig ausgewiesen werden. Der mengenmäßige Ausweis ist in gewissem Sinne direkter und anschaulicher. Man nimmt ihn vor allem vor, um bestimmte Produkte unmittelbar beobachten zu können. Strenggenommen muß der mengenmäßige Ausweis für jede Erzeugnisart getrennt erfolgen. Man kann also beispielsweise normale elektrische Schreibmaschinen nicht einfach mit elektronischen Speicherschreibmaschinen zusammenzählen. Wie später noch ausführlicher darzulegen sein wird, kann es sich sogar verbieten, an sich gleiche Erzeugnisse unterschiedlichen Funktionsumfangs zusammen auszuweisen. So könnten Videorecorder mit Zeitlupen- und Einzelbildschaltung eine andere Produktgruppe begründen als Videorecorder ohne diese Zusatzfunktionen, weil sie eine deutlich höhere betriebliche Wertschöpfung repräsentieren. Für viele Zwecke ist allerdings eine solch weitgehende Unterteilung nicht erforderlich.

Durch Einführen einer zweiten Mengeneinheit läßt sich oft der Kreis der zusammenfaßbaren Erzeugnisse erweitern. Im Kraftmaschinenbau können beispielsweise Dieselmotoren nach Stück und nach KW-Leistung zusammengefaßt werden, und in Spinnereien ist der Spinnkilometer die zweite Mengeneinheit.

Nur in wenigen Fällen besteht die Möglichkeit, die gesamte Produktion eines Betriebes in nur einer Mengeneinheit sinnvoll auszudrücken. Deshalb macht man die verschiedenen Produktionsmengen über den Wert vergleichbar, was allerdings auch ein Kompromiß ist. Als Wertgrößen kommen Kosten, Preise und Erlöse in Betracht. Will man die Produktionsmengen unter der Sicht des künftigen Absatzes zeigen, dann bewertet man mit Preisen oder Durchschnittserlösen. In gewissem Sinne produktionsnäher ist der Ansatz zu Kostenwerten. Als Kosten kommen die Herstellkosten und die Selbstkosten in Betracht.

Beim Ausweis der Produktion ist zwischen Gesamtproduktion und Produktion für den Absatz zu unterscheiden. Die Gesamtproduktion umfaßt neben den zum Absatz bestimmten Erzeugnissen auch den Teil der Produktion, der zur Aufrechterhaltung der Fertigung oder Weiterverarbeitung benötigt wird (Eigenbedarf).

4.3.2.2 Beobachtung unfertiger Erzeugnisse und Ausschußüberwachung

Je langfristiger die Fertigung ist, um so problematischer ist es, die Produktionsleistung des Monats durch Addition der ausgebrachten Mengen festzustellen, weil so die Leistung, die in den unfertigen Erzeugnissen steckt, unberücksichtigt bleibt. Erstreckt sich die Fertigung über mehrere Monate, dann kann in einem Monat als Produktionsleistung nur unvollendete Produktion auftreten. In diesen Fällen kann man die monatliche Produktionsleistung nur kostenmäßig zeigen. Sie ist dann gleich dem Kostenzuwachs des Monats. Dieser Ausweis hat allerdings den Nachteil, daß sich Kostenüberschreitungen wie erhöhte Produktion zeigen, wenn es nicht gelingt, diese zu eliminieren.

Das Ausmaß unfertiger Erzeugnisse hängt vor allem vom Produktionsvolumen und von der Produktionsdauer ab. Bestände an unfertigen Erzeugnissen sind aber auch Voraussetzung kontinuierlicher Produktion. Ein Teil befindet sich in den Fertigungsabteilungen, der andere Teil wird vor der weiteren Bearbeitung gelagert. Ist der Bestand an unfertigen Erzeugnissen zu niedrig, kommt es zu Produktionsstockungen und Wartezeiten, ist er zu hoch, bedeutet das Brachliegen von Umlaufvermögen und damit vermeidbaren Zinsverlust.
Bei der Prüfung, ob der vorhandene Bestand an unfertigen Erzeugnissen angemessen ist, muß man vor allem untersuchen, wie sich die tatsächlichen zu den notwendigen Durchlaufzeiten verhalten.
Produktionsdauer und Produktionsvolumen sind alleinige Bestimmungsfaktoren des Bestands, wenn man vereinfachend davon ausgeht, daß die Kosten proportional zur Produktionsdauer anfallen. Das trifft jedoch nur selten zu. Bei vielen Fertigungsprozessen wird zu Beginn der überwiegende Teil des Materials eingesetzt, wodurch der größte Teil der Kosten des Fertigerzeugnisses bereits im unfertigen Erzeugnis fixiert ist. Das gilt z. B. für die Konfektionsindustrie und den Fahrzeugbau, wo die Materialkosten einen Großteil der Herstellkosten ausmachen. Je früher die Kosten im Fertigungsprozeß anfallen, um so größer ist unter sonst gleichen Bedingungen der erforderliche Bestand an unfertigen Erzeugnissen.
Es ist relativ aufwendig, den Einfluß des zeitlichen Anfalls der

Kosten auf den Bestand unfertiger Erzeugnisse genau zu ermitteln. Es lassen sich jedoch Näherungswerte berechnen. Unterstellt man kontinuierliche Serienfertigung und voll- oder teillinearen Kostenverlauf, kann der Bestand an unfertigen Erzeugnissen mit Hilfe folgender Formeln ermittelt werden, die von der Summenformel der arithmetischen Reihe abgeleitet sind:

1. Kostenanfall proportional zur Produktionsdauer

$$\text{Bestand} = \frac{k}{2} \, (n + 1) \text{ oder } \frac{n}{2} \, (k_1 + k)$$

2. Verstärkter Kostenanfall zu Beginn der Fertigung, sonst zeitproportionaler Kostenverlauf

$$\text{Bestand} = \frac{n}{2} \, (k_1 + k)$$

3. Verstärkter Kostenanfall am Ende der Fertigung, sonst zeitproportionaler Kostenverlauf

$$\text{Bestand} = \left(\frac{n-1}{2}\right) k_1 n + k$$

n = Zahl der Erzeugnisse, deren Fertigung während der Produktionsdauer eines Erzeugnisses aufgenommen wird (Beispiel: $n = 4$ kann bedeuten, daß bei 15tägiger Produktionsdauer einer Serie jeden dritten Tag eine neue Serie aufgelegt wird),

k = Kosten eines Fertigerzeugnisses,

k_1 = Kosten am ersten Fertigungstag bei täglicher Berechnung.

Auf den ersten Blick scheint es so, als sei bei diesen Formeln die Produktionsdauer vergessen worden. Sie wird jedoch indirekt durch die Größe n berücksichtigt. Je länger die Produktionsdauer eines Erzeugnisses ist, um so größer muß n sein.

Wenn sich ein Erzeugnis aus mehreren Einzelteilen zusammensetzt und die Einzelteile in Serien mit unterschiedlichen Produktionszeiten gefertigt werden, dann sind die angeführten Rechnungen für jede Einzelteilserie gesondert durchzuführen.

Liefert die Kostenrechnung genügend detaillierte Unterlagen, ist es zweckmäßig, die mit Hilfe von Formeln berechneten Bestände an unfertigen Erzeugnissen mit den durch die Kostenrechnung ermittelten Beständen zu vergleichen. Es ist dann möglich, die Formeln den betrieblichen Verhältnissen besser anzupassen.

In den allermeisten Fällen kann nicht darauf verzichtet werden, auch die Ausschußproduktion zu messen. Unter Ausschuß versteht man Erzeugnisse, die den in Lieferverträgen oder Standards festgelegten Bedingungen oder Anforderungen nicht entsprechen. Mit der Bestimmung von Qualitätsmerkmalen für die einzelnen Erzeugnisse sollte auch die Festlegung von Ausschußquoten verbunden werden, wobei man sich auf die Erfahrungen aus vergangenen Zeiträumen stützt. Die Ausschußquote gibt den Ausschuß in Prozent der guten Produktion an:

$$\frac{\text{Ausschuß in t} \cdot 100}{\text{gute Produktion in t}} = \text{Ausschußquote in \%}.$$

Nach Erfassung des Ausschusses wird festgestellt, ob er über oder unter der vorgesehenen Ausschußquote liegt.
Bei vielen Fertigungsprozessen entsteht Ausschuß nicht erst beim Enderzeugnis. Man muß deshalb die Ausschußerfassung nach Bearbeitungsstufen durchführen und für die einzelnen Stufen Ausschußquoten festlegen. Weiter kann eine Unterteilung nach Material- und Arbeitsausschuß zweckmäßig sein. Arbeitsausschuß läßt sich durch Nacharbeit beseitigen, Materialausschuß meist nicht.

4.3.3 Langfristiger Produktionsvergleich

Eine ähnlich zentrale Funktion wie sie die Vertreterstatistik innerhalb der Absatzstatistik einnimmt (vgl. S. 115), kommt dem langfristigen Produktionsvergleich in der Produktionsstatistik zu. Beim langfristigen Produktionsvergleich wird festgestellt, wie sich die Produktion im Verlauf mehrerer Jahre prozentual verändert hat. Für einzelne Leistungen, die in Massen- oder Serienfertigung hergestellt werden, geht man von den produzierten Mengen aus und ermittelt die Veränderungen mit Hilfe einfacher Indizes.
Auf eine solche Darstellung wird in der Praxis kaum eine Unternehmensleitung verzichten wollen. Die Auffassung, daß man aus einer solchen Zeitreihe allein schon das Befinden eines Betriebes ablesen könne, ist weit verbreitet und sicher übertrieben; tatsächlich wird damit aber das erreichte Produktionsergebnis auf eingängige Weise in nur einer einzigen Darstellung zusammengefaßt. Je nach Kurvenverlauf ist direkt abzulesen, ob der Produktionsausstoß im Zeitverlauf quantitativ wächst, also ob Expansion stattfindet, was allgemein erwünscht ist und mit betrieblichem Wohlergehen gleichgesetzt wird. Im umgekehrten Falle erhält der Betrachter eine drasti-

sche Aufforderung zum unternehmerischen Handeln, um einem möglicherweise stagnativen oder gar rückläufigen Trend frühzeitig zu begegnen.

Der langfristige Produktionsvergleich gewinnt noch an Aussagekraft, wenn die ermittelten Indexreihen des eigenen Betriebs mit denen von konkurrierenden Betrieben oder dem Branchenschnitt verglichen werden können.

Seines hohen Verbreitungsgrades wegen, insbesondere aber auch deshalb, weil Ermittlung und Interpretation der betreffenden Indizes typische Problemfelder der Betriebsstatistik aufzeigen, soll der langfristige Produktionsvergleich hier eine ausführlichere Erörterung erfahren.

4.3.3.1 Mengen- und Volumenindizes des Produktionsvergleichs

Soll die Entwicklung der gesamten Produktionsleistung gezeigt werden, müssen die verschiedenartigen Produktionsmengen durch Bewertung auf einen gemeinsamen Nenner gebracht werden, wenn man von der Ausnahme des Einproduktbetriebes absieht. Bei der wertmäßigen Darstellung der Produktionsleistung wirken sich Wertschwankungen je Produktionseinheit wie Schwankungen in den produzierten Mengen aus. Um das zu vermeiden, werden die Produktionsmengen aufeinanderfolgender Jahre mit den gleichen Wertgrößen je Mengeneinheit bewertet. Der Index für die Produktionsentwicklung bei wertmäßiger Darstellung der Produktionsleistung lautet:

$$I = \frac{\Sigma\, q_1 \cdot k_0}{\Sigma\, q_0 \cdot k_0}$$

q_1 = Mengen des Berichtsjahres, q_0 = Mengen des Basisjahres, k_0 = Kosten, Preise oder Erlöse je Mengeneinheit im Basisjahr.

Während eine neuere, erfolgs- und marktorientierte Betrachtungsweise bei der Bewertung Preise (im Sinne von Verkaufspreisen als Marktpreise) bevorzugt, trifft man dagegen in der klassischen Betriebsstatistik fertigungsorientierter Prägung durchweg auf eine Bewertung zu Herstellkosten oder Selbstkosten, was die grundsätzliche Aussagefähigkeit dieses Index aber nicht wesentlich beeinflußt.

Treten beim Bestand an unfertigen Erzeugnissen ins Gewicht fallende Schwankungen auf, so sollte man auch diese bei der Berechnung des Produktionsindex möglichst berücksichtigen.

Beispiel zum langfristigen Produktionsvergleich				
	Produktion in Stück		Kosten je Stück in DM	
	Basisjahr	Berichtsjahr	Basisjahr	Berichtsjahr
Erzeugnis A	20000	30000	50,–	52,–
Erzeugnis B	35000	40000	60,–	63,–
Erzeugnis C	20000	20000	70,–	75,–

	Basisjahr	Berichtsjahr
Bestand an unfertigen Erzeugnissen in DM	110000,–	140000,–

$$I_{0,1} = \frac{\Sigma\, q_1 \cdot k_0}{\Sigma\, q_0 \cdot k_0}$$

$$= \frac{30\,000 \cdot 50,- + 40\,000 \cdot 60,- + 20\,000 \cdot 70,- + 140\,000}{20\,000 \cdot 50,- + 35\,000 \cdot 60,- + 20\,000 \cdot 70,- + 110\,000} = 118,0$$

Im Berichtsjahr machte die Produktionsleistung 118,0 % von der des Basisjahres aus.

Der Nachteil dieses Verfahrens besteht darin, daß man bei Erzeugnissen, die neu in die Fertigung aufgenommen werden, keine Kosten bzw. Erlöse des Basisjahres hat und deshalb auf die Werte des Berichtsjahres zurückgreifen muß. Richtiger wird die Rechnung, wenn sich ermitteln läßt, was diese Erzeugnisse im Basisjahr gekostet hätten bzw. welche Erlöse für sie erzielt worden wären.

Bei einem breiten Sortiment verursacht dieses Verfahren großen Arbeitsaufwand, weil die Werte für das Berichtsjahr nicht im Zusammenhang mit anderen Rechnungen anfallen. Es ist dann wesentlich einfacher, wenn man die Produktionsleistung des Berichtsjahres mit Werten des Berichtsjahres bewerten kann. Der mit diesen Werten ermittelte Index wird durch den Index der Kosten- bzw. Erlösveränderungen dividiert. Das Ergebnis entspricht einem Index, bei dem die Produktionsleistung des Basis- und Berichtsjahres mit Werten des Basisjahres bewertet sind:

| Volumen-index | Kosten-index | | Mengenindex |

$$\frac{q_1 \cdot k_1}{q_0 \cdot k_0} : \frac{q_1 \cdot k_1}{q_1 \cdot k_0} = \frac{(q_1 \cdot k_1) \cdot (q_1 \cdot k_0)}{(q_0 \cdot k_0) \cdot (q_1 \cdot k_1)} = \frac{q_1 \cdot k_0}{q_0 \cdot k_0}$$

Der Index der Kostenveränderung wird nur für repräsentative Erzeugnisse ermittelt. Das mindert den Genauigkeitsgrad der Rechnung, mindert aber auch den Abrechnungsaufwand.

Im folgenden Zahlenbeispiel sind, weil es sich nur um drei Erzeugnisse handelt, alle Erzeugnisse bei der Berechnung des Indexes der Kostenveränderung berücksichtigt worden. Es sind die Angaben des vorherigen Beispiels verwendet worden.

$$\text{Volumenindex: } I_{0,1} = \frac{\Sigma\, q_1 k_1}{\Sigma\, q_0 k_0}$$

$$= \frac{30\,000 \cdot 52,- + 40\,000 \cdot 63,- + 20\,000 \cdot 75,- + 140\,000}{20\,000 \cdot 50,- + 35\,000 \cdot 60,- + 20\,000 \cdot 70,- + 110\,000} = 124,1$$

Index der Kostenveränderung:

$$I_{0,1} = \frac{\Sigma\, q_1 k_1}{\Sigma\, q_1 k_0} = \frac{30\,000 \cdot 52,- + 40\,000 \cdot 63,- + 20\,000 \cdot 75,-}{30\,000 \cdot 50,- + 40\,000 \cdot 60,- + 20\,000 \cdot 70,-} = 105,3$$

Volumenindex	:	Index der Kosten-veränderung	=	Index der Produktions-entwicklung
124,1	:	105,3	=	$117,9 \approx 118,0$

Damit wäre auch am Zahlenbeispiel die Richtigkeit des Rechengangs belegt; der geringe Rechenfehler geht auf Rundungen bei Zwischenrechnungen zurück.

4.3.3.2 Alternative Berechnungsmöglichkeiten

Die Berechnung des Kostenindex bzw. Preisindex erfolgte bislang unter Verwendung der jeweils aktuellen Mengen des Berichtsjahres, also in Anlehnung an die auf S. 99 dargelegte Indexberechnung aus der Sicht des Berichtsjahres. Diese Rechenweise ist die naheliegende, weil so auch bei Betrachtungen über mehrere Zeiträume hinweg die Veränderungen der Mengenstruktur im Zeitverlauf Berücksichtigung finden. Es ist auch möglich, einen Preisindex aus der Sicht des Basisjahres zu berechnen. In diesem Fall wird in der Preis- (bzw. Kosten-)Index-Formel q_1 durch q_0 ersetzt. Sie lautet dann:

$$\text{Preis-(bzw. Kosten-)Index:}\ I_{P(K)} = \frac{\Sigma\ q_0 \cdot k_1}{\Sigma\ q_0 \cdot k_0}$$

Nach entsprechender Umformung entsteht der Mengenindex:

$$\text{Mengen-Index:}\ I_M = \frac{\Sigma\ q_1 \cdot k_1}{\Sigma\ q_0 \cdot k_1}$$

D. h., die Mengen aller früheren Zeiträume erfahren eine Bewertung zu Preisen bzw. Kosten des aktuellen, jeweils letzten Berichtsjahres, wodurch im Gegensatz zur vorherigen Rechenweise bei kontinuierlicher Preissteigerung für jede Periode ein anderer Preis zum Ansatz kommt.

Bei der Berechnung des Preis- oder Kostenindex muß genau genommen immer gesagt werden, welche Mengenzusammensetzung der Berechnung zugrundelag. Es spricht nichts dagegen, für eine bloße Preis- bzw. Kostenindexberechnung die Mengenstrukturen eines ansonsten beliebigen Jahres zu verwenden. Bei der Interpretation muß jedoch klar sein, daß bei Verwendung weiter zurückliegender Perioden für spätere (und natürlich auch frühere) Betrachtungsjahre Preisindizes für Mengenzusammensetzungen ausgewiesen werden, die mittlerweile in dieser Struktur gar nicht mehr gelten.

Das wohl bekannteste Beispiel hierfür ist die Bildung des „Preisindex für die Lebenshaltung privater Haushalte", wie sie vom Statistischen Bundesamt regelmäßig vorgenommen und veröffentlicht wird. Dieser Index soll angeben, wie sich das Preisniveau für das typische, von einem repräsentativen Privathaushalt konsumierte Waren- und Dienstleistungssortiment im Zeitablauf verändert. Die Gesamtheit dieses Warensortiments bildet den sogenannten „Warenkorb", der die verschiedensten Güter zu unterschiedlichen Mengenanteilen enthalten muß. Die Bestimmung eines repräsentativen Warenkorbs verursacht erheblichen Aufwand, sodaß eine jährliche Neuerhebung seiner Zusammensetzung nicht vorgenommen wird.

Die Berechnung des Preisindex erfolgt als Laspeyres-Preisindex[1]) unter Zugrundelegung des Warenkorbes des Basisjahres nach vorgenannter Formel. Das jeweils für ein bestimmtes Kalenderjahr ausgewiesene Preisniveau gibt demnach die Preissteigerungsrate eines Gütersortiments wieder, wie es der Verbraucher nur in einem möglicherweise länger zurückliegenden Basisjahr konsumiert hat, nicht etwa der aktuellen, im Moment der Betrachtung gegebenen Warenkorb-Zusammensetzung. Man versucht diesen Fehler möglichst klein zu halten, indem man in Abständen von mehreren Jahren den Warenkorb neu bestimmt.

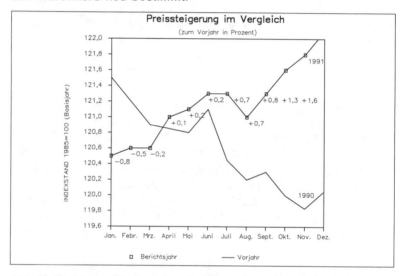

Abb. 18: Preisindex für die Lebenshaltung privater Haushalte

Für den Preisindex für die Lebenshaltung privater Haushalte werden monatlich Indizes ausgewiesen. Die Indexberechnung erfolgt zwar immer nur im Jahresvergleich, wird aber monatlich vorgenommen, indem die Preise eines bestimmten Kalendermonats zu denen des entsprechenden Kalendermonats des (fixen) Basisjahres in Bezug gesetzt werden. So entsteht der eigentliche Index in %. Das

---

[1]) In die praktische Berechnung gehen zudem noch Preismeßzahlen ein, die eine Berücksichtigung der unterschiedlichen ökonomischen Bedeutung einzelner Produkte ermöglichen. Vgl. hierzu: Stobbe Alfred, Volkswirtschaftliches Rechnungswesen, 7. Auflage, Berlin u. a. 1989, S. 285 ff.

132

heißt am Beispiel der Abb. 18: im Januar des Berichtsjahres betrug der Preis für den Warenkorb 120,5 % seines Preises im Januar des Basisjahres. Da den Privatmann der Vorjahresvergleich viel mehr interessiert, wird dieser ebenfalls ausgewiesen. Gegenüber Monat Januar im Vorjahr haben sich demnach die Preise um –0,8 % verändert (sind also gesunken). Diese Zahl entsteht nicht etwa durch Einführen einer gleitenden Basis, sondern durch Bildung der einfachen Relation Index Berichtsjahr zu Index Vorjahr in %. Der zugrundeliegende Warenkorb bleibt immer derselbe.

Sofern die Bildung repräsentativer Preis- bzw. Kostenindizes ebenfalls auf Schwierigkeiten stößt, kann es sinnvoll sein, anstelle betriebsspezifischer Indizes solche zu verwenden, die für die ganze Branche möglicherweise auf Verbandsebene ausgewiesen werden. Die Verwendung amtlicher Preisindizes empfiehlt sich nicht nur wegen der damit verbundenen Reduzierung des notwendigen Rechenaufwandes. Sie können auch zu Vergleichszwecken dienen, etwa um eine vom Branchentrend abweichende „Firmenkonjunktur" zu erfassen.

Solche Berechnungen lassen sich recht plastisch demonstrieren, wenn die Indizes im Verlauf über mehrere Jahre hinweg dargestellt und miteinander verglichen werden, wie es der eigentlichen Zwecksetzung des langfristigen Produktionsvergleichs entspricht. Die folgende Tabelle gibt die hierfür benötigten Zahlenwerte von fünf Kalenderjahren wieder. Bei den Preisangaben handelt es sich um Verkaufspreise.

Beispiel: Zahlenwerte für Fünfjahres-Vergleich der Produktionsentwicklung									
Er- zeug- nis	Produktion (in Stück) im Jahr					Preis (in DM/Stück) im Jahr			
	0	1	2	3	4	0	1	2	3	4
A	20 000	30 000	32 000	33 000	34 000	50	51	55	60	62
B	85 000	90 000	96 000	100 000	105 000	60	63	70	74	79
C	12 000	20 000	–	–	–	75	90	–	–	–
D	–	–	10 000	9 000	8 000	–	–	102	90	75
E	–	5 000	8 000	11 000	18 000	–	200	230	240	255
F	30 000	25 000	15 000	20 000	10 000	350	400	435	480	525

Der Bestand an unfertigen Erzeugnissen soll vernachlässigt werden. Die Berechnung des Volumen-Index erfolgt hier als Umsatz-Index gemäß vorgegebener Rechenvorschrift zu:

$$\text{Volumen- bzw. (Umsatz-)Index: } IV_{0,i} = \frac{\Sigma \, q_i \cdot k_i}{\Sigma \, q_0 \cdot k_0}$$

Mit den Tabellenwerten ergibt sich:

$$IV_{0,1} = \frac{30\,000 \cdot 51 + 90\,000 \cdot 63 + 20\,000 \cdot 90 + 5\,000 \cdot 200 + 25\,000 \cdot 400}{20\,000 \cdot 50 + 85\,000 \cdot 60 + 12\,000 \cdot 75 + 30\,000 \cdot 350}$$

$$= \frac{20\,000\,000}{17\,500\,000} = \underline{\underline{114{,}3\,\%}}$$

$$IV_{0,2} = \frac{32\,000 \cdot 55 + 96\,000 \cdot 70 + 10\,000 \cdot 102 + 8\,000 \cdot 230 + 15\,000 \cdot 435}{17\,500\,000}$$

$$= \frac{17\,865\,000}{17\,500\,000} = \underline{\underline{102{,}1\,\%}}$$

$$IV_{0,3} = \frac{33\,000 \cdot 60 + 100\,000 \cdot 74 + 9\,000 \cdot 90 + 11\,000 \cdot 240 + 20\,000 \cdot 480}{17\,500\,000}$$

$$= \frac{22\,430\,000}{17\,500\,000} = \underline{\underline{128{,}2\,\%}}$$

$$IV_{0,4} = \frac{34\,000 \cdot 62 + 105\,000 \cdot 79 + 8\,000 \cdot 75 + 18\,000 \cdot 255 + 10\,000 \cdot 525}{17\,500\,000}$$

$$= \frac{20\,843\,000}{17\,500\,000} = \underline{\underline{119{,}1\,\%}}$$

Die Produkte D und E wurden erst später in die Produktion aufgenommen, es existiert für sie keine Preisangabe für das Basisjahr. Soll auf die Nachkalkulation fiktiver Preise für das Jahr 0 verzichtet werden, bieten sich die Produkte A und B ihrer durchgängigen Zahlenreihen und ihres Anteils am Gesamtumsatz wegen für die Berechnung eines repräsentativen Preisindex an. Es gilt:

$$\text{Repräsentativer Preisindex: } IP_{0,i} = \frac{\Sigma \, q_i \cdot k_i}{\Sigma \, q_i \cdot k_0}$$

Mit den Tabellenwerten für A und B ergibt sich:

$$IP_{0,1} = \frac{30\,000 \cdot 51 + 90\,000 \cdot 63}{30\,000 \cdot 50 + 90\,000 \cdot 60} = \frac{7\,200\,000}{6\,900\,000} = \underline{\underline{104,3\,\%}}$$

$$IP_{0,2} = \frac{32\,000 \cdot 55 + 96\,000 \cdot 70}{32\,000 \cdot 50 + 96\,000 \cdot 60} = \frac{6\,480\,000}{7\,360\,000} = \underline{\underline{115,2\,\%}}$$

$$IP_{0,3} = \frac{33\,000 \cdot 60 + 100\,000 \cdot 74}{33\,000 \cdot 50 + 100\,000 \cdot 60} = \frac{9\,380\,000}{7\,650\,000} = \underline{\underline{122,6\,\%}}$$

$$IP_{0,4} = \frac{34\,000 \cdot 62 + 105\,000 \cdot 79}{34\,000 \cdot 50 + 105\,000 \cdot 60} = \frac{10\,403\,000}{8\,000\,000} = \underline{\underline{130,0\,\%}}$$

Der gesuchte Mengenindex wird anschließend als Quotient von Volumensindex zu Preisindex berechnet:

Mengenindex: $IM_{0,i} = IV_{0,i}\,/IP_{0,i}$

$$IM_{0,1} = IV_{0,1}/IP_{0,1} = 114,3/104,3 = \underline{\underline{109,5\,\%}}$$

$$IM_{0,2} = IV_{0,2}/IP_{0,2} = 102,1/115,2 = \underline{\underline{88,6\,\%}}$$

$$IM_{0,3} = IV_{0,3}/IP_{0,3} = 128,2/122,6 = \underline{\underline{104,5\,\%}}$$

$$IM_{0,4} = IV_{0,4}/IP_{0,4} = 119,1/130,0 = \underline{\underline{91,6\,\%}}$$

Es zeigt sich hier der typische steigende Umsatzverlauf bei rückläufiger Mengenproduktion; eine bloße Umsatzbetrachtung durch Darstellung des Volumensindex IV hätte also nicht genügt, da die Tatsache eines strukturell eher stagnierenden mengenmäßigen Produktionsausstoßes (IM) verborgen geblieben wäre (siehe Abb. 19). Das Rechenergebnis ändert sich nur unwesentlich, wenn anstatt der Betrachtung aus Sicht des jeweiligen Berichtsjahres Jahr i eine Betrachtung aus der Perspektive des Basisjahres Jahr 0 erfolgt. In diesem Fall wird der repräsentative Preisindex durch Bewertung der Mengen des Basisjahres anstelle der des Berichtsjahres gefunden. Die Formel lautet so:

Repräsentativer Preisindex (Mengen lt. Basisjahr): $IP_{0,i} = \dfrac{\Sigma\,q_0 \cdot k_i}{\Sigma\,q_0 \cdot k_0}$

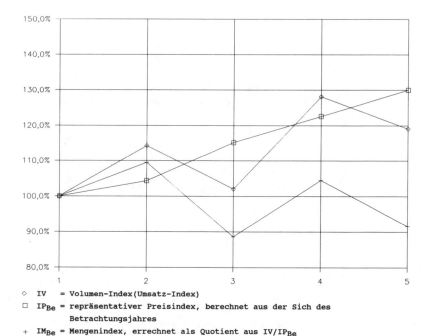

◇ IV   = Volumen-Index(Umsatz-Index)
□ IP$_{Be}$ = repräsentativer Preisindex, berechnet aus der Sich des
         Betrachtungsjahres
+ IM$_{Be}$ = Mengenindex, errechnet als Quotient aus IV/IP$_{Be}$

Abb. 19: Indexkurven zum Beispiel der Tabelle von S. 133

Mit den Zahlenwerten der Tabelle ergeben sich bei Preisindex und
Mengenindex im Ergebnis nur geringfügige Unterschiede in der
Nachkommastelle. In der graphischen Darstellung (vgl. Abb. 19)
lägen die entsprechenden Linienzüge dementsprechend aufein-
ander.

4.3.3.3 Darstellungs- und Interpretationsmöglichkeiten

Ähnlich wie die persönlichen Vergleichsgraphiken der Vertreterstatistiken vermitteln auch die Kurvendarstellungen des langfristigen
Produktionsvergleichs den Eindruck einer rechnerischen Sicherheit, die bei der sachlichen Interpretation leider wiederum nicht
gegeben ist. Treten im Zeitverlauf stärkere Schwankungen im Preis-
und Mengengefüge auf, können aus einer unterschiedlichen Sichtweise bei der Berechnung der Preis- und Mengenindizes durchaus
unterschiedliche Ergebnisse resultieren.

136

Für die Zahlenkonstellation des folgenden Beispiels kann zunächst ein leicht rückläufiger, dann aber über das Basisjahr hinaus ansteigender Umsatzverlauf diagnostiziert werden. Die Mengenindizes gehen aufgrund steigender Preisindizes ab dem Jahr 3 stark zurück. Die Indexwerte zeigen hier allerdings sehr starke Unterschiede: Bei Betrachtung aus der Sicht des Basisjahres liegt der Mengenindex IM_{Ba} im gesmten Verlauf deutlich über dem Mengenindex IM_{Be}, der sich aus der Sicht des Berichtsjahres ergibt.

Beispiel Stahlproduktion: Produktionsvergleich bei qualitativem Wandel (geschlossene Zahlenreihen)										
	Produktion in 1 000 Tonnen im Jahr					Verkaufspreis in TDM/Tonne im Jahr				
Erzeugnis	0	1	2	3	4	0	1	2	3	4
Edelstahl	20	30	40	15	16	4,0	4,1	4,1	15,0	18,0
Baustahl	100	95	85	70	40	2,2	1,5	1,1	0,9	0,7

Es ergeben sich folgende Indizes:

	Jahr				
	0	1	2	3	4
IV	100%	88,5%	85,2%	96,0%	105,3%
IP_{Ba}	100%	77,3%	64,0%	130,0%	143,3%
IP_{Be}	100%	80,7%	74,2%	134,6%	207,9%
$IM_{Ba} = IV/IP_{Ba}$	100%	114,4%	134,1%	73,8%	73,5%
$IM_{Be} = IV/IP_{Be}$	100%	109,7%	115,7%	71,3%	50,7%

Beispiel Stahlproduktion: Produktionsvergleich bei qualitativem Wandel (veränderte Produktionsstruktur)										
	Produktion in 1 000 Tonnen im Jahr					Verkaufspreis in TDM/Tonne im Jahr				
Erzeugnis	0	1	2	3	4	0	1	2	3	4
Edelstahl	20	30	40			4,0	4,1	4,1		
Baustahl	100	95	85	70	40	2,2	1,5	1,1	0,9	0,7
Edelstahl-II				15	16				15,0	18,0

Die Abweichungen sind in diesem Bereich überwiegend auf den plötzlichen Mengenrückgang in Verbindung mit der zugehörigen Preisanhebung ab Jahr 3 zurückzuführen, die sich aus einer unternehmenspolitisch bedingten Änderung des Produktionspro-gramms erklären dürften.

Damit ist das Problem des qualitativen Wandels angesprochen, den ein Produkt im Laufe einer solchen längerfristigen Betrachtung durchmacht und der im rein quantitativen Produktvergleich nicht erfaßt wird. Für die Stahlproduktion wäre es denkbar, daß der Um-satzrückgang durch nachlassende Nachfrage und gleichzeitigen Preisverfall in der Baustahlproduktion bedingt war. Man ist dieser Entwicklung durch Einführung einer qualitativ höherwertigen und dementsprechend auch teureren Edelstahlproduktion begegnet. Trotz wesentlich geringerer Produktionsmengen konnte damit der rückläufige Umsatztrend gestoppt bzw. sogar überkompensiert werden.

Daß bei Produktverbesserungen mit rückläufiger Mengenproduk-tion infolge höherer Verkaufspreise eine Wertsteigerung der Pro-duktion einhergehen kann, ist im Grunde nicht neu. Durch kon-struktive Verbesserungen von Produkten und Einsatz anderer, verbesserter Materialien können Produkte z. B. permanent leichter werden. Der Mengenindex eines langfristigen Produktionsver-gleichs wird einen Rückgang des etwa in Tonnen gemessenen be-trieblichen Ausstoßes registrieren. Insofern ist bei unreflektierter Betrachtung insbesondere solcher Mengenkurven eine Selbsttäu-schung nicht auszuschließen.

Um dieser Problematik der Qualitätseinflüsse wenigstens bedingt begegnen zu können, wird in der Grundlagenliteratur meist empfoh-len, eine möglichst starke Differenzierung bei der Erfassung der Einzelprodukte anzustreben. Es soll über Produkt- und Artikelgrup-pen hinaus bis auf die Ebene des Einzelartikels detailliert und für jeden Artikel die geeignete Mengeneinheit ausgewählt werden, um die Verschiedenartigkeit und damit auch etwaige Veränderungen einzelner Produktionen „in den Griff" zu bekommen. Es wird aber auch gezeigt, daß das nur unter Einschränkungen praktikabel sein kann: allein ein so homogenes Produkt wie eine Schraube ist u. U. in verschiedene Ausführungen zu unterteilen. Sie dürfen nicht ein-fach zur Gruppe „Schraube" gezählt werden, weil die zur Herstel-lung erforderlichen Arbeitsgänge in Anzahl und Art unterschiedlich waren und so jeder Schraubenart ihren eigenen „Wert" verleihen.[1]

---

[1] Vgl. Graf, Adolf, u. a.: Betriebsstatistik und Betriebsüberwachung, Stuttgart 1961, S. 96 ff.

Dem könnte im Beispiel Stahlproduktion durch Einführung eines neuen Produktes „Edelstahl-II" entsprochen werden. Die resultierenden Zahlenreihen zeigt die zweite Tabelle auf S. 137. Die Berechnung eines repräsentativen Preisindex ist wegen fehlender Zahlenreihen typischer Produkte jetzt zwar nicht mehr sinnvoll; in der Praxis dürfte mit entsprechend breiter Produktpalette eine Berechnung aber durchweg möglich sein. Allerdings sollte in Fällen stärkerer Qualitätsveränderungen ohnehin geprüft werden, ob die Verwendung amtlicher Preisindizes (zum Beispiel Preisindex der industriellen Produktion für den Industriezweig „Stahlerzeugung") nicht zu aussagekräftigeren Indexreihen führt. Man würde so den nominalen Umsatzindex in einen realen, also preisbereinigten Umsatzindex umrechnen, der dem ursprünglich gesuchten Mengenindex dem Sinne nach entspricht.

Auch diese Anwendung zeigt, daß vom eindrucksvoll veranschaulichten Zahlenergebnis eine Faszination ausgehen kann, die bei genauerer Betrachtung ungerechtfertigt ist. Beim langfristigen Produktionsvergleich wird es, wie in vielen anderen betriebsstatistischen Anwendungen, zur Erlangung einer wirklich „richtigen" Auskunft über das Betriebsgeschehen erforderlich sein, mehrere und zugleich verschiedene Größen heranzuziehen.

4.3.4 Ausgewählte Kennzahlen zur Produktionsleistung

Materialeinsatz	Einsatzgrad	$\dfrac{\text{Einsatzgewicht}}{\text{Fertiggewicht}}$
		$\dfrac{\text{Eingesetzte Stückzahl}}{\text{Ausgebrachte Stückzahl}}$
	Einsatz je Produktionseinheit	$\dfrac{\text{Stoffverbrauch}}{\text{Produktionsmenge}}$
	Einsatz-Kopfquote	$\dfrac{\text{Materialeinsatz}}{\text{Zahl der Arbeitskräfte}}$
	Einsatz-Zeitquote	$\dfrac{\text{Materialeinsatz}}{\text{Arbeitstage}}$
		(bzw. Arbeitsstunden) Maschinenlaufzeit u. a.)

Materialeinsatz (Forts.)	Einsatzstruktur	$\dfrac{\text{Einsatz Fertigungsstoffe}}{\text{Gesamter Stoffeinsatz}}$
		$\dfrac{\text{Einsatz Hilfs- und Betriebs-stoffe}}{\text{Einsatz Fertigungsstoffe}}$
		$\dfrac{\text{Einsatz Bezogene Teile}}{\text{Gesamter Stoffeinsatz}}$
Materialverlust-quoten	Materialquote Ausschuß	$\dfrac{\text{Ausschußgewicht}}{\text{Gesamtes Einsatzgewicht}}$
		$\dfrac{\text{Ausschußgewicht}}{\text{Gewicht der guten Produktion}}$
	Abfallquote	$\dfrac{\text{Abfallgewicht}}{\text{Gesamtes Einsatzgebiet}}$
	Schwundquote	$\dfrac{\text{Verwendbare Menge}}{\text{Beschaffte Menge}}$
	Schrottquote	$\dfrac{\text{Schrottgewicht}}{\text{Gesamtes Einsatzgewicht}}$
Ausschußanalyse	Ausschußquote	$\dfrac{\text{Stückzahl Ausschuß}}{\text{Stückzahl Gesamt-produktion}}$
		$\dfrac{\text{Stückzahl Ausschuß}}{\text{Stückzahl gute Produktion}}$
		$\dfrac{\text{Stückzzahl Ausschuß}}{\text{Anzahl Arbeiter}}$
	Ausschußstruktur	$\dfrac{\text{Materialbedingter Ausschuß}}{\text{Gesamtmenge Ausschuß}}$
		(Die Formel kann auch auf andere Ausschußarten bezogen werden, z.B. arbeits-, konstruktions-, maschinenbedingter Ausschuß u.a.)
Arbeitseinsatz	Einsatzgebiet	$\dfrac{\text{Gesamtbelegschaft}}{\text{Arbeitsplätze}}$

Arbeitseinsatz (Forts.)		$\dfrac{\text{Eingesetzte Maschinenarbeiter}}{\text{Maschinenarbeitsplätze}}$
		$\dfrac{\text{Eingesetzte Arbeitskräfte}}{\text{Zahl der geplanten Arbeitskräfte}}$
	Zeitnutzungsgrad des Betriebes (oder eines Bereiches bzw. einer Werkstatt oder Abteilung)	$\dfrac{\text{Fertigungszeit}}{\text{Kalenderzeit}}$
		$\dfrac{\text{Genutzte Zeiten}}{\text{Geplante Zeiten}}$
		$\dfrac{\text{Fertigungszeit}}{\text{Optimal zu nutzende Zeit}}$
	Zeitnutzungsgrad des Arbeiters	$\dfrac{\text{Vorgegebene Zeit}}{\text{Verbrauchte Zeit}}$
		$\dfrac{\text{Normzeit}}{\text{Istzeit}}$
	Struktur der Fertigungszeit	$\dfrac{\text{Rüstzeit}}{\text{Gesamte Fertigungszeit}}$
		$\dfrac{\text{Verbrauchte Zeit je Lohngruppe}}{\text{Gesamte Fertigungszeit}}$
	Zeitverlustquoten	$\dfrac{\text{Störzeit}}{\text{Gesamte Fertigungszeit}}$
		$\dfrac{\text{Zeiteinsatz gute Produktion}}{\text{Gesamte Fertigungszeit}}$
		$\dfrac{\text{Nacharbeitszeit}}{\text{Gesamte Fertigungszeit}}$
		$\dfrac{\text{Wartezeit}}{\text{Gesamte Fertigungszeit}}$
		$\dfrac{\text{Arbeitsausfall wegen Unfällen}}{\text{Gesamte Arbeitszeiten}}$
	Arbeitsintensität	$\dfrac{\text{Tatsächliche Leistung}}{\text{Mögliche Leistung}}$
		(bezogen auf Zeitabschnitte, Mitarbeiter, Arbeitsplätze, Abteilungen oder Gesamtbetrieb)

Anlageneinsatz	Ausnutzungsgrad von Maschinen	$\dfrac{\text{Maschinenlaufzeit}}{\text{Betriebszeit}}$
		$\dfrac{\text{Tatsächliche Laufzeiten}}{\text{Optimale oder maximale Laufzeiten}}$
		(bezogen auf den gesamten Maschinenpark, Maschinen eines Bereiches bzw. einer Abteilung oder auf eine einzelne Maschine)
	Maschinisierungsgrad	$\dfrac{\text{Maschinenstunden}}{\text{Zahl der Arbeiter}}$
		$\dfrac{\text{Maschinenstunden}}{\text{Gesamte Arbeitsstunden}}$
		$\dfrac{\text{Maschinenstunden}}{\text{Arbeitstage oder Schichten}}$
	Anlagenintensität	$\dfrac{\text{Anlagevermögen}}{\text{Fertigungslöhne}}$
		$\dfrac{\text{Anlagevermögen}}{\text{Gesamtvermögen}}$
Produktionsleistung	Kapazitätsausnutzung	$\dfrac{\text{Tatsächliche Erzeugungsmenge}}{\text{Kapazitative oder optimale Produktionsmenge}}$
	Lastgrad	$\dfrac{\text{Istleistung}}{\text{Solleistung}}$
	Leistungsgrad der produktiven Arbeiter	$\dfrac{\text{Akkordstunden}}{\text{Fertigungsstunden}}$
		$\dfrac{\text{Leistungsmenge oder -wert}}{\text{Arbeitsstunden}}$
		$\dfrac{\text{Leistungsmenge oder -wert}}{\text{Zahl der Arbeitskräfte}}$
	Ertragskennzahlen	$\dfrac{\text{Betriebsertrag}}{\text{Beschäftigungszahl}}$

Produktionsleistung		Betriebsertrag
(Forts.)		Zahl der produktiven Arbeitsstunden
		Ertrag
		Lohn
		Ertrag
		Kosten

4.3.5 Produktionsgrundlagen- und Kapazitätsstatistik

4.3.5.1 Anlagenstatistik

Die Anlagenstatistik hat die Aufgabe, das Anlagevermögen in Größe und Struktur zu erfassen und Bewegungen im Anlagevermögen sichtbar zu machen. Sie erfaßt im Sinne ihrer buchhalterischen Definition neben den Grundstücken und Betriebsgebäuden die Ausrüstung des Betriebes an Maschinen und Anlagen. Die Anlagenstatistik zeigt damit detailliert auf, wie der Produktionsfaktor Kapital eingesetzt wird, der schließlich neben dem Produktionsfaktor Arbeitskraft die wichtigsten Produktionsgrundlagen darstellt. Zur Anlagenstatistik gehört außerdem die statistische Darstellung der Abschreibungen, sowie des Reparaturaufwandes und der sonstigen Aufwendungen, die zum Erhalt der Produktionsanlagen erbracht werden.

Da auch der Bestand an Anlagen wiederum nur in realistischen Bewertungseinheiten ausgedrückt werden kann, steht die Ermittlung des Wiederbeschaffungswertes zunächst im Mittelpunkt dieser Statistik. Er wird zur Bewertung des gesamten Anlagebestands und zur Ermittlung angemessener Abschreibung herangezogen. Als Wiederbeschaffungswert gilt der Wert eines gleichen Anlagengutes unter den gegenwärtigen Marktverhältnissen. Zur Errechnung des Wiederbeschaffungswertes werden die Anschaffungswerte mit geeigneten Preisindizes multipliziert. Auf den Gebrauch verschiedener Preisindizes und die damit verbundenen Probleme wurde bereits auf S. 130 eingegangen, auf eine nochmalige Erörterung im vorliegenden Zusammenhang kann deshalb verzichtet werden.

Die Struktur des Anlagevermögens wird im wesentlichen nach typischen Anlagearten wie unbebaute Grundstücke, bebaute Grundstücke mit Bürogebäuden, bebaute Grundstücke mit gewerblichen Gebäuden, Maschinen und maschinelle Anlagen, Kraftmaschinen, Werkzeuge, Betriebs- und Geschäftsausstattung gruppiert erfaßt. Deren Anteile werden als Gliederungszahlen ausgewiesen.

Die Betriebsstatistik erfaßt in der Abschreibung neben der wirtschaftlichen auch die technische Abnutzung des Anlagegutes als Verschleiß. In Ermangelung konkreter Kenntnisse über die tatsächlich stattfindende Abnutzung einer Anlage und der verschleißmindernden Auswirkung von Reparaturen wird die gesamte Nutzungsdauer der Anlage meist geschätzt, um durch Division des Anschaffungswertes durch diese Nutzungsdauer einen durchschnittlichen jährlichen Abschreibungssatz zu erhalten.

Die Investitionen werden gesondert erfaßt. Mehr oder weniger werden sie durch Abschreibungen finanziert. Es empfiehlt sich deshalb, Investitionen und Abschreibungen gegenüberzustellen.

Durch die bei Investitionsgütern von Jahr zu Jahr eingetretenen Preissteigerungen lassen sich die Investitionsvolumina der einzelnen Jahre nicht ohne weiteres vergleichen. Sie müssen vorher auf ein einheitliches Preisniveau umgerechnet werden.

Investitionen werden zur Rationalisierung und Erweiterung der Produktion vorgenommen. Man muß deshalb die Entwicklung der Anlagenbestände bzw. der Abschreibungen und die Beziehung zum Produktionsausstoß bzw. zum Umsatz beobachten.

4.3.5.2 Statistik der Produktionskapazität

Die Kapazitäts-Statistik ergänzt die Anlagenstatistik um die genaue Angabe des Leistungsvermögens der erfaßten Maschinen und Anlagen eines Betriebes. Die Produktionskapazität drückt das Vermögen zur Herstellung einer bestimmten Menge von Erzeugnissen während eines bestimmten Zeitraums aus. Neben der Ermittlung der Produktionskapazität hat diese Statistik die Aufgabe, auch deren Ausnutzung festzustellen. Für eine sinnvolle Produktionsplanung muß der Planer das vorhandene Produktions-„Potential" genau kennen. Nur aus der Gegenüberstellung von Produktionsanforderung vom Markt und eigenem Produktionsvermögen erkennt man, ob die gegenwärtige Produktionskapazität den Marktverhältnissen entspricht. Sollen Investitionen vorgenommen werden, muß ebenfalls zunächst einmal eine Bestandsaufnahme vorhandener Produktionskapazitäten erfolgen. Für die kurzfristige Disposition noch wichtiger ist die Kenntnis der aktuellen Produktionsauslastung. Nur so werden Produktionsengpässe bzw. Produktionsreserven sichtbar, die ein entsprechend dispositives Verhalten der Betriebsleitung erfordern.

Kapazitätsermittlung

Die Kapazität drückt das höchste Leistungsvermögen aus. Bei der Ermittlung der Kapazität geht man von der vollen täglichen Betriebsdauer aus, legt die Belastung der Anlage nach dem neuesten Stand der Technik zugrunde und setzt eine optimale Arbeitsorganisation voraus. Bei der *möglichen* Kapazitäts*auslastung* wird von der um die gegenwärtig betriebsbedingten Ausfallzeiten verminderten Betriebsdauer ausgegangen, und bei der Belastung der Anlagen werden der gegenwärtige im Betrieb herrschende Stand der Technik und Arbeitsorganisation berücksichtigt. In den meisten Fällen ist die mögliche Kapazitätsauslastung die wichtigere Größe, weil sie angibt, welches Leistungsvermögen sich gegenwärtig nutzen läßt. In vielen Betrieben mit umfangreichem Sortiment ist die Kapazitätsermittlung für den Gesamtbetrieb praktisch illusorisch. Man muß sich dann darauf beschränken, die Kapazität für Betriebsteile zu ermitteln. Damit wird nicht die Kapazitätsstatistik überflüssig. Mit der Kapazitätsermittlung muß in jedem Fall „von unten", d. h. mit den einzelnen Abteilungen, begonnen werden. Erst durch die Aneinanderreihung der Teilkapazitäten kommt man zur Gesamtkapazität. Auch die Kapazitäten der einzelnen Betriebsteile sollen nach Möglichkeit in Erzeugnissen bzw. Teilerzeugnissen ausgedrückt werden. Wo das nicht möglich ist, verwendet man Hilfsgrößen, wie Maschinenstunden, Spindelstunden, Spinnkilometer oder Arbeitsstunden.
Zur Bestimmung der in einer bestimmten Produktionsmenge ausgedrückten Kapazität sind die Zahl der Anlagen bzw. Arbeitsplätze, die tägliche Nutzungszeit und der Leistungsgrad der Anlagen bzw. der arbeitenden Menschen sowie die Arbeitsorganisation zu berücksichtigen.
Bei Anlagen mit technologisch bedingter ununterbrochener Betriebszeit sollen als jährliche Nutzungszeit 365 Arbeitstage mit je

24 Stunden angesetzt, also vom Drei-Schichtbetrieb ausgegangen und Sonn- und Feiertage nicht abgezogen werden.

Bedingt der technologische Prozeß keine ununterbrochene Nutzung der Anlagen, so geht man bei der Kapazitätsermittlung von der üblichen täglichen Betriebsdauer aus, also vom Ein- oder Zwei-Schicht-Betrieb. Sonn- und Feiertage und arbeitsfreie Werktage werden von den Kalendertagen des Jahres abgezogen.

Reparaturbedingte Stillstandszeiten sollten bei der Kapazitätsermittlung nicht berücksichtigt werden. Man kommt bei der Feststellung der Kapazitätsauslastung zu einer klareren, besser vergleichbaren Aussage.

Viele Anlagen bringen je Zeiteinheit konstant eine ganz bestimmte Leistung hervor. Von dieser feststehenden Leistung je Zeiteinheit ist bei der Kapazitätsermittlung auszugehen. Wenn jedoch die Möglichkeit besteht, daß der einzelne Arbeiter die Leistungsfähigkeit einer Anlage beeinflussen kann, dann ist der Kapazitätsermittlung die beste Leistung zugrunde zu legen. Hängt die Produktionsleistung ausschließlich von der Fertigkeit der Arbeiter ab, dann bestimmt das höchste Leistungsvermögen je Arbeiter die Kapazität.

In starkem Maße hat auch die *Arbeitsorganisation* Einfluß auf die Kapazität. Oft können Leistungen vorgelagerter Abteilungen nicht voll genutzt werden, weil durch mangelhafte Arbeitsorganisation der Fluß der unfertigen Erzeugnisse gehemmt ist. Bei der Kapazitätsermittlung ist von der optimalen Arbeitsorganisation auszugehen. Wenn beispielsweise noch Schwierigkeiten im innerbetrieblichen Transport bestehen, die sich grundsätzlich beseitigen lassen, dann ist als Kapazität die Produktionsmenge festzulegen, die sich ergeben wird, wenn die Transportmängel beseitig sind.

Meist wird die Produktionskapazität für ein Jahr ermittelt. Für bestimmte Zwecke, z. B. für die kurzfristige Produktionsplanung, kann es von Interesse sein, auch die Kapazitäten für kürzere Zeiträume zu kennen. Sie lassen sich nicht einfach durch Division der Jahreskapazität bestimmen, weil sich Arbeits- und Ausfallzeiten nicht gleichmäßig über das ganze Jahr verteilen.

Beispiel zur Kapazitätsermittlung:

Wird zum Beispiel an einem Bagger im Steinbruch eines Portlandzement produzierenden Betriebes in zweischichtiger Arbeitsweise Rohkalkstein abgebaut, beträgt die *Nutzungszeit* 365 Tage abzüglich 76 Sonn- und Feiertage = 289 Tage. Beträgt die durch den Arbeiter am Bagger erzielbare Best-leistung (= *Leistungsgrad*) 42,3 t je Stunde, berechnet sich die *Kapazität* zu:

Kapazität = 289 (Tage) · 16 (Stunden je Tag) · 42,3 (t-Leistung
je Stunde) = 195595 t Rohkalkstein

Enthält der Betrieb weitere Abteilungen, stellt diese Kapazität eine Teil-kapazität dar. Für die Bestimmung der Gesamtkapazität müssen Teiler-zeugnisse auf Enderzeugnisse umgerechnet werden. Bestehen folgende weitere Abteilungen mit den Teilkapazitäten:

Rohmühlen: 164600 t Rohmehl
Brennerei: 130700 t Klinker
Zementmühlen: 145600 t Portlandzement

und werden von den Teilerzeugnissen dieser Abteilung folgende Mengen zur Gewinnung von 1 t Portlandzement benötigt:

1,42 t Rohkalkstein,
1,31 t Rohmehl,
0,91 t Klinker,

können die Teilkapazitäten wie folgt auf das Enderzeugnis umgerechnet werden:

Steinbruch: $\dfrac{195595 \text{ (Rohkalkstein)}}{1,42} = 137743\text{t Zement}$

Rohmühlen: $\dfrac{164600 \text{ (Rohmehl)}}{1,31} = 125649\text{t Zement}$

Brennerei: $\dfrac{130700 \text{ (Klinker)}}{0,91} = 143626\text{t Zement}$

Die Kapazität des Gesamtbetriebes ist so groß wie die Kapazität der Engpaßabteilung. Dabei ist zu beachten, daß der Engpaß bei verschiede-nen Produkten wechseln kann.

Es wird sofort deutlich, was zu tun ist, um die Gesamtkapazität des Betrie-bes zu erhöhen. Mit einer Kapazität von 125649 t Zement stellt die Abteilung Rohmühlen die geringste Kapazität und ist somit der Engpaß. Lediglich durch Erweiterung der Kapazität der Rohmühlenabteilung kann die Kapazi-tät des Gesamtbetriebes bis auf 137743 erhöht werden. Dann würde die Abteilung Steinbruch zum Engpaß werden.

Kapazitätsauslastung

Bei der Betrachtung der Kapazitätsauslastung wird zwischen möglicher, geplanter und tatsächlicher Auslastung der Kapazität unterschieden.

Die *mögliche Kapazitätsauslastung* ist gleichbedeutend mit maximaler Kapazitätsauslastung. Sie kommt in ihrer Größe der Kapazität am nächsten. Zur Bestimmung der möglichen Kapazitätsauslastung ist von den Anlagen und Arbeitsplätzen auszugehen, die im betreffenden Zeitraum einsatzfähig sind. Von der täglichen Betriebsdauer sind die technisch bedingten Stillstandszeiten abzuziehen. Technisch bedingt sind die Stillstandszeiten, die durch Beachtung der Betriebssicherheit und Erhaltung der Leistungsfähigkeit der Anlagen entstehen (z. B. zwecks Abkühlung, Umstellung, Überholung oder Reparaturen). Nicht technisch bedingt sind Stillstandszeiten, die entstehen durch Stromausfall, Materialmangel, mangelhafte Pflege der Anlagen oder schlechte Organisation des innerbetrieblichen Transportes. Um diese Zeiten darf die tägliche Betriebsdauer zur Ermittlung der möglichen Kapazitätsauslastung nicht gekürzt werden.

Der möglichen Kapazitätsauslastung ist das Produktionssortiment zugrunde zu legen, das für die betreffende Abrechnungsperiode zu erwarten ist.

Wenn die Produktion für längere Zeiträume geplant wird, dann ist es sinnvoll, auch die *geplante Kapazitätsauslastung* zu ermitteln. Ausgangspunkt dazu ist die mögliche Kapazitätsauslastung. Die geplante Kapazitätsauslastung wird nach oben hin durch die mögliche Kapazitätsauslastung begrenzt.

Die *tatsächliche Kapazitätsauslastung* wird aus der Menge der produzierten Erzeugnisse abgeleitet. Sie dient als Kontrollgröße. Um die Kontrolle umfassend durchführen zu können, ist für alle Faktoren, die die Kapazität bestimmen, die entsprechende Größe festzustellen, die mit der tatsächlichen Produktionsleistung zusammenhängt. Man muß also den tatsächlichen Anlageneinsatz, die tatsächliche tägliche Betriebsdauer, die tatsächlich entstandenen Ausfallzeiten und die tatsächliche Belastung der Anlagen ermitteln. Durch Gegenüberstellung der tatsächlichen mit der optimalen und der geplanten Kapazitätsauslastung wird deutlich, in welchem Maße die vorhandenen Produktionsmöglichkeiten genutzt worden sind.

Für die Beurteilung der Kapazitätsauslastung wird häufig folgende Verhältniszahl gebildet:

$$\frac{\text{mögliche Kapazitätsauslastung}}{\text{Kapazität}}$$

Diese Kennzahl drückt aus, in welchem Maße die Kapazität unter den gegenwärtigen Bedingungen genutzt werden kann. Sie macht zugleich deutlich, in welchem Umfang noch Produktionsreserven durch Verbesserung der Arbeitsorganisation und Belastung der Anlagen erschlossen werden können. Es sind also folgende Größen zu unterscheiden:

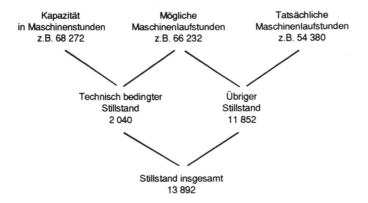

Die *extensive Auslastung der Kapazität* läßt sich am besten über Anlagen- bzw. Maschinenlaufstunden ermitteln. Dabei stellt man die tatsächliche Maschinenlaufzeit zur möglichen Laufzeit ins Verhältnis. Die tatsächliche Maschinenlaufzeit ist die Summe der Stunden, während der die einzelnen Maschinen tatsächlich gelaufen sind. Was als mögliche Laufzeit anzusehen ist, hängt vom Untersuchungszweck ab.

Läuft eine Anlage beispielsweise regelmäßig im Dreischichtbetrieb, könnte als mögliche Laufzeit die Kalenderzeit angenommen werden, die auch der Kapazitätsermittlung zugrunde liegt. Die Gegenüberstellung von tatsächlicher Laufzeit und Kalenderzeit zeigt den Grad der tatsächlichen extensiven Kapazitätsauslastung. Für ein Kalenderjahr mit 8760 Stunden Kalenderzeit (= 365 Tage mal 24 Stunden) könnte sich folgende Rechnung ergeben:

Produktionszeit	7 244 Std. =	$\boxed{82,7\%}$	= Grad der extensiven
			Auslastung der Kapazität

Wartungs- und		
Reinigungszeit	462 Std.	5,3%
übrige Stillstandszeit	1 054 Std.	12,0%
Kalenderzeit	8 760 Std.	100,0%

Bei der übrigen Stillstandszeit handelt es sich um Produktions-reserven.

Je größer die Ausfallzeiten sind, um so geringer ist die extensive Auslastung der Kapazität. Die Beurteilung der Kapazitätsausla-stung schließt deshalb eine Beurteilung der Ausfallzeiten ein. Dazu muß man die Gründe der Ausfallzeiten kennen. Voraussetzung dazu ist eine Erfassung der Ausfallzeiten nach Ursachen. Hierzu kann eine Tabelle entwickelt werden, die folgende Ursachengliederung aufweist:

1 Technisch bedingte Stillstandszeiten
  11 Laufende Reparaturen
  12 Großreparaturen
  13 Normale Einrichtung bzw. Umstellung der Anlagen
  14 Reinigung und Wartung

2 Übrige Stillstandszeiten
  21 Reparaturen durch Schadensfälle und mangelhafte Pflege
  22 Großreparaturen durch Schadensfälle und mangelhafte Pflege
  23 Fehlen von Material
  24 Fehlen von Energie
  25 Fehlen von Arbeitsgeräten
  26 Fehlen von Werkzeugen und Geräten
  27 Auftragsmangel
  28 Sonstige Ursachen

Bei dieser Art der Erfassung kann immer nur eine Ursache für eine Ausfallzeit angegeben werden, weil die Ausfallzeit nur einmal einge-tragen wird. Wenn die Anlage wegen verschiedener Ursachen nicht gearbeitet hat, muß man die wesentlichste Ursache angeben. Das ist die Ursache, die am schwersten überwunden werden kann.

Die *intensive Auslastung der Kapazität* ergibt sich, wenn man die tatsächliche Leistung je Zeiteinheit der möglichen Leistung je Zeit-einheit gegenüberstellt. Als Zeiteinheit wird oft die Stunde gewählt. Bei einer tatsächlichen Leistung von 20 t und einer möglichen

Leistung von 25 t je Stunde beträgt die intensive Auslastung der Kapazität:

$$\frac{20}{25} \cdot 100 = 80\%$$

Auch hier hängt es vom Untersuchungszweck ab, was als mögliche Leistung angesehen werden soll. In Frage kommen folgende Größen:
- die beste Leistung, die bisher erzielt worden ist,
- eine Größe, die zwischen der besten Leistung und dem Durchschnitt liegt,
- die Durchschnittsleistung des vergangenen Zeitraumes,
- die Leistung, die der Hersteller der Anlage garantiert hat.

Für die Kapazitätsermittlung wird von der besten oder von der garantierten Leistung ausgegangen; der Bestimmung der möglichen Kapazitätsauslastung wird eine Größe zugrunde gelegt, die zwischen der besten Leistung und dem Durchschnitt liegt, oder man entscheidet sich für den Durchschnitt des vergangenen Zeitraumes.

Zu beachten ist, daß die Leistung einer Anlage u.a. von folgenden Faktoren abhängt:

- vom Umfang der Hilfszeiten,
- von der Leerlaufzeit der Anlagen,
- vom Umfang des Ausschusses,
- von der Belastung der Anlage.

Hilfszeiten entstehen durch vorbereitende und abschließende Arbeiten, die mit dem Ingangsetzen der Anlage verbunden sind.

Leerlaufzeiten sind die Zeiten, während der die Anlage bereits läuft, aber noch nicht produziert.

Die *Gesamtauslastung der Kapazität* läßt sich wie folgt ermitteln:
1. Durch Multiplikation des extensiven Auslastungsgrades mit dem intensiven Auslastungsgrad

Beispiel:
Extensiv wurde die Kapazität mit 78% und intensiv mit 73% ausgelastet.

78	73	=	57%
extensive Auslastung	intensive Auslastung		Gesamt-auslastung

2. Durch Gegenüberstellung der tatsächlich produzierten Menge mit der möglichen Produktionsmenge

Beispiel:
Tatsächliche Produktion 530 t, mögliche Produktion 930 t.

$$\frac{\text{tatsächliche Produktion}}{\text{mögliche Produktion}} \quad \frac{530}{930} \cdot 100 = 57\%$$

4.3.5.3 Arbeitskräftestatistik

Die Arbeitskräftestatistik wird in vielen Betrieben als Belegschafts- oder Personalstatistik geführt und beinhaltet die Darstellung aller Aspekte, die sich im Zusammenhang mit dem Personalwesen ergeben. Der Bezug zur Produktion ist insofern auch hier wieder gegeben, als die Arbeitskräftestatistik als Gegenstück zur Anlagenstatistik den Menschen als Produktionsgrundlage, also als zweiten Produktionsfaktor neben dem Kapital in seinem Leistungsvermögen ausweisen muß.

Neben der Darstellung eines möglichst umfassenden Strukturbildes der Belegschaft soll die Arbeitskräftestatistik produktionsbezogen vor allem die Bewegung der Arbeitskräfte und die Arbeits- und Ausfallzeiten genau registrieren.

Starke Bewegungen im Arbeitskräftebestand haben qualitativen sowie quantitativen Einfluß auf Kapazität und Kapazitätsauslastung und belasten das betriebliche Ergebnis. Zur genaueren Erforschung der Fluktuation empfiehlt es sich, die Abgänge nach Ursachen zu erfassen, wobei die Abgänge an andere Betriebe (im Gegensatz zu natürlichen Abgängen wegen Erreichens der Altersgrenze, Berufsaufgabe u. a.) die eigentliche Fluktuation darstellen. Zur Ursachenerforschung sollten auch die Gründe der Fluktuation (zu wenig Lohn, ungünstiger Standort, Arbeitsbedingungen, u. ä.) erfragt werden. Als Kennzahl ermittelt man meist die Fluktuationsquote:

$$\text{Fluktuationsquote} = \frac{\text{Abgänge nach anderen Betrieben}}{\text{durchschnittliche Beschäftigtenzahl}}$$

Für Kapazitäts- und Auslastungsberechnungen ist die präzise Unterteilung der verschiedenen Arbeits- und Ausfallzeiten wichtig.

Ausfallzeiten sind diejenigen Zeiten, in denen keine Arbeitsleistung erbracht wird. Sie lassen sich in vom Betrieb beeinflußbare und nicht beeinflußbare Ausfallzeiten unterteilen.

Nicht beeinflußbar sind die Ausfallzeiten, die entstehen durch

- Tarifurlaub,
- Krankheit,
- Schwangerschafts- und Wochenurlaub.

Durch Maßnahmen zur Verhütung von Unfällen kann der Betrieb auch Ausfallzeiten durch Krankheit beeinflussen.

Vom Betrieb beeinflußbare Ausfallzeiten entstehen durch folgende Ursachen:

- Warte- und Stillstandszeiten,
- unentschuldigtes Fehlen,
- sonstiges Fehlen.

Zur Beurteilung der Ausfallzeiten stellt man sie zu den Arbeitszeiten ins Verhältnis. Die Erfassung der Arbeits- und Ausfallzeiten kann in einer wie folgt aufgebauten Tabelle vorgenommen werden:

Erfassung der Arbeits- und Ausfallzeiten in Stunden							
Mo-nat	Arbeitszeit		Fehlzeit				Gesamt-zeit
	Fer-tigungs-zeit	Warte-zeit	Urlaub	Krank-heit	Unentsch. Fehlen	Sonstiges Fehlen	
Jan.	58 880	1 720	2 630	4 120	130	200	67 680

Von Monat zu Monat können die Werte jahreszeitlich bedingten Schwankungen unterliegen. Das gilt insbesondere für durch Krankheit und Urlaub verursachte Ausfallzeiten. Man vergleicht deshalb nicht nur aufeinanderfolgende Monate, sondern auch mit den entsprechenden Monaten des Vorjahres.

4.3.6 Ausgewählte Kennzahlen zur Produktions-grundlagen- und Kapazitätsstatistik

Anlagenaufbau und Investitions-struktur	Anlagenintensität	$\dfrac{\text{Anlagevermögen}}{\text{Gesamtkapital}}$
		$\dfrac{\text{Anlagevermögen}}{\text{Eigenkapital}}$
	Anlagenstruktur	$\dfrac{\text{Anlagenart}[1]}{\text{Gesamtanlagen}}$
	Intensität der Gesamtinvestitionen	$\dfrac{\text{Investitionen}}{\text{Anlagenbestand}}$
	Intensität der Investitionsgüterart	$\dfrac{\text{Investitionsart}[1]}{\text{Bestand entspr. Anlagenart}}$
	Investitionstruktur	$\dfrac{\text{Investitionsart}[1]}{\text{Gesamtinvestitionen}}$
	Automationsgrad	$\dfrac{\text{Automaten}}{\text{Gesamter Maschinenpark}}$
Investitions-finanzierung	Grundstruktur der Investitions-finanzierung	$\dfrac{\text{Fremdfinanzierung}}{\text{Gesamtfinanzierung}}$
		$\dfrac{\text{Eigenfinanzierung}}{\text{Gesamtfinanzierung}}$
		$\dfrac{\text{Eigenfinanzierung}}{\text{Fremdfinanzierung}}$
	Grad der Über-schußfinanzierung	$\dfrac{\text{Nichtausgeschütteter Gewinn}}{\text{Gesamtfinanzierung}}$
	Grad des Ver-schleißersatzes	$\dfrac{\text{Kalkulat. Abschreibungen}}{\text{Gesamtinvestitionen}}$
Plan-Ist-Vergleich der Investitionen	Investitionsplan-erfüllung	$\dfrac{\text{Tatsächl. Investitionsaufw.}}{\text{Geplanter Investitionsaufw.}}$
		$\dfrac{\text{Abgerech. Investitionsaufw.}}{\text{Geplanter Investitionsaufw.}}$
		$\dfrac{\text{Nichtabger. Investitionsaufw.}}{\text{Geplanter Investitionsaufw.}}$

---

[1] Z. B. Maschinen, Werkzeuge, Patente u. a.

Plan-Ist-Vergleich der Investitionen (Forts.)	Grad der Fertigstellung der Investitionen	$\dfrac{\text{Nichtabger. Investitionsaufw.}}{\text{Abgerech. Investitionsaufw.}}$
Grad der Erneuerungsbedürftigkeit	Alter	$\dfrac{\text{Durchschnittl. abgelaufene Nutzungsdauer}}{\text{Durchschnittlich betriebsgewöhnl. Nutzungsdauer}}$
	Zustand	$\dfrac{\text{Reparaturaufwand}}{\text{Anlagevermögen}}$
Leistungsbeziehungen	Umsatzrelationen	$\dfrac{\text{Umsatz}}{\text{Anlagevermög. bzw. Investit.}}$
	Produktionsbeziehungen	$\dfrac{\text{Produktionsausstoß}}{\text{Anlagevermög. bzw. Investit.}}$
Beziehungen zu den Arbeitskräften	Gesamtbeziehung	$\dfrac{\text{Anlagevermögen bzw. Investitionsaufwand}}{\text{Zahl der Arbeitskräfte}}$ [1]
	Einzelbeziehungen	$\dfrac{\text{Art der Anlage bzw. des Investitionsobjektes}}{\text{Zahl der tangierten Arbeitskräfte}}$

[1] Z. B. bezogen auf Produktionsarbeiter, Gesamtbelegschaft, Verwaltungspersonal.

4.3.7 Weitere Aufgabenbereiche der Betriebsstatistik

Nach der klassischen Systematik wird die Statistik der Produktion in ihrer erweiterten Fassung noch um die Einkaufs- und Lagerstatistik ergänzt. Die Betriebsstatistik als Ganzes umfaßt außerdem noch die gesamte Kostenstatistik und die Statistik der betrieblichen Finanzen. Mit diesen Aufgabenbereichen wird der bisherigen Betrachtung rein „materieller" Vorgänge die Erfassung des ihnen entsprechenden „monetären" Gegenstroms beigestellt.
Die *Einkaufs- und Lagerstatistik* hat über die bereits in der Erfolgsstatistik beschriebene Funktion der Auftragsstatistik hinaus die gesamte Beschaffungswirtschaft zu überwachen. Das heißt, sie soll die Einkaufstätigkeit widerspiegeln und die hieraus resultierenden betrieblichen Verpflichtungen überwachen; sie soll geeignete

Unterlagen für eine zweckmäßige Einkaufsdisposition entwickeln. Hierzu gehören insbesondere die Vorgänge, die eine Minimierung der Kapitalbindung durch Lagerhaltung zum Ziel haben (vgl. hierzu S. 125), das sind Überwachung der Einstandspreise, Kontrolle des Lagerumschlags und die Bestimmung des Vorrats.

Die *Kostenstatistik* zeichnet die genaue Kostenstruktur nach Kostenarten gegliedert auf und soll Aufschluß darüber geben, wie sich die Kostenstruktur durch Einführung neuer Produkte, Änderungen des Fertigungsprozesses, Änderungen der Marktlage und unterschiedliche Kapazitätsauslastung verändert.

Die *Statistik der betrieblichen Finanzen* konzentriert die monetäre Betrachtung auf den Aspekt der Zahlungsein- und ausgänge, deren zeitliches Auseinanderfallen und die damit verbundenen Finanzierungsfragen, die sich bevorzugt in Verbindung mit der Investitionsrechnung (siehe hierzu S. 143) ergeben.

Mit diesen Statistiken sind Themen angesprochen, die überwiegend verwandten Sachgebieten wie der Kostenrechnung und der betriebswirtschaftlichen Investitions- und Finanzierungsrechnung zugehören und weitgehend eigenständige Stoffbereiche darstellen. Die ihr angemessene Behandlung erfolgt in ausführlicher Weise in der zugehörigen Fachliteratur, worauf an dieser Stelle verwiesen werden soll.[1] Zur Vervollständigung des Kennzahlenkatalogs ist abschließend eine Übersicht über die wichtigsten Kennzahlen dieser Aufgabenbereiche ohne weitergehende Erläuterungen zusammengestellt.

---

[1] Vgl. z. B. Kresse: Die neue Schule des Bilanzbuchhalters, Band 3, Stuttgart 1991, Größl: Betriebliche Finanzwirtschaft, Stuttgart 1988, Müller-Hedrich: Betriebliche Investitionswirtschaft, Stuttgart 1990, Reschke: Kostenrechnung, Stuttgart 1991.

4.3.7.1 Ausgewählte Kennzahlen zur Einkaufs- und Lagerstatistik[1])

Beschaffungs-rhythmus und Bestellwert	Beschaffungs-häufigkeit	$\dfrac{\text{Periodenbedarf}}{\text{Optimale Bestellmenge}}$
	Mittlerer Bestellwert	$\dfrac{\text{Gesamter Bestellwert}}{\text{Bestellungsanzahl}}$
		(gegebenenfalls aufgegliedert nach Waren- oder Stoffarten)
Einkaufs-zusammensetzung	Stoffanteil	$\dfrac{\text{Stoffeinkauf}}{\text{Gesamteinkauf}}$
	Lohnarbeiteranteil	$\dfrac{\text{Lohnarbeiten}}{\text{Gesamteinkauf}}$
	Handelswarenanteil	$\dfrac{\text{Handelswareneinkauf}}{\text{Gesamteinkauf}}$
	Durchschnittlicher Rechnungswert	$\dfrac{\text{Gesamteinkaufswert}}{\text{Rechnungsanzahl}}$
Wertbeziehungen und Kosten	Einkaufswert je Lieferant	$\dfrac{\text{Gesamteinkaufswert}}{\text{Lieferantenanzahl}}$
	Durchschnittliche Einkaufskosten	$\dfrac{\text{Einkaufskosten}}{\text{Zahl der Rechnungen oder Bestellungen}}$
	Prozentuale Bezugskosten	$\dfrac{\text{Bezugskosten}}{\text{Gesamteinkaufswert}}$
Störquoten des Einkaufs	Rücksendungs-quoten	$\dfrac{\text{Rücksendungswert}}{\text{Gesamteinkaufswert}}$
		(u.U. unterteilt nach Rücksendungen wegen Falschlieferung oder wegen Mängelrüge)
	Rügequote	$\dfrac{\text{Mängelrügen}}{\text{Gesamteinkaufswert}}$

[1]) Bei einer Reihe von Kennzahlen ist eine Aufgliederung nach Waren- und Stoffgruppen, Lieferwerten, Lieferzeiten, Lieferanten u.a. möglich.

		(u. U. unterteilt nach Preis-minderungs-, Wandlungs- oder Ersatzlieferungs-Ansprüchen)
Rabattquoten	Nachlaßquote	$\dfrac{\text{Nachlässe}}{\text{Gesamteinkaufswert}}$
	Rabattintensität	$\dfrac{\text{Rabattfreier Einkauf}}{\text{Gesamteinkauf}}$
		$\dfrac{\text{Rabattierter Einkauf}}{\text{Gesamteinkauf}}$
		(u. U. untergliedert nach unterschiedlicher Rabatt-höhe, Warenarten oder Lieferern)
	Rabattstruktur	$\dfrac{\text{Mengenrabatt}}{\text{Gesamtrabatt}}$
		$\dfrac{\text{Treurabatt}}{\text{Gesamtrabatt}}$
		(weiterhin Beziehungen zwischen Umsatz-, Sonder-, Saison-, Wiederverkaufs- und anderen Rabatten)
Plan-Ist-Vergleiche	Einkaufsvolumen	$\dfrac{\text{Istmengen}}{\text{Planmengen}}$
		$\dfrac{\text{Istwerte}}{\text{Planwerte}}$
	Preise	$\dfrac{\text{Istpreise}}{\text{Planpreise}}$
Lagerbestand und Lagerumschlag	Durchschnitts-bestand	$\dfrac{\text{Anfangsbestand} + n \text{ Endbestände}}{n + 1}$
	Mindestbestand	Tagesverbrauch · Beschaffungsdauer [1])
		$\dfrac{\text{Jahresverbrauch · Be-schaffungsdauer [1])}}{360 \text{ bzw. jährl. Arbeitstage}}$

---

[1]) Einschl. Reservezeitraum.

Lagerbestand und Lagerumschlag (Forts.)	Lagerdauer	$\dfrac{\text{Lagerbestand} \cdot 360}{\text{Umsatz}}$
	Umschlagshäufigkeit	$\dfrac{360}{\text{Lagerdauer}}$
	Bestandsstruktur	$\dfrac{\text{Spezialbestand}}{\text{Gesamtbestand}}$
		(spezialisiert z. B. nach Warenarten, Preisen, Alter, Lagerfähigkeit, Konjunktur- oder Saisonempfindlichkeit und Verkäuflichkeit)
Intensitätsgrad des Lagers	Beziehungen zur Zahl der Beschäftigten	$\dfrac{\text{Lagerbestand}}{\text{Mitarbeiter}}$
		(Gesamtzahl, Zahl der Verkäufer, der Lagerarbeiter u. a.)
	Strukturelle Bedeutung innerhalb des Betriebsvermögens	$\dfrac{\text{Lagerwert}}{\text{Umlaufvermögen}}$
		$\dfrac{\text{Lagerwert}}{\text{Gesamtvermögen}}$

4.3.7.2 Ausgewählte Kennzahlen zur Kostenstatistik

Die nachstehenden Kennzahlen für die Kostenbeobachtung haben nur Beispielcharakter, weil die möglichen Kostenbeziehungen außerordentlich zahlreich sind. Man kann sie sowohl für den Gesamtbetrieb als auch für Kostenstellen und Kostenträger ermitteln.

Kostenarten-analyse	Kostenstruktur nach Kostenarten	Einzelne Kostenarten / Gesamtkosten
	Energieintensität des Betriebes	Energiekosten / Gesamtkosten
	Durchschnittliche Zinshöhe	Zinsen / Fremdkapital
	Ausmaß der Instandhaltungskosten	Reparaturkosten / Anlagevermögen
	Abschreibungsgrad der gesamten Anlage	Gesamtabschreibung / Anlagevermögen
	Abschreibungsgrad der einzelnen Objekte	Einzelabschreibungen / einzelne Anlagenobjekte
	Abschreibungspolitik	Normalabschreibung / Gesamtabschreibung
	Lohnintensität	Lohnsumme / Gesamtkosten
	Materialintensität der Fertigung	Stoffkosten / Selbstkosten
Beurteilung von Kostenkomplexen	Kostenstruktur nach Komplexen	Einzelne Kostenkomplexe / Gesamtkosten
	Kostenstruktur	Feste Kosten / Gesamtkosten
	Kennzahl der direkten Verrechenbarkeit	Einzelkosten / Gesamtkosten
	Kennziffer für Abhängigkeit der Kosten von der Losgröße	Losgrößenunabhängige Kosten / Losgrößenabhängige Kosten
	Kostenintensität des Lagerprozesses	Lagerkosten / Selbstkosten

Beurteilung von Kostenkomplexen (Forts.)	Kostenintensität der Verwaltungsarbeit	$\dfrac{\text{Verwaltungskosten}}{\text{Selbstkosten}}$
	Kostenintensität des Vertriebs	$\dfrac{\text{Vertriebskosten}}{\text{Selbstkosten}}$
	Entwicklungsintensität	$\dfrac{\text{Entwicklungskosten}}{\text{Gesamtkosten}}$

Teil II: Entscheidungsorientierte Betriebsstatistik

1 Die Betriebsstatistik als Instrument betrieblicher Entscheidungsfindung

1.1 Notwendigkeit einer entscheidungsorientierten Modellbildung in der Betriebsstatistik

Faßt man die Ausführung der vorangegangenen Abschnitte zusammen, läßt sich der klassische Schwerpunkt der Betriebsstatistik leicht erkennen: Es werden genau die Bereiche möglichst genau erfaßt und in Zahlen dargestellt, in denen die materielle Wertschöpfung des Betriebes – also die Produktion der Erzeugnisse – stattfindet. Andere, heute stärker interessierende Gebiete wie Fertigungssteuerung, Informationsbeschaffung über Marktereignisse usw. sind in den Hintergrund gedrängt oder kommen gar nicht vor.

Darin kommt deutlich zum Ausdruck, daß in den Tabellenwerken herkömmlicher Betriebsstatistik vor allem diejenigen Komplexe wichtige Themenblöcke bilden, die der *Erfassung der primären Produktionsleistung* in Mengen- und Werteinheiten dienen. Die Erfassung des mit der Produktion verbundenen Aufwands an Personal und Material (also die Behandlung der Produktionsfaktoren Arbeit und Kapital) stellt folgerichtig dann lediglich die Kostenseite des Produktionsprozesses dar. Sie taucht als Unterstatistik der Produktionsgrundlagen auf. Es wird auf der einen Seite das in der Produktion eingesetzte Personal nur insoweit erfaßt, wie es unter dem Aspekt seines Leistungsbeitrags zur Erzeugniserstellung als Kosten- und Leistungsgröße in Erscheinung tritt. Auf der anderen Seite geschieht das gleiche sinngemäß bei der Erfassung des Faktors Kapital in der Anlagenstatistik: es werden die für die Produktion benötigten Fertigungsanlagen, Gebäude und Grundstücke ausgewiesen.

Eine derart mächtige Position nimmt nur noch die *Erfolgsstatistik* ein (vgl. Abb. 1). In klassischer Sichtweise handelt es sich hierbei weniger um eine selbständige Statistik mit eigener Zielsetzung. Vielmehr geht es in dieser betriebsstatistischen Anwendung eher darum, im bilanziellen Sinne eine Größe zu messen, die als monetärer Gegenstrom des materiellen Herstellungsprozesses angesehen wird. Schließlich bildet die Gesamtheit der Zahlungseingänge den Erlös und die entsprechende Stromgröße fließt dem materiellen Prozeß genau entgegen. Sie dient zum Großteil der Entlohnung der Produktionsfaktoren Personal und Kapital (Anlagen, Material) und wird so zur Kostengröße. Die am Ende des Herstellungsvorgangs verbleibende Restgröße stellt das Betriebsergebnis bzw. den Betriebserfolg dar.

Auch die *Statistiken des Kapitals und der Finanzierung* haben nach herkömmlicher Betrachtungsweise lediglich fiskalische Hilfsfunktionen (und zwar zur Aufrechterhaltung der Produktionsbereitschaft) zu erfüllen.

Diese Beschränkung der Sichtweise auf die Beobachtung der Herstellungsvorgänge bei Außerachtlassung jeglicher Entscheidungsorientierung findet ihre Erklärung in der historischen Entwicklung unternehmenspolitischer Sichtweisen.

Nach *klassischer Auffassung* genügt es vollkommen, über ein brauchbares Instrument für die interne Rationalisierung des Herstellungsprozesses zu verfügen. Danach ist es ausreichend, den Blick ausschließlich auf die Produktion zu richten, um frühestmöglich Störungen ausmachen und eliminieren zu können sowie Hinweise auf Möglichkeiten zur qualitativen Verbesserung und Steigerung der Wirtschaftlichkeit zu erhalten.

Ein Aufbau von Betriebsstatistiken nach solchermaßen herkömmlichem Verständnis bietet dem Betriebsstatistiker durchaus Vorteile. Die Anfertigung statistischer Aufstellungen erfolgt unabhängig von Betriebstyp, Organisationsform und aktueller Problemsituation nach immer gleichbleibendem Muster. Nach bekanntem Schema können Kennzahlen aus Kennzahlkatalogen „ausgesucht" werden. Diese Aufstellung kann nach einmaliger Fertigstellung unverändert in die Folgeperioden übertragen werden. Es müssen lediglich die notwendigen Zahlen über das betriebliche Geschehen im gemeinsamen „Sammelbecken" zusammengefaßt und auf vorgeschriebene Weise zu anderen Zahlen in Beziehung gesetzt werden.

Bei der Erstellung solcher Statistiken entstehen recht ansehnliche Zahlenwerke. Sie bestehen aus Kennzahlen, die zwar nach bekannten Aufgabenberichen geordnet sind, ansonsten aber absolut gleichwertig nebeneinander stehen.

Die eigentliche *Gefahr* eines solchen Vorgehens liegt in den unterstellten Prämissen. Der Betriebsstatistiker ist bei der Erstellung seiner Zahlenwerke gerade nicht gezwungen zu überlegen, welchen Entscheidungszielen das betriebliche Tun folgt und welche Daten zur jeweiligen Entscheidungsfindung benötigt werden. Er muß statt dessen davon ausgehen dürfen, daß seine minuziösen und neutralen Beschreibungen des betrieblichen Ablaufes quasi zwangsläufig diejenigen Informationen liefern, die als Grundlage für spätere Entscheidungsfälle benötigt werden. Funktioniert dieser Automatismus aber nicht, führt das dazu, daß in den Betrieben zwar regelmäßig mächtige Kennzahlensammlungen angelegt werden, diese aber ihr Dasein als „Zahlenfriedhöfe" fristen müssen. Das heißt, sie werden zu aktuellen Entscheidungen der Unternehmensleitung erst gar nicht herangezogen. Der jeweilige Entscheidungsträger veranlaßt statt dessen, die zum spezifischen Thema benötigten Informationen in aller Eile zusammenzutragen und läßt die routinemäßig erstellte Betriebsstatistik außen vor. Im Zuge einer zunehmend rational entscheidungsorientierten Unternehmensführung dürfte dies immer häufiger der Fall sein.

Die konventionelle Sichtweise hatte sicher solange ihre Berechtigung, wie die wirtschaftlich effiziente Herstellung von Gütern mit erfolgreicher Unternehmensführung (und damit einer gesicherten betrieblichen Existenz schlechthin) gleichgesetzt werden durfte. Im Zeichen sich ständig verkürzender Innovationszyklen und zunehmender Internationalisierung des Wettbewerbs sind Führungsaufgaben aber immer weniger nur unter internen Rationalisierungsgesichtspunkten und immer mehr unter den Aspekten einer planerischen Marktgestaltung zu sehen. Das heißt, unter Berücksichtigung des gesamten Kranzes erfolgsbeeinflussender Faktoren muß eine permanente Entscheidungsfindung betrieben werden. Es muß über die Ausführung genau derjeniger Maßnahmen entschieden werden, die das Erreichen firmenindividueller Zielvorgaben auf optimalem Wege verheißen.

Die klassischen Prämissen treffen nicht mehr zu, weil der Geschäftserfolg immer seltener das alleinige Ergebnis einer „guten" Produktion und immer häufiger das Resultat einer sachlichen Geschäftspolitik ist, die sich aus übergeordneten Unternehmenszielen ableitet. Das Erreichen solcher Ziele (zum Beispiel das Erzielen oder Halten eines bestimmten Marktanteils, das Einführen eines neuen Produkts oder die Vorgabe eines Forschungs- und Entwicklungsergebnisses) muß als Unternehmensziel über allem anderen stehen. Der betriebliche Herstellungsvorgang folgt diesem Ziel. Es wird nicht verkauft, weil etwas produziert wurde, sondern es wird produziert, was der übergeordneten Zielsetzung dient. Nicht der Output der Produktion allein wird gemessen, sondern und viel eher noch, inwieweit mit der Produktion Zielvorgaben erreicht wurden bzw. überhaupt erreicht werden können. Die Produktion ist jetzt den Erfolgszielen untergeordnet und zum Objekt betrieblicher Entscheidungsfindung geworden. Überspitzt formuliert ist die Produktion nicht mehr als Selbstzweck, sondern als Mittel zum Zweck (neben anderen Mitteln), das heißt zum Erreichen des Führungsziels anzusehen.

Im klassischen Konzept wird die Betriebsstatistik diesen Forderungen nicht entsprechen können. Es wird eine *entscheidungsorientierte Betriebsstatistik* benötigt. Im Gegensatz zum klassischen Modell muß eine solche vor allem betriebsspezifisch ausgerichtet sein, sich also primär an höheren Entscheidungszielen des jeweiligen Anwendungsunternehmens orientieren. Es werden Prioritäten bei der Berücksichtigung einzelner statistischer Sachgebiete zu setzen sein. Maßgebend für die Auswahl der Sachgebiete, der enthaltenen Kennzahlen und der Rangordnung, die die Kennzahlen einnehmen, wird die *firmenindividuelle Problemlage* sein müssen, die sich natürlich im Zeitablauf wiederum selbst verändern kann.

Der eigentliche Unterschied zur klassischen Auffassung besteht in der konsequenteren und ausschließlichen Ausrichtung einer entscheidungsorientierten Betriebsstatistik auf Unternehmensziele, woraus natürlich Konsequenzen für ihren Aufbau erwachsen. Die einzelnen Kennzahlen müssen von solchen konzeptionellen Änderungen nicht unbedingt betroffen sein. Sie können häufig aus der klassischen Statistik übernommen werden. Insofern erscheint es sinnvoll und unter Aufwandsgesichtspunkten auch effizient, das entscheidungsorientierte Konzept einer Betriebsstatistik möglichst systematisch aus den Informationsfeldern des klassischen Ansatzes heraus zu entwickeln. Damit erhält der Betriebspraktiker die Möglichkeit, eine vorhandene Betriebsstatistik sukzessive in eine entscheidungsorientierte Betriebsstatistik überzuführen.

Der Begriff Informationsfeld bezeichnet dabei die Gesamtheit aller, einem ausgewählten Themenkomplex sachlogisch zugehörigen Basisdaten und Kennzahlen, die in einer Tabelle zusammengefaßt sind.

Es existieren inzwischen mehrere Vorschläge zur Lösung dieser Aufgabenstellung, die sich ihrem Wesen nach in zwei Gruppen einteilen:

- Die sogenannten *Kennzahlensysteme* zeichnen sich dadurch aus, daß sie eine Kennzahlen-Hierarchie bilden. In der Zuordnung einer Kennzahl zu einer Hierarchieebene wird deren Bedeutung für die betreffende Fragestellung zum Ausdruck gebracht.
- Wesentliches Charaktermerkmal des *betrieblichen Informationssystems* ist dagegen das zunächst gänzliche Fehlen von Kennzahlen-Vorgaben. Dem Benutzer wird nur ein Orientierungsrahmen an die Hand gegeben. Dieser wird erst in der Anwendung je nach Sachlage mit individuellen Informationsschwerpunkten und geeigneten Kennzahlen „gefüllt".

Beide Lösungsvarianten sind in den Folgeabschnitten skizziert. Da das Konzept „betriebliches Informationssystem" den vorgenannten Anforderungen am ehesten zu entsprechen vermag, wird dieses die Grundlage für die anschließenden Überlegungen zur Umsetzung einer entscheidungsorientierten Betriebsstatistik in die betriebliche Praxis bilden.

1.2 Grundmodelle einer entscheidungsorientierten Betriebsstatistik

1.2.1 Kennzahlensysteme

Durch die hierarchische Anordnung von Kennzahlen wird eine Zusammenstellung erreicht, die die Beziehung von Kennzahlen zueinander und deren Abhängigkeiten voneinander sichtbar macht. Damit soll der Aussagewert der Kennzahlen bezüglich Kontrolle und Steuerung gesamtbetrieblicher Ziele sowie einzelbetrieblicher Funktionen deutlicher ersichtlich werden. So werden beispielsweise „Spitzenkennzahlen" und eher „funktionale Kennzahlen" hierarchisch klar voneinander getrennt.

Als Spitzenkennzahlen gelten solche Kennzahlen, die bedeutsame Auskünfte über die Lage des gesamten Unternehmens zu geben vermögen. Als typische Kennzahl dieser Art wird heute oft zum Beispiel die „Cash-flow-Rentabilität" oder die „Cash-flow-Rate" angesehen.[1]) Der Cash-flow spiegelt die Fähigkeit des Unternehmens wider, sich aus eigenen Kräften zu finanzieren (und zu expandieren), womit eine ganz wesentliche Aussage über das Befinden dieses Unternehmens gemacht wird. Dagegen geben rein funktionale Kennzahlen wie zum Beispiel „Umsatzanteil Artikelgruppe B am Gesamtumsatz aller Artikel" lediglich eine von vielen erfolgsrelevanten Teilgrößen wieder, die für sich alleine von nur partieller Bedeutung sind.

Die zu verwendenden Kennzahlen werden bei Kennzahlensystemen entsprechend der klassischen Auffassung von Betriebsstatistik zwingend vorgegeben oder können in sehr begrenztem Umfang aus Kennzahlenkatalogen der behandelte Art ausgewählt werden. In jedem Falle aber ist auch hier die Systematik der Anordnung in einem Pauschalmodell im vorhinein festgelegt. Die Möglichkeit zur firmenindividuellen Ausrichtung ist stark eingeengt.

Kennzahlensysteme können nach rein mathematischen Gesichtspunkten oder anhand sachlogischer Kriterien gebildet werden. Im ersten Fall spricht man von *Rechensystemen*, im zweiten Fall von *Ordnungssystemen*; kommen beide Kriterien zur Anwendung, werden solche Kennzahlensysteme *Mischsysteme* genannt.

1.2.1.1 Rechensysteme

Bei Rechensystemen steht meist eine einzige, besonders wichtige, globale Spitzenkennzahl in oberster Ebene. Diese wird rein arithmetisch in mehrere weitere Kennzahlen auf nächstunterer Ebene zerlegt und so fort. Durch diese Verfahrensweise werden die Kennzahlen inhaltlich analysiert, man erkennt die bestehenden Beziehungen nach Art und Bedeutung. Es entsteht eine pyramidenförmiger Aufbau. Betrachtet man diesen von seiner Basis aus, wird deutlich, daß sich funktionale Kennzahlen aufgrund der zwischen ihnen bestehenden Beziehungen zu zahlenmäßig wenigeren, dafür aber bedeutenderen Kennzahlen zusammenfassen lassen.

Ein typischer Vertreter dieser Gattung ist das „DuPont-System of Financial Control", das von der Firma DuPont bereits vor Jahren eingeführt wurde. Seine Systematik ist in Abb. 20 angedeutet. Man

---

[1]) Zur Berechnung dieser Kennzahlen siehe S. 223.

erkennt die Kennzahlen-Pyramide mit der in oberster Ebene befindlichen Spitzenkennzahl „Return on investment (ROI)".

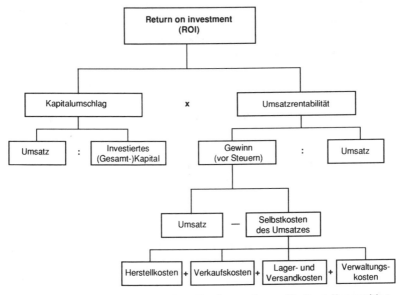

Abb. 20: Aufbau eines typischen Rechensystems (DuPont-Kennzahlensystem, unvollständig)

Die Kennzahl Return on investment, kurz ROI, gibt die Gesamtkapitalrendite eines Unternehmens an und stellt so eine typische Globalkennzahl zur Beurteilung des gesamten Unternehmens dar. Wie Abb. 20 zeigt, errechnet sie sich aus zwei weiteren Kennzahlen, aus dem „Kapitalumschlag" multipliziert mit der „Umsatzrentabilität". Der Kapitalumschlag entsteht als Quotient aus den auf einer wieder tieferen Ebene befindlichen beiden Kennzahlen „Umsatz" und „durchschnittlich investiertes (Gesamt-)Kapital", die Umsatzrentabilität aus „Gewinn (vor Steuern)" und „Umsatz". Rechnerisch ergibt sich:

$$ROI = Kapitalumschlag \cdot Umsatzrentabilität$$

$$= \frac{Umsatz}{investiertes\ (Gesamt-)Kapital} \cdot \frac{Gewinn\ (vor\ Steuern)^{1}}{Umsatz}$$

$$= \frac{Gewinn\ (vor\ Steuern)}{investiertes\ (Gesamt-)Kapital}$$

---

[1]) Teils auch „Gewinn nach Steuern" verwendet.

Letztere Gleichung ist die allgemein verwendete Formel für die Berechnung der Gesamtkapitalrendite (= ROI).

Man sieht, daß auch hier wieder ein ganz bestimmtes Unternehmensziel als generell gegeben unterstellt wird: die kurzfristige Maximierung der Rentabilität des Gesamtunternehmens. Problemspezifische Anpassungen sind denkbar, im System aber nicht ausdrücklich vorgesehen.

1.2.1.2 Ordnungs- und Mischsysteme

In Ordnungssystemen erfolgt die Hierarchiebildung unter Verzicht auf mathematische Gesetzmäßigkeiten, bevorzugt nach Zugehörigkeit der Kennzahl zu bestimmten Kategorien von Fragestellungen. Die Beziehungen zwischen den Kennzahlen verschiedener Hierarchieebenen lassen sich zwar nicht mehr quantifizieren, es existieren aber betriebswirtschaftliche Zusammenhänge, die durch entsprechende sachlogische Gruppierung erkenntlich werden.

RL-Kennzahlensystem

Das RL-Kennzahlensystem (Rentabilitäts-Liquiditäts-Kennzahlensystem)[1] ist ein Ordnungssystem, das speziell als Führungs-Informationssystem zur Steuerung des gesamten Unternehmens erstellt wurde. Es werden führungsrelevante Erfolgsgrößen vorangestellt, die wiederum mittels Spitzenkennzahlen in Werte gefaßt werden. Die genauere Spezifizierung erfolgt mittels untergeordneter Kennzahlen, die Einflußfaktoren genau dieser Erfolgsdaten sind; sie werden nach Sachgruppen zusammengefaßt. Abb. 21 zeigt die Prinzipskizze des RL-Kennzahlensystems.

ROI = hier ordentliches Ergebnis nach Steuern/Gesamtkapital
Gesamtkapital-Rentabilität = (Gesamtgewinn + Zinsaufwand)/Gesamtkapital

Als entscheidende Führungsgrößen gelten *Liquidität* und *Erfolg* des Unternehmens. Folgerichtig existieren zwei Spitzenkennzahlen, das *„ordentliche Ergebnis"* als Maßzahl des Erfolgs und der „Bestand an *liquiden Mitteln*" als Maßzahl der Liquidität.

---

[1] Vgl. u. a. Reichmann: Controlling mit Kennzahlen, München 1985.

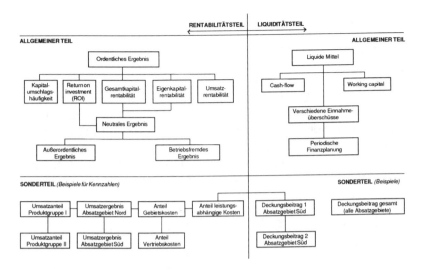

Abb. 21: *Aufbau eines typischen Ordnungssystems (RL-Kennzahlensystem, unvollständig)*[1])

Jede Spitzenkennzahl erhält ihre eigene Abteilung. So entstehen ein Rentabilitätsteil und ein Liquiditätsteil. Die Bestimmungsfaktoren dieser Führungsgrößen sind auf den unteren Ebenen der Pyramiden angeordnet. Man sieht auch ohne vollständige mathematische Herleitung dieser Kennzahlen, daß eine rein sachlogische Einflußnahme der jeweils tieferen Ebene auf die nächsthöhere besteht; ein arithmetischer Zusammenhang dagegen ist in diesem Modell nicht unbedingt gegeben.

Die betriebsneutral vorab fixierte Systematik einer klassischen Betriebsstatistik ist auch hier wieder vorzufinden. Die Entwickler waren sich dieses Sachverhaltes bewußt und haben in jeder der beiden Abteilungen einem *allgemeinen Teil* mit vorgenannten „Pflicht-Kennzahlen" einen *Sonderteil* beigestellt. Letzterer soll die Nachteile starrer Kennzahlvorgaben mildern, indem hierin eine firmenindividuelle Vertiefung der Kennzahlen des allgemeinen Teils oder auch eine Auswahl weiterer Kennzahlen stattfinden darf.

---

[1]) Vgl. Groll: Erfolgssicherung durch Kennzahlensysteme, Freiburg 1986.

Komplexere Kennzahlensysteme enthalten nahezu zwangsläufig sowohl Kennzahlen, die sich wieder zur Bildung Kennzahlen höherer Ordnung verwenden lassen als auch mathematisch unabhängige Kennzahlen. Es entstehen Mischsysteme. Ein solches umfangreiches Mischsystem stellt das vom ZVEI (Zentralverband der Elektrotechnischen Industrie e.V.) unter diesem Kürzel veröffentlichte Kennzahlensystem dar. Das ZVEI-Kennzahlensystem enthält bis zu 200 verschiedene Kennzahlen und soll in Abb. 22 nur in seinem Grundaufbau dargestellt werden.

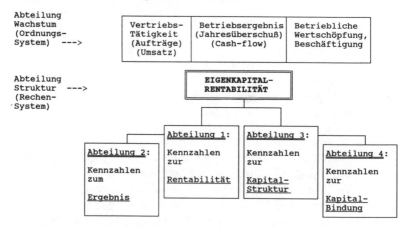

Abb. 22: *Systematik des ZVEI-Kennzahlensystems*[1])

Auch das ZVEI-Kennzahlensystem ist in mehrere Abteilungen gegliedert. Die Abteilung *Wachstum* dient der Wachstumsanalyse, indem ein Vergleich der aktuellen Periode mit der Vorperiode in den als erfolgsrelevant betrachteten Meßgrößen vorgenommen wird. Als solche werden „Vertriebstätigkeit", „Betriebsergebnis" und „Wertschöpfung bzw. Beschäftigung" angesehen, die in Gestalt jährlicher Veränderungsraten der in Abb. 18 benannten Indikatoren ausgedrückt werden. Sie dienen bevorzugt der Globalbeurteilung des betrieblichen Geschehens in seiner Gesamtheit.

Hauptteil des ZVEI-Systems ist die Abteilung *Struktur*, deren Kennzahlen in vier weiteren Unterabteilungen ein gemeinsames

---

[1]) Vgl. Groll: Erfolgssicherung durch Kennzahlensysteme, Freiburg 1986.

Rechensystem bilden. Im einzelnen sind diese hier nicht mehr genannt. Zum Großteil handelt es sich um dieselben Kennzahlen, wie sie schon in den beiden vorgenannten Systemen verwendet wurden. Sie sind in der ebenfalls bekannten pyramidenförmigen Rangordnung mathematisch miteinander verknüpft und bilden alle zusammen die an der Spitze befindliche Kennzahl „Eigenkapitalrentabilität", die auch in den anderen Systemen mit ähnlicher Funktion erscheint.

Durch die Aufteilung in mehrere Abteilungen kann das ZVEI-Kennzahlensystem als Planungsinstrument und analytisches Instrument zugleich dienen. Besonders zweckmäßig ist die zusätzliche Gruppierung der rechnerisch verknüpften Kennzahlen in die sachbezogenen Analysefelder der Abteilungen 1 bis 4. Sein wesentlicher Nachteil besteht darin, daß es ebenfalls branchenneutral angelegt ist und in jedem Wirtschaftszweig, zumindest der Elektrotechnischen Industrie, unverändert Verwendung finden soll. Im übrigen sind auch hierin wieder eine große Anzahl Kennzahlen fest vorgegeben, deren Aussagewert für spezifische Fragestellungen im Einzelfall bezweifelt werden muß.

1.2.2 Betriebliches Informationssystem

Beim Aufbau eines betrieblichen Informationssystems wird zunächst von einer Kennzahlenvorgabe gänzlich abgesehen. Vorgegeben ist lediglich die Maxime, alle zu konzipierenden Statistiken einem zentralen Ziel unterzuordnen, welches der spezifischen Problemlage des Einzelbetriebs entsprechend zu formulieren ist. Sicher wird dieses in seiner Quantifizierung wiederum Kennzahlencharakter annehmen müssen. Der entscheidende Unterschied zu allen vorgenannten Modellen besteht hier aber darin, daß eben nicht von vorneherein feststeht, um welche Spitzenkennzahl es sich dabei handeln wird. Genauso leiten sich die Einzelstatistiken in Inhalt und Gestalt erst aus diesen Zielen ab. Sie müssen genau die Informationen liefern, die zur Beantwortung von Entscheidungsfragen zur Zielverfolgung benötigt werden.

Die Vernetzung solchermaßen zu findender Einzelstatistiken soll auch in diesem Modell nach einer hierarchischen Struktur erfolgen. Ausschließliches Strukturierungskriterium ist hier aber die Dichte des Informationsbedarfs im Unternehmen. In Anlehnung an die

„Pyramide des betrieblichen Informationsflusses" werden, wie in Abb. 23 veranschaulicht, mehrere Bedarfsebenen unterschiedlicher Informationsdichte definiert. Die Versorgung dieser Ebenen mit Informationen erfolgt durch schrittweises Verdichten der an der Basis erhobenen Daten. Auf jeder Ebene sollen quantitativ und qualitativ immer die Informationen landen, die dort zur Entscheidungsfindung benötigt werden. Eine mathematische oder sachliche Beziehung zwischen den Kennzahlen einer oder verschiedener Ebenen ist nicht vorausgesetzt. Damit bleibt die strenge Zielorientierung über mehrere Ebenen hinweg erhalten.

Abb. 23: Hierarchie des betrieblichen Informationsbedarfs (Informationspyramide des Unternehmens)[1])

Wie in der Abbildung 19 skizziert, ist damit der Sachverhalt berücksichtigt, daß die Gliederung der Informationen der Ranggliederung des Managements entsprechen muß: Basisinformationen werden mit höchstem Detaillierungsgrad erhoben und erfaßt. Sie bilden die Grundlage der Informationspyramide. Sie werden unverändert oder in konzentrierter Form dem sogenannten Operational-Management zum Treffen von Entscheidungen über die Ausführung einzelner Arbeiten zur Verfügung gestellt.

---

[1]) Zusammenfassende Darstellung nach Gernet: Das Informationswesen in der Unternehmung, München/Wien 1987.

174

Basisinformationen werden zur Verwendung auf der nächsthöheren Ebene (z. B.: Kostenstelle, Abteilung) verdichtet. Das heißt, die Fülle von Einzelinformationen wird durch globaleres Zusammenfassen von Zahlen oder Selektieren wichtiger Einzelwerte zu relevanten Sachverhalten auf einen überschaubaren Umfang reduziert. Sie dienen dem *Functional-Management* auf Abteilungsebene für die taktische Führung.

Zahlen bzw. Kennzahlen in höchst konzentrierter (genauer in höchst aggregierter) Form werden dem *Top-Management* für die strategische Entscheidungsfindung bereitgestellt.

Da auf oberster Führungsebene im allgemeinen nur ein Minimum von Einzelwerten speziellen Charakters in Frage kommt, besteht auch das betriebliche Informationssystem sinnvollerweise aus zwei verschiedenen Bereichen:

– Bereich A enthält die reinen „Führungszahlen" für die Geschäftsleitung.
– Bereich B enthält primär diejenigen Zahlen, die zum Ausführen solcher Führungsentscheidungen benötigt werden.

Das Erstellen betrieblicher Informationssysteme wird zumindest in der Erstkonzeption einen relativ hohen Aufwand erfordern; da sich hiermit aber die angestrebte Entscheidungsorientierung am konsequentesten realisieren läßt, soll ein solches Modell die Grundlage für alle weiteren Betrachtungen bilden.

1.3 Der Aufbau eines betrieblichen Informationssystems

1.3.1 Wesensmerkmale eines betrieblichen Informationssystems

1.3.1.1 Grundsätzliches

In letzter Konsequenz kommt es beim Aufbau betrieblicher Informationssysteme also darauf an, ein ganz spezielles Modell für den „eigenen" Betrieb zu entwickeln. Ein solches muß naturgemäß individuell für jeden einzelnen Anwendungsfall erstellt werden. Es verliert mit zunehmendem Detaillierungsgrad den Anspruch auf Allgemeingültigkeit. Um trotzdem eine möglichst systematische Systementwicklung betreiben zu können, wird es notwendig sein, von einer eher pauschalen und nur grob definierten Basis auszugehen und stufenweise in einen verfeinerten und dann auch individuelleren Zustand überzugehen.

Grundsätzlich kommt es darauf an, am Ende alle entscheidungsrelevanten Daten wirklich gefunden und erfaßt zu haben und für die Entscheidungsfindung auf verschiedenen Führungsebenen richtig aufzubereiten. Beim Aufbau eines solchen Gebildes stellt sich dem Betriebsstatistiker die zentrale Frage: Wer benötigt welche Informationen, zu welchem Zeitpunkt und – nicht zuletzt – in welcher Form?

Im Gegensatz zu den Kennzahlensystemen der vorher besprochenen Art können dafür nicht einfach Vorgaben aus Kennzahlenkatalogen verwendet werden. Um den Erstellungsaufwand für die erstmalige Konzeption dennoch in vertretbaren Grenzen zu halten, empfiehlt es sich, mit sogenannten *Modellbetrieben* zu arbeiten. Ein *Modellbetrieb* ist das Muster eines betrieblichen Informationssystems in meist verkleinertem Maßstab. Ihm liegen Annahmen über die Problem- und Zielsituation typischer Anwendergruppen zugrunde. So werden beispielsweise vom RKW (Rationalisierungskuratorium der Deutschen Wirtschaft e.V.) sogar gebrauchsfertige Modellbetriebe mit den Bezeichnungen „Verbrauchsgüterindustrie Serienfertigung", „Investitionsgüterindustrie Einzelfertigung" und andere propagiert.[1] Der Benutzer wählt einen solchen Modellbetrieb, der seiner eigenen Situation möglichst nahekommt. Er muß diesen anschließend nur noch in den Punkten adaptieren in denen er seiner spezifischen Anforderung noch nicht entspricht, und natürlich mit eigenen Zahlen füllen.

Der Begriff *Modellbetrieb* suggeriert so zwar die Verwendung möglichst fertig detaillierter Musterbetriebe der vorgenannten Art, bezeichnet allerdings zunächst nur einfach ganz allgemein das zu verwendende Muster. Es sollte hierunter besser eine Art Schema verstanden werden, nach dem der Betriebstatistiker sein System anfertigen kann. Er reduziert seinen Entwicklungsaufwand sicher

---

[1] Vgl. z.B. RKW (Hrsg.) Führungsmappe, Teil 1, Eschborn b. Frankfurt/M. 1985. Siehe auch Fallstudie S. 196.

durch Zugrundelegung eines möglichst fertigen Modells. Ähnlich wie bei der Anpassung fertiger Standardsoftware auf die eigenen Verhältnisse kann aber auch gerade dabei, bereits bei nur geringfügigen Unterschieden, der Anpassungsaufwand sehr schnell den Eigenentwicklungsaufwand übersteigen. Außerdem besteht die Gefahr, daß Komplettmodelle eine 100%-Anpassung aus systemtechnischen Gründen gar nicht erlauben. Insofern wird die Verwendung globalerer, aber dennoch richtungsweisender Modelle, die auch individuell entworfen sein können, wesentlich häufiger angebracht sein.

1.3.1.2 Aufbau

Der Aufbau betrieblicher Informationssystem wird grundsätzlich in insgesamt drei Arbeitsschritten erfolgen:

– In Schritt 1 werden die betriebsspezifische Problemlage und die daraus resultierenden Führungsziele definiert sowie ein dazu passendes „Grobkonzept" bestimmt, das den statistischen Orientierungsrahmen für die folgende Feinkonzeption vorgibt.
– Im 2. Schritt wird ein Modellbetrieb ausgewählt bzw. nach eigenen Maßgaben aus der Problemsituation heraus entworfen.
– In Schritt 3 ist dann die eigentliche Feinkonzeption des Adaptierens des Modellbetriebs auf die Individualsituation und die weitere Detaillierung möglich.

Aus dem Gesagten wird deutlich, daß betriebliche Informationssysteme nur spezifisch im Hinblick auf die Problemstellung und Zielsetzung eines ganz bestimmten Unternehmens konzipiert werden können. Schließlich ist hierin eines ihrer entscheidenden Wesensmerkmale zu sehen. Der Betriebsstatistiker benötigt jedoch bereits in einem sehr frühen Stadium dieser Entwicklung eine Richtschnur zur Bestimmung seines statistischen Zahlengerüstes. Dies deshalb, weil bereits zu Beginn der Entwicklung aus der gesamten Datenmasse heraus nur diejenigen Informationen zu System-Schwerpunkten werden dürfen, die dieser Problemlage entsprechen. Zum Beispiel wird ein Hersteller verbrauchsorientierter Massenprodukte mit ausgeprägten Problemen in der Steuerung seines Außendienstes die Erfolge der einzelnen Absatzgebiete mittels einer Profitcenter-Strukturierung[1]) in den Mittelpunkt seines Informationsgebildes stellen und entsprechend detailliert ausweisen wollen. Ein Investitionsgüterhersteller mit Problemen in der Auftragsfertigung nach Einzelkundenwunsch wird dagegen die Leistungsdaten der Fertigung bis hinab in die Statistik der Maschinenstundensätze, Kapazität und Kapazitätsauslastung herausstellen müssen. Man erstellt deshalb zuallererst ein Grobkonzept.

Da die Problemanalyse in der Praxis nach dem Prinzip einer stufenweisen Verfeinerung ablaufen wird, sind Einzelziele in diesem Stadium meist noch nicht bestimmt. Das Grobkonzept eines Orientierungsrahmens für die aufzunehmenden Statistiken muß also vorerst noch sehr allgemein gehalten werden, worin sich ein Widerspruch andeutet. Dieser wird insofern überbrückt, als man die Ziele und Problemfelder im ersten Arbeitsschritt so formuliert, daß sie auch bei späterer Detail-Prüfung ihre volle Gültigkeit behalten. Ihre Feindefinition kann dann in den einzelnen statistischen Schwerpunktbereichen erfolgen, ohne daß an der Architektur der Gesamtstatistik Änderungen notwendig werden.

Das in einer solchen Systementwicklung angewandte Prinzip der stufenweisen Verfeinerung gehört zum Instrumentarium der Systemanalyse und ist Gegenstand eines eigenständigen Fachgebiets. Eine grundlegende Behandlung solcher methodischer Konzepte muß der einschlägigen Fachliteratur vorbehalten bleiben. Bezüglich des diskutierten Zusammenhangs sei der interessierte Leser auf die Darstellungen etwa bei Gernet[2]) verwiesen oder bezüglich einer eher allgemeingültigeren Behandlung auf das Buch von Hering.[3]) Im folgenden soll im Interesse einer möglichst nachvollziehbaren Darstellung die Systementwicklung verstärkt auf exemplarische Weise erfolgen, die am Ende in einer Anleitung zum Aufbau gebrauchsfertiger Rechnermodelle (Teil III) münden wird.

---

[1]) Zum Begriff des Profitcenters siehe S. 184 und S. 188.
[2]) Gernet: Das Informationswesen in der Unternehmung, München, Wien 1987.
[3]) Hering: Software-Engineering, Braunschweig 1989.

1.3.1.3 Begriff

In diesem Zusammenhang erscheint es ebenfalls angebracht, den Begriff „betriebliches Informationssystem" exakter zu fassen. Es wurde bewußt auf die Verwendung der Bezeichnung *„betriebsstatistisches* Informationssystem" verzichtet, da der Eindruck einer Beschränkung auf das Feld der Betriebsstatistik im klassischen Sinne vermieden werden soll. Würde es sich beispielsweise nach einer ersten Problemfeldbestimmung ergeben, daß ausschließlich Marketing-Informationen benötigt werden, muß möglicherweise kompromißlos ein reines Marketing-Kennzahlensystem entworfen werden, das mit konventioneller Betriebsstatistik nichts mehr zu tun hätte.[1] Andererseits wäre der Begriff „Management-Informationssystem" als inzwischen eher negativ belegtes Modewort viel zu weit gefaßt. Nach Koreimann[2] wird dieser Begriff meist für allumfassende Mensch-Maschine-Kommunikationssysteme benutzt, die Antwort auf alle erdenklichen Führungsfragen geben sollen, was hier nicht angestrebt wird. Sofern damit allerdings rechnergestützte Lösungskonzepte für das Problem des vertikalen Informationsflusses von der Unternehmensbasis zur Führungsspitze gemeint sind, ergeben sich ab Teil III, (S. 227) Berührungspunkte.

Der Begriff „Management-Informationssystem" soll im folgenden aber nicht weiter verwendet werden. Dies auch deshalb, weil hierfür noch eine Reihe synonym zu verwendender Begriffe existiert, die als Abkürzungen Gebrauch finden. So zum Beispiel CIS (= Chef-Informationssystem), EIS (= Executive Informationssystem, teils auch Entscheidungs-Informationssystem), EUS (= Entscheidungs-Unterstützungs-System) und andere. Schon allein dadurch ist dieser Begriff schwer zu fassen und in der neueren Diskussion eher zu vermeiden.

Als „betriebliches Informationssystem" in diesem Sinne sollen daher nur solche Informationssysteme angesehen werden, deren Kennzahlenbildung und Kennzahlenauswahl nach den Kriterien

---

[1] Zur ausführlichen Darstellung von Marketing-Informationssystemen siehe z. B.: Fröhling: Kennzahlen: Führungsinstrumente auch für das Marketing, in: io-Management-Zeitschrift, 5/1990.

[2] Vgl. Koreimann: Leitfaden für das Datenbankmanagement, Wiesbaden 1987.

- Ausrichtung auf die betriebsindividuelle Problemlage,
- Deckung des Informationsbedarfs für die Entscheidungsfindung auf höherer Führungsebene und
- Orientierung an der unternehmerischen Zielsetzung

erfolgt

1.3.2 Entwicklung eines betrieblichen Informationssystems

1.3.2.1 Der Orientierungsrahmen als Informationsmodell

Ein besonderer Vorteil der Vorgehensweise mittels möglichst allgemeingültigem Orientierungsrahmen besteht auch darin, daß der Übergang vom System einer klassischen Betriebsstatistik auf eine entscheidungsorientierte Betriebsstatistik erleichtert wird. Mit Hilfe solcher Grobkonzepte lassen sich gemeinsame Informationsfelder frühzeitig ausmachen.

Zur Veranschaulichung sei als globales Finalziel jeglichen unternehmerischen Tuns das Streben nach Erfolg angenommen, das sich mit der Maßzahl „Betriebsergebnis" messen läßt. Das hieraus abzuleitende Grobkonzept ist in Abb. 24 dargestellt.

Das Betriebsergebnis errechnet sich im allgemeinen aus den erzielten Erlösen abzüglich aller entstandenen Kosten, wobei vereinfachend diese Erlöse als die Summe aller getätigten Umsätze (netto, d. h. ohne Umsatzsteuer) dargestellt werden. Faßt man auf der anderen Seite die aus der Herstellung der Erzeugnisse resultierende Kosten und sonstige Kosten zusammen, erhält man leicht den gezeigten allgemeingültigen Aufriß eines betrieblichen Informationssystems.

Trotz teils unterschiedlicher Bezeichnungen ist die inhaltliche Parallele zur klassischen Betriebsstatistik sofort ersichtlich. Man erkennt andererseits auch, daß sich diese statistischen Schwerpunkte unmittelbar aus der Zielsetzung ableiten.

Der reine „Zulieferer"-Charakter aller einbezogenen Statistiken zeigt sich u. a. auch darin, daß die ursprünglich zentrale Produktionsstatistik zwar als Zahlengebilde weiterhin vorkommt, aber nur die Rolle eines „Unterlieferanten" der Kostenstatistik spielt. Sie wird hier nur gebraucht, weil sie als Hauptverursacher der Kosten die benötigten Daten zu liefern vermag.

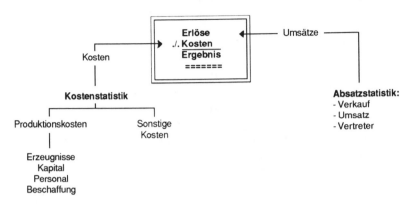

Unternehmensziel: Betriebsergebnis
(zeitliche Entwicklung, Beurteilung)

Abb. 24: *Grobkonzept als allgemeiner Orientierungsrahmen eines betrieblichen Informationssystems[1])*

Die genaueren Unter- und Überordnungsstrukturen, und vor allem die Kennzahleninhalte der einzelnen Statistiken, ergeben sich anschließend aus der spezifischen Problemstellung des jeweiligen Unternehmens, das nun durch Feinkonzipierung eine verfeinerte Betrachtung erfahren muß.

1.3.2.2 Gestaltung der Informationsfelder

Bevor aber eine genauere Bestimmung der einzubeziehenden Kennzahlen erfolgen kann, ist in einem zweiten Arbeitsschritt auf Basis des Grobkonzepts ein passender Modellbetrieb auszuwählen (vgl. S. 175). Anhand des Beispiels von S. 196 ff. wird ein Modell dessen weitere Verwendung ausführlich beschrieben. Ist der Modellbetrieb bekannt, muß dazu übergegangen werden, aus dem Grundraster heraus das eigentliche betriebliche Informationssystem für die Belange des jeweiligen Einzelbetriebs aufzubauen.

---

[1]) Vgl. Groll: Erfolgssicherung durch Kennzahlensysteme, Freiburg 1986.

181

Dazu müssen die einmal auf der Ebene der Produktionslinien originär gewonnenen Daten für jede einzelne darüberliegende Ebene auf jeweils ganz besondere Weise aufbereitet werden. Jede Führungsebene des Betriebes benötigt ausgewählte Informationen, die genau auf die dort vorkommenden Fragestellungen ausgerichtet sind.

Ein Informationssystem für die oberste Ebene (Bereich A) muß vor allem die erfolgsrelevanten, endgültigen Daten zum Umsatz, zu den Kosten und zur Ergebnisentwicklung enthalten. Es handelt sich hier letztlich um ein hochkonzentriertes Aggregieren, das durch Verdichten einer Vielzahl einzelner Daten der untersten Basis, der Erhebungsbasis, zustande kommt.

Solche *Verdichtungsvorgänge* dürfen keinesfalls als bloße Zahlenadditionen verstanden werden. Wie bereits ausgeführt, müssen vielmehr von einer meist sehr breiten Zahlenbasis ausgehend, Mengen- und Wertgrößen so aggregiert und kombiniert werden, daß im Resultat weniger Zahlen mit aber höherem „Informationsgehalt" entstehen. Die Aussagequalität der Daten in Hinblick auf vorgegebene Fragestellungen muß eine höhere und zugleich andere werden. Dabei ist das für die jeweilige Führungsebene Wesentliche durch Wahl und Bildung geeigneter Kennzahlen deutlich erkennbar herauszustellen. So kann es in einer Tabelle zum Beispiel durchaus sinnvoll sein, die 12 Monatswerte der Produktionsleistung zu einem einzigen Jahreswert durch einfaches Addieren zu verdichten, wenn etwa keinerlei markante Schwankungen im Jahresverlauf aufgetreten sind. Anderenfalls müssen möglicherweise einzelne Monate separat ausgewiesen und hierfür die jeweils kumulativen Summen gebildet werden, um etwa auf typische Veränderungen ausdrücklich aufmerksam machen zu können. Eventuell sind Abweichungen vom bisherigen Jahresmittel als eigene Größen zusätzlich zu errechnen und zum besseren Vergleich mit darzustellen.

Um dabei besonders pointierte Aussagen treffen zu können, ohne mit allzuvielen Einzelwerten operieren zu müssen, sind in modernen Informationssystemen *graphische Darstellungen* der auf S. 89 beschriebenen Art unerläßliche Bestandteile. Ein Informationssystem muß auf höherer Führungsebene einen schnellen Überblick und den sofortigen Einblick in die Zusammenhänge gewähren, was nur mit Hilfe geeigneter Graphik-Präsentation ermöglicht werden kann. Da Graphiken in der Regel nur einige wenige Spalten der zugrundeliegenden Tabelle auf einmal wiedergeben können, bewirken sie eine nochmalige Verdichtung der Information, womit die zentrale Aussage besonders hervorgehoben wird. Insofern werden aber auch zu einem statistischen Tabellenwerk im Normalfall mehrere Graphiken gehören, die jeweils eine für besonders wichtig gehaltene Aussage ins Blickfeld des Betrachters rücken. Sofern es dem Statistiker gelingt, auf diese Weise genau die Sachverhalte herauszuarbeiten, die für eine Führungsentscheidung von Bedeutung sein können, stellt die Graphik ein zentrales Element betrieblicher Informationssysteme dar.

Es wird sich im folgenden noch erweisen, daß tabellarische Darstellungen sehr schnell sehr umfangreich werden können, d. h. eine große Fülle an Einzeldaten enthalten. Das gilt nicht nur für betriebsstatistische Sachverhalte. Man denke beispielsweise an die Statistiken über Wahlergebnisse, wie sie regelmäßig in der Tages- oder Fachpresse erscheinen. In solchen Tabellen werden möglichst viele Einzelergebnisse für den Leser matrixförmig festgehalten, die in ihrer Vielzahl zunächst aber eher verwirren und dem Betrachter das gezielte Entnehmen einer bestimmten Aussage erschweren.

Um etwa herauszufinden, in welchem ausgewählten Stadtteil einer Großstadt eine bestimmte Partei die meisten Stimmanteile erhalten hat, ist ein längerer Suchprozeß im „Kleingedruckten" erforderlich. Mit einer entsprechenden Balkengraphik, wie in Abb. 12 und 13 zu sehen ist, läßt sich das Resultat wie gefordert „auf einen Blick" ablesen.

Alle Verdichtungsvorgänge beginnen beim Basismaterial der untersten Ebene. Wie schon in der Einführung zur klassischen Betriebsstatistik behandelt, geht dem bei erstmaliger Ausführung eine genaue Definition und Festlegung der zu erfassenden Objekte sowie der Erfassungseinheiten voraus.

1.4 Das betriebsspezifische Individualmodell

1.4.1 Voraussetzungen und Rahmenbedingungen

Im Anschluß an die beschriebene Grobkonzipierung kann nun die eigentliche Feinkonzipierung des endgültigen Individualmodells erfolgen. Der Arbeitsaufwand hierfür wird hauptsächlich vom Grad der Ähnlichkeit des gewählten Modellbetriebs und dessen Art abhängen. Manche Modellbetriebe sind bereits als Fertigsysteme erhältlich und können gegebenenfalls einfach installiert werden. Andere sind interpretations- und verfeinerungsbedürftig, wie zum Beispiel das nachstehend verwendete *Profitcenter-Modell.* Modellbetriebe müssen also nicht unbedingt nur den oben genannten Quellen entstammen. Es kann durchaus nützlich sein, *Vergleichsbetrachtungen* mit Informationssystemen fertigungstechnisch „verwandter" Betriebe anzustellen um den gemeinsamen Kern als Modellbetrieb zu übernehmen. Es könnte auch eines der oben beschriebenen Kennzahlensysteme als Vorlage verwendet und sinngemäß abgewandelt werden. Sicher wird es in vielen Fällen zweckmäßig sein, aus einer Primäranalyse des eigenen Informations- und Führungsbedarfs ein originäres Modell gleich gänzlich selbst zu entwickeln. In diesem Fall wäre eine zunächst wieder globalere Klassifizierung des eigenen Betriebes vorzunehmen. Geeignete Kriterien könnten dabei Betriebsgröße, Produktprogramm, Marktposition, Fertigungsart (z. B. Massen-, Serien-, Einzelfertigung) und Organisationsform der Produktion (z. B. Werkstatt-, Fließfertigung) sein. Das nötige Instrumentarium zur weiteren Systementwicklung dürfte sich in der weiterführenden Literatur finden.

Die Diskussion aller Modellbetriebsarten und -formen ist im Rahmen dieser Arbeit nicht möglich. Um eine möglichst detaillierte und praxisgerechte Beschreibung liefern zu können, beschränken sich die folgenden Ausführungen auf ein einziges Modell, das als Beispiel auch der Fallstudienbildung sowie der computergestützten Anwendung zugrunde liegen wird.

1.4.1.1 Beispiel „Profitcenter-Modell"

In den allermeisten Fällen dürfte ein tendenziell verbrauchsgüterorientiertes Modell in Frage kommen, das sich durch eine möglichst starke Absatzorientierung auszeichnet. Ein solches Modell (oder Muster) soll hier unter der Bezeichnung „Profitcenter-Modell" zugrunde gelegt werden. Unter einem Profitcenter versteht man dabei organisatorisch weitgehend selbständige betriebliche Einheiten, denen als „Unternehmen im Unternehmen" Erlöse und Kosten direkt und möglichst vollständig zugerechnet werden. Jedem einzelnen Profitcenter wird dann ein eigenes Ergebnis meistens in Form

der Deckungsbeitragsrechnung errechnet, wofür dieses Profitcenter (zum Beispiel Vertriebsabteilung für ein ganzes Absatzgebiet) auch die volle Resultatsverantwortung trägt.
Der Deckungsbeitrag als Profitcenter-Ergebnis bildet sich als Differenz aus dem gesamten Profitcenter-Erlös und allen Kosten, die dem Profitcenter direkt zugerechnet werden können. Er stellt inhaltlich den Beitrag dar, den das betreffende Profitcenter zur Deckung aller noch verbleibenden Kosten des Betriebes leistet, die dem Profitcenter nicht zugerechnet werden können.
Es besteht unter Kostenrechnern allerdings keine Einigkeit darüber, um welche Kosten es sich bei den verbleibenden Kosten genau handeln sollte. Dieser Disput kommt hier noch nicht zum Tragen, er wird im Zusammenhang mit der konkreteren Modelldarstellung auf S. 187 näher zu erläutern sein.

1.4.1.2 Detaillierungsgrad der Datenerfassung

Bei der Bestimmung der hierzu benötigten Basisdaten sind unbedingt einige wesentliche Eigenheiten der Datenerfassung und Datenverwaltung in größeren statistischen Systemen zu beachten.
In der Betriebspraxis ist insbesondere die Festlegung des Detaillierungsgrades der Datenerfassung von weitreichender Bedeutung. Sobald auf der untersten Ebene die kleinste zu erfassende Einheit bestimmt ist, liegt zugleich auch fest, daß keine der nachfolgenden Auswertungen und Verarbeitungen einen höheren Feinheitsgrad aufweisen kann als diese kleinste Einheit. Wird zum Beispiel der Umsatz oder die Produktion eines Betriebes nur nach Produktgruppen, nicht aber nach dem Einzelartikel erfaßt, kann anschließend auf keiner Ebene mehr ein produktbezogener Vergleich vorgenommen werden. Werden die Vertreterleistungen nach Postleitzonen als Verkaufsbezirke erfaßt, können sie später nicht für die einzelne Postleitzahl, also den einzelnen Ort, analysiert werden.
Bei der Festlegung dieser kleinsten zu erfassenden Einheit kann man daher leicht dazu neigen, einen „maximalen" Detaillierungsgrad vorzugeben. Dies auch deshalb, weil unter Verwendung elektronischer Speichermedien und bei computergestützter Verarbeitung der Daten der Eindruck nahezu unendlich verfügbarer Speicherkapazität entstehen kann. Der damit verbundene Aufwand kann trotzdem leicht ins Unermeßliche steigen und die Daten-

verwaltung höchst uneffizient gestalten.

Erfaßt man z. B. nur die Größe Umsatz für jeden einzelnen Artikel in jedem Absatzgebiet und hierin für jeden einzelnen Bezirk, können leicht bereits mehrere tausend Werte zusammenkommen. Bei nur 300 Einzelartikeln – das ist nur ein Bruchteil des beispielsweise in einem Versandhaus wirklich geführten Produktspektrums – in 6 Absatzgebieten mit je 10 Verkaufsbezirken, wäre bereits eine größere Tabelle zu füllen. Geht man davon aus, daß nach weiteren Merkmalen zu gliedern ist, etwa nach Industriezweigen oder Kundengruppen, steigt die Anzahl der zu speichernden Werte weiter an. Es ergäben sich z. b. folgende Mengen, wenn man am Schluß davon auszugehen hätte, daß innerhalb eines jeden Gebietes nach jedem Bezirk und hierin nach jeder Kundengruppe der Umsatz für jeden Artikel auszuweisen wäre:

Umsatzdaten nach		Anzahl Zahlenwerte
Absatzgebiet	(6 Gebiete)	6
Bezirk	(10 Bezirke)	$10 \cdot 6 =$ 60
Kunden	(15 Gruppen)	$15 \cdot 10 \cdot 6 =$ 960
Artikel	(300 Artikel)	$300 \cdot 15 \cdot 10 \cdot 6 =$ 270 000

Untergliedert man die Kundengruppe weiter um nur ein zusätzliches Merkmal wie etwa Branche und unterstellt 25 verschiedene Branchen, wächst die Zahl der Werte auf 6,75 Millionen an. Werden die Artikel noch nach Artikelgruppen ausgewiesen, kommt bei nur 20 Artikelgruppen ein Gesamtumfang von immerhin 135 Millionen Zahlenwerten zustande.

Man sieht die Zahlenmenge, die bei allzu großzügiger Gruppenbildung auf den Statistiker zukommen kann.

Dabei wurde bis jetzt nur als einzige Größe der Umsatz auf einer einzigen Ebene betrachtet, und zwar offensichtlich nur zu einem einzigen nicht näher benannten Zeitpunkt. In der tatsächlichen Realisierung müssen eine Vielzahl einzelner Basisgrößen und Kennzahlen auf mehreren Ebenen für längere Perioden in bestimmten Zeitabständen festgehalten werden.

Am obigen Beispiel weiter veranschaulicht heißt das: Müssen die Werte quartalsweise für je ein ganzes Jahr vorgehalten werden, vervierfacht sich die Datenmenge. Müssen dagegen Monats- oder Wochenwerte gebildet werden, muß zwangsläufig mit dem zwölf- oder gar 52fachen gearbeitet werden. Der auch häufig interessierende Vergleich mehrerer Jahre miteinander müßte bei sonst gleichem Feinheitsgrad zu einer nochmaligen Vermehrfachung führen. Man bedenke, daß Vergleiche dieser Art häufig nur auf der Basis der kleinsten Einheit erfolgen können. Das heißt, wenn eine Betrachtung auf Monatsebene vorzunehmen ist, müssen natürlich auch alle Vergleichsjahre Monatswerte ausweisen.

1.4.2 Die Profitcenter-Rechnung

Bleibt man weiterhin beim gewählten Grobkonzept (gemäß Abb. 24, S. 181), mit dem betrieblichen Finalziel Ergebnis im Sinne von Betriebsergebnis, resultiert auf der Basis des Profitcenter-Modells eine zweistufige Ergebnisfindung:

– Auf der ersten Stufe stehen die Profitcenter-Ergebnisse;
– unter Einbeziehen weiterer, bis dahin nicht zurechenbarer Kosten entsteht das endgültige *Ergebnis* auf Stufe zwei.

In Abb. 25 ist dieser Zusammenhang illustriert.
Man erkennt die bereits erfolgte Anpassung an die ursprüngliche Zielvorgabe und damit an das Grobkonzept der Abb. 24. Im vorliegenden Fall wird für jedes Profitcenter (welche betriebliche Einheit als Profitcenter gilt, ist hier noch nicht festgelegt) ein *Deckungsbeitrag 1* errechnet, der sich als Differenz aller Erlöse dieses Profitcenters und der diesem zuzurechnenden *leistungsabhängigen Kosten* ergibt. Leistungsabhänge Kosten werden in der allgemeinen Kostenrechnung üblicherweise als variable Kosten oder beschäftigungsabhängige Kosten bezeichnet. Diese Bezeichnungen sind in ihrer Bedeutung absolut identisch. Mit dem hier gewählten Begriff soll die Tatsache stärker hervorgehoben werden, daß es sich um solche Kosten handelt, die sich in Abhängigkeit von der betrieblichen Ausbringungsmenge (und dadurch bedingt auch mit dem Grad der Beschäftigung) ändern.
Im Anschluß daran werden die ebenfalls direkt zurechenbaren, aber als *zeitabhängig* anzusehenden *Kosten* des einzelnen Profitcenters hiermit verrechnet. Das Resultat wird als *Deckungsbeitrag 2* bezeichnet und stellt das eigentliche Profitcenter-Ergebnis dar.
Es wird also hier versucht, nach den Prinzipien der Teilkostenrechnung ein „möglichst" echtes Betriebsergebnis für das einzelne Profitcenter zu ermitteln.

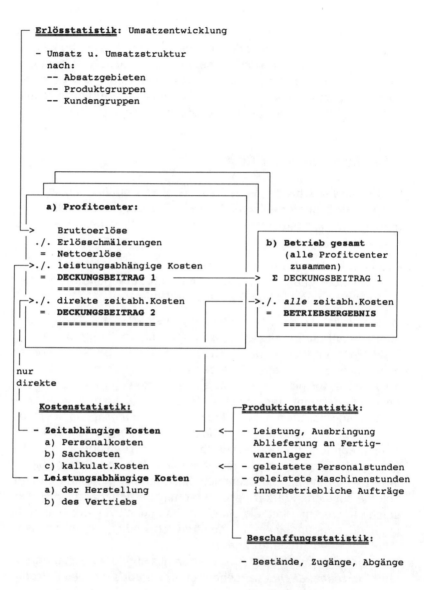

```
┌─  Erlösstatistik: Umsatzentwicklung
│
│   - Umsatz u. Umsatzstruktur
│     nach:
│     -- Absatzgebieten
│     -- Produktgruppen
│     -- Kundengruppen
│
│
│
│        ┌──────────────────────────────┐
│      ┌─┤                            ┌──┼──┐
│    ┌─┤ │  a) Profitcenter:         │  │  │
│    │ │ │                           │  │  │
│  └─┼─┼─┼──>   Bruttoerlöse         │  │  │
│    │ │ │ ./. Erlösschmälerungen    │  b) Betrieb gesamt
│    │ │ │ =  Nettoerlöse            │     (alle Profitcenter
│  ┌─┼─┼─┼─>./. leistungsabhängige Kosten│    zusammen)
│  │ │ │ │ =  DECKUNGSBEITRAG 1  ────┼──> Σ DECKUNGSBEITRAG 1
│  │ │ │ │    =================     │  │
│  ┌─┼─┼─┼─>./. direkte zeitabh.Kosten┌─┼──>./. alle zeitabh.Kosten
│  │ │ │ │ =  DECKUNGSBEITRAG 2     │ │ │ =  BETRIEBSERGEBNIS
│  │ │ │ │    =================     │ │ │    =================
│  │ │ │ └──────────────────────────┘ │ └──────────────────────┘
│  │ │ │
│ nur│ │
│ direkte│
│  │ │
│  │ │    Kostenstatistik:              ┌Produktionsstatistik:
│  └─┤                                  │
│    └─ - Zeitabhängige Kosten  ─┘ <─┤ - Leistung, Ausbringung
│         a) Personalkosten           │   Ablieferung an Fertig-
│         b) Sachkosten               │   warenlager
│         c) kalkulat.Kosten    <───┤ - geleistete Personalstunden
│      ─ - Leistungsabhängige Kosten  │ - geleistete Maschinenstunden
│           a) der Herstellung        │ - innerbetriebliche Aufträge
│           b) des Vertriebs          │
│                                     │
│                                     │
│                                     └─  Beschaffungsstatistik:
│
│                                       - Bestände, Zugänge, Abgänge
│
│
│                                        Finanzstatistik:
│                                        Personalstatistik:
```

Abb. 25: Profitcenter-Modell

Es ist dabei sehr wichtig, zunächst die beiden grundlegend zu unterscheidenden Verfahren der Kostenverteilung strikt auseinanderzuhalten. Der Unterschied zwischen Teilkostenrechnung und Vollkostenrechnung liegt nicht im Kostenbegriff oder der Kostenerfassung, sondern allein in der Frage der Verteilung der Kosten auf die Kosenträger. Anhand folgender Graphik soll dies veranschaulicht werden:

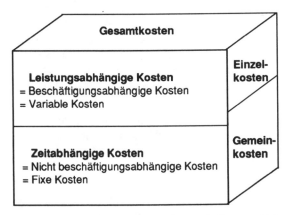

Abb. 26: Vollkostenrechnung versus Teilkostenrechnung[1])

Der Inhalt des gezeigten „Kostenprismas" repräsentiert die zu verteilenden Kosten insgesamt.

Auf der Seitenfläche ist das Verteilungsprinzip der Vollkostenrechnung wiedergegeben. Es besagt, daß die gesamten Kosten vollständig der erstellten Leistung zugerechnet werden müssen und entweder Einzelkosten oder Gemeinkosten sein können. Einzelkosten, wie Fertigungslöhne, Fertigungsmaterial und ähnliche, sind dem verursachenden Erzeugnis direkt zurechenbar.

Gemeinkosten, wie Gehälter der Verwaltungsangestellten, verschiedene Wartungs- und Instandhaltungskosten und ähnliche, lassen sich nicht unmittelbar in einen Verursachungszusammenhang mit den erzeugten Mengen eines bestimmten Produktes bringen. Sie werden im Betriebsabrechnungsbogen nach Entstehungs-

[1]) Wanner: Grundlagen der Kostenrechnung I, Skript zur gleichnamigen Vorlesung an der Fachhochschule Karlsruhe, o. J., S. 9 ff.

ort (Kostenstelle) zusammengefaßt und mittels prozentualer Zuschlagskalkulation ebenfalls vollständig auf die Leistungseinheiten verteilt.

Die Vorderseite zeigt das Prinzip der Teilkostenrechnung. Hierbei wird im Gegensatz zur Vollkostenrechnung bewußt auf die Aufteilung nicht ursächlich zurechenbarer Kosten verzichtet. Nur die leistungsabhängigen Kosten (also die beschäftigungsabhängigen oder variablen Kosten) sind eindeutig von der Leistung verursachte Kosten, die insofern auch dieser Leistung zugerechnet werden dürfen. Sie müssen dem sogenannten „Wegfall-Kriterium" genügen. Das heißt, daß sie sich bei Änderung der Beschäftigung ebenfalls ändern bzw. ganz wegfallen, wenn die betreffenden Produkte nicht mehr produziert werden. Sie sind damit nicht identisch mit den Einzelkosten der Vollkostenrechnung.

Die zeitabhängigen Kosten (die nicht beschäftigungsabhängigen oder fixen Kosten) werden nicht aufgeteilt. Sie müssen durch den Erlösüberschuß (Netto) über die leistungsabhängigen Kosten gedeckt werden.

In der Profitcenter-Rechnung ist es unbedingt notwendig, eine möglichst realitätsnahe und rein erfolgsorientierte Kostenzurechnung vorzunehmen; das heißt, dem einzelnen Profitcenter wirklich nur solche Kosten anzulasten, die es nach dem Verursachungsprinzip auch wirklich zu verantworten hat. Dem vermag nur das Prinzip der Teilkostenrechnung zu entsprechen.

Eine Zurechnung nach dem Vollkostenprinzip, nach dem sämtliche Kosten des Unternehmens ohne Einschränkung auf Einzelerzeugnisse oder Aufträge verrechnet werden, würde der dem Modell zugrundeliegenden Idee gerade nicht entsprechen. Schließlich besteht die Vorgabe, den effektiven Leistungsbeitrag eines jeden einzelnen Profitcenters, den dieses tatsächlich erbracht hat, möglichst exakt herauszuarbeiten.

Es geht um die Gewinnung von Informationen für die Steuerung und Kontrolle der ganzen Unternehmenstätigkeit, letztlich um die Zurverfügungstellung brauchbarer Entscheidungsgrundlagen für die Unternehmensleitung, wie sie von einem betrieblichen Informationssystem erwartet wird.

Die gewählte Vorgehensweise wird um so einsichtiger, je stärker die Gemeinkostenlast des Unternehmens bei Vollkostenbetrachtung ansteigt. So belaufen sich diese heute häufig auf ein Vielfaches der Einzelkosten. Dadurch wird die Umlage dieser Kosten per

Zuschlagskalkulation immer ungenauer und fragwürdiger. Schließlich lassen sich für einen Großteil dieser Gemeinkosten keine sachlogisch begründeten Verteilungsschlüssel finden, die noch in irgendeinem Zusammenhang mit dem Verursachungsprinzip stehen. Eine solche, letztlich willkürliche Kostenaufteilung kann nicht zur Datenbasis zielorientierter Unternehmensentscheidung taugen. Man geht besser davon aus, daß bei erfolgs- und erlösorientierter Betrachtungsweise eher nur Teile der Gesamtkosten den Kostenträgern direkt zugeordnet werden können; die verbleibenden Kosten (zeitabhängige Kosten) müssen dann aus den Erlösen aller Produkte zusammen gedeckt werden. Entscheidend für die Beurteilung des Kostenträgers ist dann der ermittelte Deckungsbeitrag (ein Gewinn wie in der Vollkostenrechnung wird gar nicht erst errechnet), der nach Abzug der tatsächlich dem Kostenträger zurechenbaren (leistungsabhängigen) Kosten zur Deckung der restlichen Kosten des Gesamtbetriebs verbleibt.[1]

1.4.3 Die Zahlenbasis der Profitcenter-Rechnung

In der praktischen Anwendung ist diese Art der Kostenzuordnung allerdings umstritten und ruft teils erhebliche Probleme bei der Abgrenzung der zur Deckungsbeitragsrechnung heranzuziehenden Kosten hervor. Da dieses Modell aber aufgrund der genannten Vorteile die Grundlage aller weiteren Beispiele bilden wird, soll diese Problematik anhand der Modellskizze etwas ausführlicher erörtert werden. Die Schwierigkeit resultiert weniger aus dem gezeigten Grundmuster als aus dem grundlegenden Methodenstreit der Kostenrechner, d. h. aus dem alten Gegensatz „Vollkostenrechnung versus Teilkostenrechnung".
Im vorgestellten Modell werden bei dieser Deckungsbeitragsermittlung nur noch die beiden Kostenkategorien leistungsabhängige und zeitabhängige Kosten unterschieden.

---

[1] Vgl. Bestmann (Hrsg.): Kompendium der Betriebswirtschaftslehre, München 1988, S. 607 ff.

1.4.3.1 Leistungsabhängige Kosten (LAK)

Die leistungsabhängigen Kosten werden als dem Profitcenter voll zurechenbar angesehen. Sie werden in der Auftragsabrechnung ermittelt und sind dadurch gekennzeichnet, daß sie sogenannte „Wegfallkosten"[1]) darstellen, also dem vorgenannten „Wegfall"-Kriterium genügen. Sie sind die eigentlichen Einzelkosten der Riebelschen Deckungsbeitragsrechnung. Sie umfassen die Materialeinzelkosten und die Einzelkosten des Vertriebs, also hier im wesentlichen

- die leistungsabhängigen Kosten der Produktion als mengenabhängige Kosten:
  - Fertigungsmaterial und Fremdteile,
  - variable Fertigungskosten;
- die leistungsabhängigen Kosten des Vertriebs als
  - Ausgangsfrachten,
  - Provisionen,
  - Versand/Verpackung.

Die Fertigungslöhne gehören also *nicht* zu den leistungsabhängigen Kosten. Die Fertigungslöhne sind keine eigentlichen Wegfallkosten im genannten Sinne. Wenn die Beschäftigung infolge geringerer Erzeugnisausbringung sinkt, verändern sich die Lohnkosten nicht automatisch; sie nehmen Fixkosten-Charakter an. Erst zeitverzögert, durch bewußte Entscheidungen kann eine Anpassung an die Beschäftigungslage erfolgen. Umgekehrt ist eine Steigerung der Beschäftigung (gemeint ist die Produktion) auch ohne eine sofortige Erhöhung des Personaleinsatzes denkbar; etwa durch vorübergehende Sonderschichten und ähnliche arbeitsorganisatorische Maßnahmen. Die Fertigungslöhne kommen demnach in der Berechnung von Deckungsbeitrag 1 *nicht* vor. So sind sinngemäß zwar die Vertreterprovisionen, nicht aber das Vertreterfixum in den leistungsabhängigen Kosten des Vertriebs (Vertriebskosten) enthalten.

---

[1]) Vgl. RKW (Hrsg.): Führungsmappe, Teil 1, Eschborn 1985, S. 13.

1.4.3.2 Zeitabhängige Kosten (ZAK)

Zeitabhängige Kosten sind zunächst all die Kosten, die sich nicht zwangsläufig und automatisch bei Schwankungen der Beschäftigung, das heißt der Ausbringung verändern, sondern dazu einer gezielten Maßnahme bedürfen. Nach dem Verteilungsprinzip der Deckungsbeitragsrechnung muß man darauf verzichten, solche Kosten dem Kostenträger „anzulasten".

In der hier gewählten Profitcenter-Rechnung wird allerdings im Interesse an einem möglichst realitätsnahen Profitcenter-*Ergebnis* davon abgewichen, und ein ganz bestimmter Anteil der *zeitabhängigen* Kosten dennoch dem Profitcenter zugerechnet. Diese Kosten sind definiert als „direkt zeitabhängige Kosten". Es wird davon ausgegangen, daß es sich hierbei um Kostenanteile handelt, die eindeutig für ein bestimmtes Profitcenter bzw. für bestimmte Kostenträger im Verantwortungsbereich dieses Profitcenters „erbracht" wurden und insofern diesem auch zugeordnet werden dürfen. Als typische Kosten dieser Art gelten insbesondere Marketing- und Werbungskosten.

Klar abgrenzbar im geschilderten Sinn ist eine solche Kostengröße vor allem dann, wenn sie als Fremdleistung für Produktentwicklung, Werbung und Verkaufsförderung budgetiert vergeben wird und so, nach einzelnen Profitcentern spezifiziert, ein entsprechender Etat (regionale Etatkosten) eingesetzt werden kann. Als weitere, *direkt zurechenbare zeitabhängige Kosten* könnte man sich

- Kosten der Maschinenkapazitätsvorhaltung (Kapazitätskosten) für eine ganz bestimmte Produktion sowie
- Kosten der Verkaufsorganisation des einzelnen Profitcenters, wie Büroausrüstung und Bürokosten überhaupt (die auch als Personalkosten anfallen) und unter anderem Vertreterfixum sowie Sozialkosten auf Fixum und Provisionen

vorstellen. Außerdem gehören die unter den leistungsabhängigen Kosten nicht erfaßten

- Reisekosten und damit verbundene Sachkosten, wie Pkw-Kosten, Tages- und Übernachtungsgeld (die gegebenenfalls im Zusammenhang mit der Vertriebstätigkeit des Profitcenters entstehen),

mit dazu.

Obwohl diese Art der Verrechnung zeitabhängiger Kosten unter der gängigen Bezeichnung „stufenweise Fixkostendeckung" schon in der früheren Kostenrechnungsliteratur beschrieben ist[1]), bleibt sie in der Kostenrechnungsdiskussion umstritten, da sie leicht zur unkontrollierten Vermischung von variablen und fixen Kosten führen kann und außerdem eine unerlaubte Verbindung von Teilkosten- und Vollkostenrechnung darstelle.

In der hier praktizierten Rechenweise, die dem unter anderem vom Industrieberatungsunternehmen Knight Wegenstein AG im Auftrag des RKW[2]) erarbeiteten Systematik folgt, wird zumindest eine unbeabsichtigte Vermischung dieser Art dadurch vermieden, daß im Rechenschema eine klare Trennung vorgegeben ist: Bis zum Deckungsbeitrag 1 werden ausschließlich *leistungsabhängige* Kosten verrechnet. Die Verrechnung der *direkten zeitabhängigen* Kosten erfolgt erst im Anschluß daran in einem zusätzlichen Glied, das vom Deckungsbeitrag 1 subtrahiert wird und den Deckungsbeitrag 2 als Profitcenter-*Ergebnis* ergibt.

1.4.3.3 Berechnungsablauf

Sicher birgt die hier vorgeschlagene Verfahrensweise auch einige Gefahren. Zumindest verführt sie zu einer übergewichtigen Umsatz- und Deckungsbeitragsbetrachtung, wobei die verbleibenden, teils recht großen Fixkostenblöcke unbeachtet bleiben können. Da bei einer Entscheidung für die Profitcenter-orientierte Erfolgsmessung die bloße Vollkostenrechnung ungeeignet erscheint, wird man dennoch auch in kritischen Fällen diese Verfahrensweise bevorzugen müssen. Es sei deshalb nochmals auf die bereits erwähnte Grundsatzdiskussion in der einschlägigen Fachliteratur hingewiesen.

Zusammenfassend läßt sich der vorgeschlagene Berechnungsablauf bei der Profitcenter-Lösung dann wie folgt darstellen:

1. Berechnung von *Nettoerlösen* aus den, in der Umsatzerfassung zunächst ausgewiesenen *Bruttoerlösen* (Umsätze zu Listenpreisen abzüglich Rabatte), reduziert um die sogenannten *Erlösschmälerungen*. Erlösschmälerungen sind in der Verkaufspraxis

---

[1]) Vgl. zum Beispiel: Geist, Manfred, Selektive Absatzpolitik, Stuttgart 1963.
[2]) Vgl.: RKW-Führungsmappe Teil 2, Management-Erfolgsrechnung, 6. Auflage, Eschborn 1985, S. 15.

Skonti, Rabatte, Boni und gegebenenfalls Gutschriften für Retouren, möglicherweise infolge Falschlieferungen oder wegen Transportschäden und anderem.

2. Berechnung von *Deckungsbeitrag 1* und *Deckungsbeitrag 2* für jedes einzelne Profitcenter durch Abzug der zurechenbaren Profitcenter-Kosten.

3. Berechnung des *Betriebsergebnisses* als Summe der Deckungsbeiträge aller Profitcenter abzüglich der verbleibenden, bisher nicht berücksichtigten zeitabhängigen Kosten.

Diese Vorgehensweise zur Ermittlung des Betriebsergebnisses ist theoretisch richtig, wird aber aus Gründen der Praktikabilität in dieser Form meist nicht durchgeführt. Es wären hierfür die Summen der – im allgemeinen ohnehin als Einzelposten recht umstritten – *„restlichen" zeitabhängigen Kosten* als rein rechnerische Restgröße zu bilden, die keinerlei sachlogische Einordnung in die betriebliche Kostensystematik mehr erlaubt. Der Betriebspraktiker arbeitet deshalb meistens mit leichter zu handhabenden Größen: Er bildet lediglich die Summe aller Deckungsbeiträge 1 über alle Profitcenter und subtrahiert erst anschließend den Gesamtposten wirklich aller zeitabhängigen Kosten insgesamt, wie sie für den ganzen Betrieb als Summe gelten. Das Resultat muß natürlich mathematisch gesehen dasselbe sein, also letztendlich das gesuchte Betriebsergebnis. Jetzt kann aber mit Kostengrößen operiert werden, die in der Kostenrechnung ein sachbezogenes Äquivalent besitzen, und die ohnehin umstrittene Aufsplitterung der zeitabhängigen Kosten in direkte und „nicht direkte" wird in der Gesamtrechnung des Betriebes vermieden.

Wie schon im allgemeingültigen Grundmodell zum Ausdruck kommt, erfolgt die Datenbeschaffung zuallererst wieder aus der *Erlös- bzw. Umsatzstatistik,* also ganz allgemein aus der Statistik des Vertriebes und des Absatzes. Auf der anderen Seite muß die betriebliche *Kostenstatistik* die relevanten Kostendaten liefern. Weiter zeigt sich, wie die Kostenstatistik ihrerseits in ihrer Kontrollfunktion die benötigten Zahlen von der nächstuntersten Ebene, aus der *Produktionsstatistik,* bezieht. Sie hat vor allem die im betrieblichen Herstellungsprozeß geleisteten Personal- und Maschinenstunden als kostenrelevante Faktorleistungen so zu erfassen, daß die daraus resultierenden Kostengrößen in der Kostenstatistik vollständig und verursachungsorientiert zusammengefaßt werden können. Hierzu gehören auch die Zahlen der *Beschaffungsstatistik,* die durch Erfassung von Beständen, Zugängen und Abgängen etc. die Berechnung des genauen Werteverbrauchs erlauben. Genau genommen sind als Unterstatistiken dieser zielgerichteten Betrachtungsweise auch die Finanzentwicklungs- und Personalstatistik heranzuziehen, um die aus diesen Sachbereichen resultierenden Kosten nach ihrer Art mit erfassen zu können. Um die Darstellung nicht zu überlasten, wurde auf das Einzeichnen dieser Querverbindungen verzichtet.

2 Fallstudie:
Betriebliches Informationssystem für einen Betrieb der Verbrauchsgüterindustrie

Die Frage nach den konkreten Einzelwerten, die im praktischen Individualfall in den Profitcenter-Statistiken stehen müssen, soll anschließend mittels Fallstudie beantwortet werden. Sie kann nur Gegenstand betriebsspezifischer Einzelbetrachtungen sein. D. h., die Fallstudie muß sich auf einen fiktiven Betrieb beziehen, für den eine vollständige Betriebs-Situationsbeschreibung vorzugeben ist. Das Profitcenter-Modell weist dabei die Richtung, so daß die Datenauswahl erheblich leichter fallen dürfte. Die endgültigen Statistiken können erforderlichenfalls auf das notwendige Minimalvolumen reduziert werden.

2.1 Betriebsbeschreibung

2.1.1 Betriebliche Eckdaten

Für die Fallstudienrechnung soll ein mittlerer Betrieb der Verbrauchsgüterindustrie ausgewählt werden, der in seiner Struktur und Problemstellung eine Vielzahl tatsächlich existierender Betriebe repräsentieren dürfte. Soweit ist gewährleistet, daß der Leser einerseits grundlegende Verfahrenskenntnisse über den sukzessiven Aufbau eines betriebsspezifischen Informationssystems erwer-

ben kann und andererseits den beschriebenen Betrieb als Muster für die möglicherweise tatsächlich auch gegebene Situation seines eigenen Betriebes verwenden und entsprechende Parallelen ziehen kann. In letzterem Falle kann das Ergebnis dieser Fallstudie also zugleich wieder selbst Musterbetrieb werden (vergleiche hierzu die Ausführungen zur Systementwicklung auf S. 177 und 178. Das Informationssystem zu diesem Betrieb soll jetzt zwar in ausgewählten Statistiken gebrauchsfertig detailliert werden, aber auch hier wird es aus Platzgründen notwendig, die Darstellung auf die wichtigsten Informationsfelder zu beschränken. Um dabei den nötigen Überblick zu gewährleisten, sollen sich die Ausführungen außerdem primär auf die Führungszahlen, also die Erfolgsdaten der obersten Spitze der betrieblichen Informationspyramide (vgl. Abb. 23, S. 174) konzentrieren. Sollte eine Verwendung als Musterbetrieb dadurch eingeschränkt werden, sei nochmals auf die verwendeten Quellen verwiesen, die unter anderem ausführliche Statistiken zu diesem und anderen Modellen enthalten.[1]
Der hier näher zu untersuchende Betrieb entspricht in seinen Strukturen dem dort behandelten Betrieb „Serienfertiger". Er läßt sich durch folgende Eckdaten kennzeichnen:

– Herstellung von Verbrauchsgütern in Serienproduktion und deren Vertrieb.
– Es sei angenommen, daß relativ unkomplizierte, in der Fertigungstechnik als einfach zu bezeichnende Serienerzeugnisse hergestellt werden sollen, deren Absatz saisonalen Schwankungen und Modetrends unterliegt und deren Verkaufserfolg maßgeblich durch Werbung bestimmt wird. Es könnte sich also zum Beispiel um Mittel der Gartenpflege oder, besser eingrenzbar, um Autopflegemittel für den privaten Kraftfahrer handeln. Letzteres soll für die Beispielrechnungen unterstellt werden.
– Der Verkauf der Produkte erfolgt über eigene Vertreter und ausschließlich direkt an den Einzelhandel als Abnehmer. Der gesamte Betrieb kann so aus den Organisationseinheiten Geschäftsleitung, Verwaltung, Beschaffung sowie Marketing und Verkauf bestehen.

---

[1] Vgl. RKW (Hrsg.), Führungsmappe, Teil 2, Management-Erfolgsrechnung, Eschborn 1986

– Es soll sich um einen mittelständischen Betrieb mit ca. 40 Mio. DM Bruttoumsatz im Jahr handeln. Das entspricht in dieser Branche einer Beschäftigtenzahl von 300 bis 400 Mitarbeitern. Es ist leicht denkbar, daß bis zu 100 verschiedene Einzelartikel (zum Beispiel vom Autowaschmittel über diverse spezielle Schmutzentferner bis zum Antennen- oder Reifenreinigungsmittel) in 5 Produktgruppen unterteilt, gefertigt werden.
– Die Zahl der belieferten Kunden (Einzelhändler, Großhändler) im Fachhandel, aber auch anderen Handelsbereichen (Kaufhäuser, gegebenenfalls Großmärkte und ähnliche), betrage mehrere Tausend. Es wird in insgesamt fünf geographisch genau abgegrenzten Absatzgebieten (beispielsweise Bundesrepublik Nord, Ost, Süd, West und Mitte) verkauft, die jeweils wieder in mehrere Bezirke unterteilt sind (jeder einzelne Vertreter erhält seine eigene Region zugewiesen, in der er tätig wird).

2.1.2 Unternehmensziele und Problemschwerpunkte

Aus den wenigen Eckdaten deutet sich die Problemstruktur des betrachteten Betriebs schon an. Der Betriebserfolg dieses Unternehmens wird weniger vom technisch organisatorischen Know-how in der Produktion der Erzeugnisse als vielmehr von der Fähigkeit bestimmt, diese Produkte am Markt gut plazieren und absetzen zu können. Entscheidend für den Unternehmenserfolg ist die Leistung des Außendienstes, die deshalb möglichst genau nach einzelnen Absatzgebieten, Produktgruppen und letztlich auch Kundengruppen, wie zum Beispiel Fachgroßhandel, Facheinzelhandel, Hobbymärkte, Kaufhäuser und ähnliche, erfaßt werden sollte.
Vornehmstes Ziel der Unternehmensführung muß es also sein, unter Berücksichtigung kurzfristiger Modetrends auf der privaten Abnehmerseite immer wieder neue Produkte zu entwickeln, am Markt einzuführen und so zu positionieren, daß die unternehmensplanerischen Vorgaben hinsichtlich Ertragskraft (gemessen im Deckungsbeitrag), natürlich auch der Kosten, eingehalten werden. Bei saisonabhängigen Absatzzyklen und häufig extrem kurzer Lebensdauer der Produkte am Markt werden ständig zielgerichtete Aktivitäten zur Erreichung der Planziele erforderlich sein (so zum Beispiel gezielte Publikumswerbung für Einzelprodukte sowie für das ganze Unternehmensimage).

2.1.3 Betriebsstatistische Fragestellungen

Die Aufgabe der Unternehmensführung besteht so vornehmlich in einer möglichst exakten und permamenten *Beobachtung der Verkaufstätigkeit* in den einzelnen Absatzgebieten.

Im Zentrum der betriebsstatistischen Betrachtung muß die Leistung des Außendienstes stehen. Es gilt, diese Daten regelmäßig und möglichst detailliert zu erfassen, um auch geringfügige Änderungen in der Erlös- und Ergebnisentwicklung schnellstmöglichst registrieren zu können. Die Informationen sind so zu strukturieren und darzulegen, daß eine Ursachenanalyse bei (unerwünschten) Veränderungen möglich wird und negative Entwicklungen rechtzeitig „ausgesteuert" werden können. Zu diesem Zweck muß insbesondere die Ergebnisrechnung einen nach Absatzgebieten getrennten und fein strukturierten Aufbau aufweisen.

Solche Absatzstatistiken müssen die Möglichkeit bieten, stufenweise auf teils sehr weitreichende Fragen zur Absatzproblematik Antworten zu finden. Im Mittelpunkt des Führungsinteresses wird

– die Entwicklung der Verkaufsergebnisse nach Absatzgebieten,
– nach einzelnen Produktgruppen, aber auch
– nach Deckungsbeitragsgruppen oder zum Beispiel auch
– die Beurteilung der Leistungsfähigkeit und Leistungsmöglichkeit des Außendienstes stehen.

Hierzu reicht es zum Beispiel nicht ganz aus, einen einfachen Soll-Ist-Vergleich der Vertreterumsätze vorzunehmen, wie er etwa als Anwendung der klassischen Betriebsstatistik auf S. 114 vorgenommen wird. Daraus ließe sich bestenfalls die bloße persönliche Leistung der einzelnen Vertreter und deren ökonomische Effizienz ablesen, das heißt der Aufwand der betrieben wurde, um das tatsächlich erreichte Umsatzergebnis zu erlangen. Viel interessanter für die Vertriebsleitung wird es beispielsweise aber unter anderem sein, das Zahlenergebnis der gesamten Gebietsleistung auf all seine möglichen Ursachen hin analysieren zu können oder das Ausmaß der überhaupt potentiell erreichbaren Ergebnisse in den einzelnen Absatzgebieten kennenzulernen. Für Letzteres muß zum Beispiel aber auch der Grad der bereits erreichten Ausschöpfung dieses Potentials in Erfahrung gebracht werden können.

Das erfordert zunächst einmal die Bildung eines *aussagefähigen Kennzahlenkomplexes,* dann aber auch die Ermittlung halbwegs realistischer Zahlenangaben über die zu Verfügung stehenden Absatzpotentiale in den einzelnen Regionen. Dann rückt zwar auch wieder die Problematik der Soll-Vorgabe in den Vordergrund, aber aus ganz anderem Blickwinkel. Sie dient als Maßstab für die Zielerreichung in einer ganz bestimmten strategischen Richtung: Wie ebenfalls angesprochen, ist die genauere Bestimmung des theoretisch gegebenen – und praktisch als ausschöpfbar anzusehenden – *Marktpotentials* sehr problematisch und aufwendig. Es muß angestrebt werden, von der betrieblichen Marktforschung auf Basis fundierter Marktanalysen eine Angabe über die Anzahl „belieferbarer Abnehmer" zu erhalten. Das könnten im vorliegenden Beispiel einmal alle Einzelhandelsunternehmen sein, die „unsere" Produkte im Verkaufssortiment führen und die aufgrund ihrer Umsatzgröße und ihrer „Einkaufsgebaren" aus unserer Sicht als belieferungswürdig angesehen werden können. Da es sich bei einer solchen Zahl zunächst aber um eine bloße Bestandsgröße als absolutes Maximum zu einem ganz bestimmten Zeitpunkt handelt, muß zur Festlegung einer endgültigen Soll-Vorgabe für einzelne Perioden noch die mögliche jährliche Rate bestimmt werden, mit der sich dieser Markt überhaupt von unserem Produkt „durchdringen" läßt. Solche *jährliche Penetrationsraten* können insbesondere bei Produkt-Neuentwicklungen im Zeitablauf selbst beträchtlichen Veränderungen unterworfen sein, so daß sich die gesamte Vorgabegestaltung nur mit gezieltem Hintergrundwissen und entsprechender Vorarbeit bewerkstelligen läßt.

Das Hauptproblem der hier vorzunehmenden Systembildung wird demzufolge in der *inhaltlichen Ausgestaltung der Umsatz- und Ergebnisstatistiken* für Einzelsegmente des Absatzbereichs bestehen. Ziel aller Betrachtungen muß dabei sicher die möglichst detaillierte Ermittlung des Absatzerfolges in den einzelnen Regionen sein. Es liegt somit auf der Hand, die einzelnen Absatzgebiete als die Profitcenter anzusehen, die im Muster bereits enthalten sind, da im Hinblick auf die diskutierte Sachlage besonders für diese eine möglichst exakte Erfolgsrechnung benötigt wird.

2.1.4 Betriebliches Informationssystem zur Fallstudie

Unter Anlehnung an das in Abb. 25 gezeigte Modell ergibt sich das in Abb. 27 dargestellte Tabellenwerk (vgl. S. 202). Es zeigt eine weiter detailliertere Aufstellung, die im Gegensatz zu Abb. 25 die Verlaufsrichtung des Verarbeitungsprozesses (von der Erhebungsbasis in Richtung Spitze) zum Ausdruck bringt. Zuerst – hier also oben – erfolgt die Zusammenstellung der erhobenen Basisdaten. Das sind hier die monatlichen Umsatzergebnisse. Diese werden anschließend in aggrierter Form für die jeweils nächste Ebene weiter verarbeitet.

Erläuterung von Abb. 27:

Die Graphik insgesamt stellt die Ergebnisentwicklung des jeweils einzelnen Absatzgebietes *(Stufe 2)* sowie die vergleichende Gegenüberstellung der Ergebnisse aller fünf Absatzgebiete *(Stufe 3)* entsprechend ihrer zentralen Position für die Absatzkontrolle in den Mittelpunkt. Hieraus sollte die Unternehmensleitung später nahezu alle relevanten Informationen entnehmen können, die ihr eine permanente (mindestens monatliche) Analyse des Verkaufsgeschehens und der Ergebnisentwicklung der Absatzgebiete erlauben. Diesem dient als Zahlenbasis eine möglichst ebenso detaillierte Umsatzstatistik als Monatsstatistik der einzelnen Absatzgebiete *(Stufe 1)*, die Aufschluß über die Frage nach der Realisierung geplanter Umsatz- und Umsatzstrukturvorgaben zu geben vermag. Des weiteren und abschließend gehört auch eine Zusammenfassung der Gebietsergebnisse zum Betriebsergebnis insgesamt dazu *(Stufe 4)*, dem unter der vorliegenden Zielsetzung unter vertriebspolitischen Aspekten allerdings oft nur noch formale Bedeutung zukommt, da vertriebspolitische Aktivitäten bereits auf der Ebene der Gebietsergebnisse anhand der Gebietskennzahlen abgeleitet werden.
Selbstverständlich sind wiederum *weitere Statistiken* erforderlich, um alle hier benötigten Daten nach Sachgebieten gegliedert zur Verfügung zu stellen und um ein Gesamtbild der betrieblichen Erscheinungen aufzeigen zu können. Man wird insbesondere die *Produktions- und Kostenstatistik* heranziehen müssen. Wie schon im vorangegangenen Abschnitt anzumerken war, sind diese Zahlen-

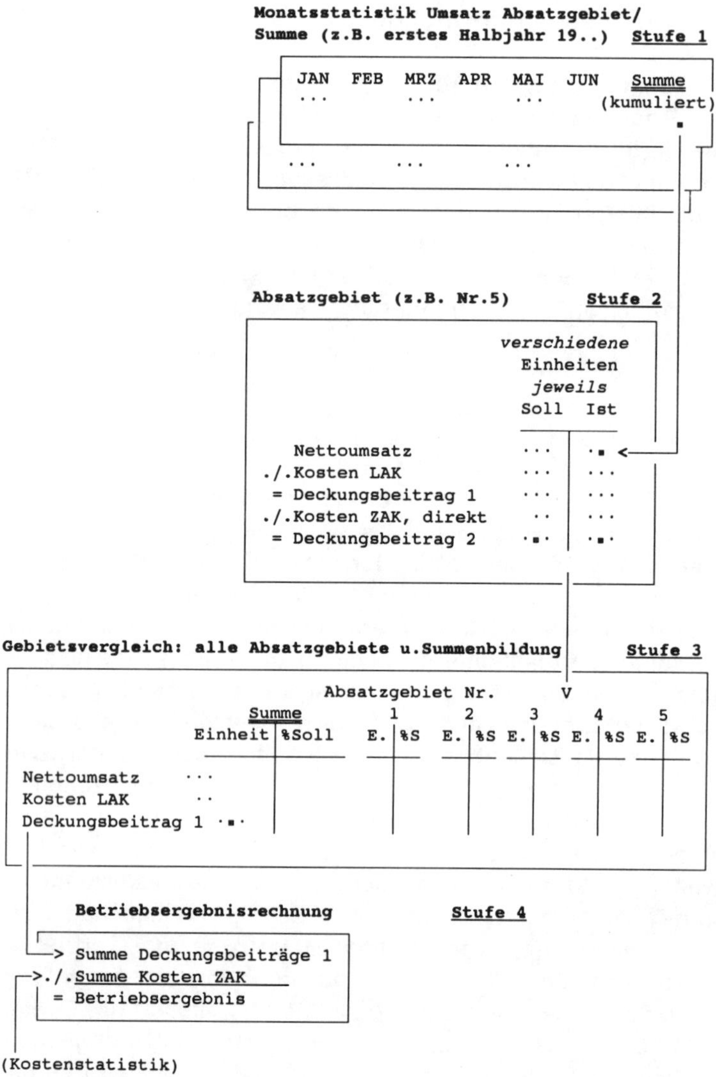

Monatsstatistik Umsatz Absatzgebiet/
Summe (z.B. erstes Halbjahr 19..)   <u>Stufe 1</u>

```
┌─ JAN  FEB  MRZ  APR  MAI  JUN   Summe
│     ...       ...       ...    (kumuliert)
│                                     ■
│  ...       ...       ...
└─
```

Absatzgebiet (z.B. Nr.5)   <u>Stufe 2</u>

```
                           verschiedene
                             Einheiten
                              jeweils
                           Soll    Ist
          Nettoumsatz        ...    ·■· <─
        ./.Kosten LAK        ...    ...
          = Deckungsbeitrag 1  ...    ...
        ./.Kosten ZAK, direkt  ··     ...
          = Deckungsbeitrag 2  ·■·   ·■·
```

Gebietsvergleich: alle Absatzgebiete u.Summenbildung   <u>Stufe 3</u>

	Summe		Absatzgebiet Nr. V									
		Einheit	%Soll	1		2		3		4		5	
				E.	%S	E.	%S	E.	%S	E.	%S	E.	%S
Nettoumsatz	...												
Kosten LAK	··												
Deckungsbeitrag 1	·■·												

Betriebsergebnisrechnung   <u>Stufe 4</u>

```
┌─> Summe Deckungsbeiträge 1
├─>./.Summe Kosten ZAK
│    = Betriebsergebnis
```

(Kostenstatistik)

LAK = Leistungsabhängige Kosten,
ZAK = Zeitabhängige Kosten
E   = Einheit
%S = Soll-Erfüllungsgrad in %

Abb. 27: Betriebliches Informationssystem zur Fallstudie

werke bei streng zielorientiertem Entscheidungsdenken in der Situation des hier vorliegenden Betriebes tatsächlich von fast untergeordneter Bedeutung. Sie erfüllen Funktionen der Datenzulieferung und werden erst in zweiter Linie Basis unternehmerischer Überlegungen sein. Aus diesen Gründen und um die Darstellung in Abb. 27 nicht zu überladen, soll auf die Betrachtung solcher Statistiken weitgehend verzichtet werden. Die für das vorliegenden Lösungsschema wichtigen Einzelstatistiken sind Gegenstand des nächsten Abschnitts.

2.2 Das Informationskonzept der Fallstudie

2.2.1 Die statistischen Informationsfelder

Die Umsetzung des gezeigten Ansatzes auf Basis des gewählten Modells führt zu insgesamt vier Hauptinformationsfeldern:

Stufe 1: Statistik der Umsatzentwicklung
Stufe 2: Statistik der Ergebnisrechnung für alle Absatzgebiete, die hier im Mittelpunkt der Betrachtung stehen muß
Stufe 3: Gebietsvergleich
Stufe 4: Ergebnisberechnung für das Unternehmen insgesamt (Betriebsergebnis)

2.2.2 Stufe 1: Statistik der Umsatzentwicklung

Als Mindestinhalt der Statistik der Umsatzentwicklung sind die laufenden Ist-Umsätze zu betrachten. Welche Inhalte eine auf unterster Ebene und wahrscheinlich aus Vertreterberichten abgeleitete Statistik dieser Art noch haben kann, wird unter anderem in den Abschnitten zur Vertreterstatistik (siehe S. 116 und 118) untersucht. In Anbetracht der unterstellten kurzfristigen Absatzschwankungen sollten hier laufende Monatswerte aufgezeichnet und mit den zugehörigen Soll-Vorgaben verglichen werden. Zur besseren Überschaubarkeit ist eine Kumulierung der Werte angebracht. Diese sollte überdies mittels geeigneter Graphiken weiter verdichtet und veranschaulicht werden. Die Bedeutung von Graphiken wurde unter anderem schon auf S. 89 behandelt. Verdichtungen dieser graphischen Art spielen außerdem bei der rechnergestützten Ausführung betrieblicher Informationssysteme eine besondere Rolle, wie sie auf S. 286 behandelt wird. An dieser Stelle soll deshalb auf die weitere Behandlung von Graphikinterpretationen zu den Tabellen verzichtet werden. Die folgende Umsatzstatistik stellt eine Tabelle in Mindestausführung für Absatzgebiet 1 zunächst ohne erläuternde Graphiken dar.[1])

Fallstudie (Modellbetrieb) Stufe 1: Umsatzstatistik erstes Halbjahr für Absatzgebiet 1 (Profitcenter 1)							
Umsätze Absatzgebiet 1		JAN	FEB	MÄRZ	APR	MAI	JUNI
Ist		710	650	530	710	748	272
Ist kumuliert	TDM	710	1 360	1 890	2 600	3 348	3 620
Soll kumuliert	TDM	670	1 220	1 770	2 320	2 890	3 340
Soll-Ist-Abweichg.	TDM	+40	+100	−20	+160	+178	−178
Vorjahr: Ist kumuliert	TDM	500	810	1 650	2 000	2 600	3 000

Hierbei zeigt sich die Problematik der Soll-Vorgabe nochmals in verschärfter Form: Sofern das Jahres-Soll, das an sich schon meist nicht einfach zu ermitteln ist, auch noch in Monatswerte aufgeteilt werden muß, sind auf satistisch-mathematischem Wege genaue Saison- und Trendabweichungen zu bestimmen (vgl. S. 47 ff.). Eine etwa proportionale Splittung in zwölf gleiche Monatswerte fällt hier schon der geforderten hohen Aussagegenauigkeit wegen aus. Eine solch detaillierte Soll-Vorgabe erscheint aber dennoch nötig, da die Zielsetzung dieser Fallstudie eine möglichst kurzfristige und doch genaue Ergebnismessung und Ergebniskontrolle verlangt.

Die gezeigte Tabelle erfaßt sowohl die absoluten Monatswerte als auch die kumulativ summierten Werte. Zur Erhöhung ihres Informationsgehaltes sind außerdem alle Vergleichsgrößen des jeweiligen Vorjahres enthalten. Genau genommen müssen hierin zunächst die Bruttoumsätze erfaßt werden. Eventuelle Erlösschmälerungen können zumindest nicht vollständig schon in der zugrundeliegenden Vertreteraufzeichnung enthalten sein, da zum Zeitpunkt des Ver-

---

[1]) Aufbau nach: RKW (Hrsg.): Führungsmappe Teil 1, Chefdaten für Unternehmensleitung und Führungskräfte, 6. Auflage, Eschborn 1985, Tabelle 1.1.

kaufs Informationen darüber zwangsläufig noch fehlen müssen. Die hieraus resultierenden Quartals- oder Halbjahresergebnisse[1]) der Ist-Umsätze können zur Weiterverarbeitung zur Absatzgebiets-Erfolgsrechnung in die Statistik der Absatzgebiete übertragen werden.

In der Betriebspraxis wird man es nicht bei den bis hierhin erfaßten Daten belassen. Zur genaueren Distributionsanalyse und zur Erforschung der Ursachen unerwünschter Entwicklungen müßten diese Umsatzgrößen weiter differenziert werden, unter anderem nach Kundengruppen, Produktgruppen u. ä. Da umfassendere Teilstatistiken ohnehin Gegenstand des folgenden Abschnittes sein müssen, sollen solche Überlegungen, soweit möglich, dort angestellt werden.

2.2.3 Stufe 2: Ergebnisrechnung der Absatzgebiete

2.2.3.1 Aufbau der Tabellenwerke

Im Mittelpunkt des Informationssystems steht die Erfolgsrechnung der Absatzgebiete. Die Tabelle zu Stufe 2 enthält die Skizze des absolut notwendigen und als Minimum anzusehenden Inhalts eines Informationsfeldes der Absatzgebiets-Erfolgsrechnung. Sie enthält die wesentlichen Zahlenkomplexe einer solchen Erfolgsstatistik. Der aus der ursprünglichen Umsatzerfassung übertragene Umsatzwert, hier beginnend mit dem Absatzgebiet 1, findet sich, um den Posten Erlösschmälerungen bereinigt, als Umsatznettowert in Zeile 1, Spalte 4 (kumulativer Ist-Wert für das erste Halbjahr) wieder. In allen nachfolgenden Darstellungen sollen ebenfalls nur noch die Nettoumsätze erscheinen.

---

[1]) In der vorliegenden Fallstudie werden auch in der anschließenden Erfolgsrechnung nur Halbjahreswerte verwendet.

Zei-le	Bezeichnung	Ein-heit	Laufendes Jahr						
			Soll Total		Kumuliert Soll	Ist	%3	%1	%
			Einheit	%	Einheit	Einheit			
	Spalte		1	2	3	4	5	6	7
	a) Basisdaten, Kosten, Ergebnisse								
1	Nettoumsatz	TDM	5 967	100	3 340	3 620	108	61	100
2	Verkaufte Ware	TDM	1 650		800	984	123	60	
3	OB-Ware[1])	TDM	235		150	66	44	28	
4	Vertrieb	TDM	440		350	198	57	45	
5	Leistungsabh. Kosten (LAK) (2–4)	TDM	2 325	39	1 300	1 248	96	54	34
6	Deckungsbeitrag 1 (1./.5)	TDM	3 642	61	2 040	2 372	116	65	66
7	Personalkosten	TDM	400		200	195	98	49	
8	Reise/Sachkosten, PkW	TDM	140		65	70	108	50	
9	Verkaufsförderung	TDM	155		135	125	93	81	
10	Gebietskosten (direkte ZAK) (7–9)	TDM	695	12	400	390	98	56	11
11	Deckungsbeitrag 2 (6./.10)	TDM	2 947	49	1 640	1 982	121	67	55
	b) Verkaufsleistungen								
12	Reisetage	ZAHL	1 800		1 000	950	95	53	
13	Kundenbesuche	ZAHL	16 000		10 000	11 300	113	71	
14	Aufträge	ZAHL	8 450		4 500	5 150	114	61	
15	Belieferte Kunden	ZAHL	5 900		5 900	5 700	97	97	
16	Kundenpotential	ZAHL	7 500		7 500	7 500	–		
	c) Kennziffern aus a) und b)								
17	Kosten/Reise-tag (7 + 8 : 12)	DM	300		265	279	105		
18	Gebietskosten/ Auftrag (10 : 14)	DM	82		89	76	85		
19	Netto-Umsatz je Auftrag (1 : 14)	DM	706		742	703	95		
20	Netto-Umsatz je Kunde (1 : 15)	DM	1 011		566	635	112		
21	Besuche je Reisetag (13 : 12)	ZAHL	9		10	12	119		
22	Potentialaus-schöpfung (15 : 16)	%	79		79	76	–		
23	Erfolgsquote (14 : 13)	%	53		45	46	–		

[1]) OB-Ware (Zeile 3) = Ohne Berechnung abgegebene Ware; könnten auch als zeitabhängige Kosten (Gebietskosten) angesehen werden.

Beschriftung der Tabelle zu Stufe 2

Die Tabelle ist in Gestalt und Beschriftung bereits einer rechnergestützten Verarbeitung angepaßt. Ihre Systematik soll deshalb auch für alle weiteren zu erstellenden Tabellen übernommen werden und als einheitliche Grundlage der späteren Rechnerausführung gelten. Wie im Zusammenhang mit der Tabellengestaltung auf S. 87 schon dargelegt, muß die Tabellengestaltung bestimmten Anforderungen genügen. Gerade beim Arbeiten mit elektronischen Medien kann der Erstaufwand bei der Tabellenerstellung erheblich verringert werden, wenn es gelingt, eine Einheitsform auf alle weiteren Erfassungsarbeiten zu übertragen.

Besonders hinsichtlich dieser Verwendung sind *Spalten und Zeilen* zunächst *fortlaufend numeriert.* Jede Spalte enthält ihren Wert in der angegebenen *Einheit.* Sofern sich diese Zahlen als Ergebnis von *Rechenoperationen* ergeben, die aus Basiszahlen der Tabelle selbst ermittelt werden, wird die Rechenformel in der Zeile mit genannt. In der endgültigen Rechnerlösung muß auf Letzteres aus Platzgründen am Bildschirm allerdings meist verzichtet werden.

Es gelten abweichend von der üblichen Arithmetik die Regeln:

(7 + 8) = *addiere den Wert der Zeilen 7 und 8*
(7 – 9) = *summiere die Werte der Zeilen 7, 8 und 9*
(6./. 10) = *subtrahiere den Wert der Zeile 10 von dem in Zeile 6*
(1 : 14) = *dividiere den Wert in Zeile 1 durch den in Zeile 14*

In komplexeren arithmetischen Operationen werden einfach die Operanten fortlaufend von links nach rechts verarbeitet, also entgegen der sonst üblichen Regel „Punktrechnen vor Strichrechnen". Die *Rechenvorschrift (7 + 8 : 12)* würde zum Beispiel besagen, daß die Summe der Werte aus den Zeilen 7 und 8 zu bilden und dieses Resultat durch den Wert der Zeile 12 zu dividieren wäre.

Beim Prozentrechnen wird, wie schon bei der Indexrechnung praktiziert, der Multiplikationsfaktor 100 nicht extra angegeben.

Für das laufende Kalenderjahr sind zwei Hauptspalten (Doppelspalten) eingerichtet. Die erste (Spalten 1 und 2) enthält die Soll-Vorgabe insgesamt für das ganze Kalenderjahr (total). In der zweiten Hauptspalte werden die erzielten Ist-Größen (kumulierte Halbjahreswerte) neben die Soll-Werte (für dieses erste Halbjahr) gestellt (Spalten 3 und 4). Die einzelnen Spalten können dabei entweder Zahlenwerte in den benannten *Einheiten* oder aber Prozentangaben enthalten.

Prozentangaben erfolgen aus Platzgründen am Bildschirm in Kurzform nach folgender Regel: Das *%-Zeichen als alleinige Spaltenbeschriftung* ohne jegliche Zusatzbemerkung bezeichnet eine Spalte mit Gliederungszahlen. Das heißt, die enthaltenen Gliederungszahlen errechnen sich aus den Werten der als nächste (links) davorstehenden Spalte mit Angaben in *Einheiten.* In Spalte 2 zum Beispiel ist (auf der Höhe von Zeile 5) der Wert 39 zu finden. Er besagt, daß die dort erfaßten leistungsabhängigen Kosten in Höhe von Soll Total = 2325 TDM anteilig 39% des zugehörigen Soll Total Nettoumsatzes = 5967 TDM derselben *Einheit*-Spalte belaufen. Letzterer stellt also die Gesamtmenge = 100% dar.

Dagegen liest sich die *Spaltenüberschrift* % 3 der Spalte 5 so: die letzte (links) vorangegangene *Einheit*-Spalte wird ins Verhältnis gesetzt zur benannten Spalte 3. Das heißt beispielsweise für die Zahlen in der Zeile 1, das 3620 durch 3340 zu dividieren ist, woraus sich 1,08, entsprechend 108%, ergeben. Es wird also der Wert der Spalte 4 in Prozent des entsprechenden Wertes in Spalte 3 ausgedrückt. Inhaltlich wird so der Grad in % angegeben, zu dem der erzielte Ist-Umsatz das vorgegebene Halbjahres-Soll erreicht hat. Im Vorliegenden Fall wurde also das Soll um genau 8% übererfüllt. Bleibt man weiter in Zeile 1, kann analog dazu die *Spaltenüberschrift* % 1 der Spalte 6 eigentlich dann nur noch bedeuten: Es wird wiederum der Wert in Spalte 4, jetzt aber zum Wert in Spalte 1 ins Verhältnis gesetzt, und damit der Ist-Umsatz in Relation zum Ganzjahres-Soll prozentual ausgedrückt. Das Ergebnis lautet leicht nachvollziehbar 3620/5967 = 61%.

Diese Darstellung entspricht der vom RKW gewählten Systematik.[1]

Unterschiede im Tabellenaufbau zur klassischen Vertreterstatistik

Der Aufbau dieser Statistik zeigt große Ähnlichkeit mit dem Tabellenaufbau klassischer Vertreterstatistiken, wie sie auf S. 114 gezeigt ist. Das gilt besonders für die im Tabellenteil B) enthaltenen Verkaufsleistungen. In ihrer Bestimmung dient sie allerdings ei-

---

[1] Vgl. RKW (Hrsg.): Führungsmappe, Teil 1, Eschborn 1985.

nem völlig anderen Zweck. Auf die für die herkömmliche Anwendung wichtige persönliche Differenzierung wird gänzlich verzichtet. Das Augenmerk ist nicht mehr auf die Kontrollzwecke „Vertreter-Überwachung" und „Vertreter-Beurteilung" gerichtet, sondern auf ein „höheres" Ziel.

Im Vordergrund steht das betriebliche Erfolgsziel; Daten der Vertreterleistung dienen überwiegend dazu, in zusammengefaßter Form über ein ganzes Absatzgebiet das Resultat der Aktivitäten in diesem Profitcenter Aufschluß zu geben und Analysen zu ermöglichen.

Die Tabelleninhalte beziehen sich jetzt im Gegensatz zu bisherigen Darstellungen dieser Art gleich auf ein ganzes Absatzgebiet, die ursprünglichen Monatswerte sind also zu Halbjahreswerten zusammengefaßt und stellen somit aggregierte Zahlenwerte dar, die durch eine Verdichtung der Ergebnisse mehrerer Bezirke[1]) zustandekamen. Sie enthalten keinerlei Angaben mehr, die sich auf einen einzelnen Vertreter beziehen. Vertreterbezogene Angaben gehen hier in der Summe unter. Da es dabei aber zu allererst darauf ankommt, den Beitrag des ganzen Absatzgebietes als Profitcenter zum Betriebsergebnis zu „messen", tritt eine solche persönliche Beurteilung in den Hintergrund. Zumindest wird bei der Profitcenter-orientierten Betrachtungsweise so verfahren.

Zum Zwecke dieser *Ergebnis-Messung* wird der Deckungsbeitrag des Profitcenters (also Absatzgebietes) berechnet. Es handelt sich offenbar um ganz andere Kosten als bei der bloßen Vertreterbeurteilung. Dort wird normalerweise angestrebt, den Gesamtbetrag aller vom Vertreter vereinnahmten Bezüge zu erfassen, um sie als Vertreterkosten und schließlich als Vertreter-Beurteilungsgröße einfließen lassen zu können. Es soll ja zum Beispiel ein hoher Vertreterkosten-Anteil am Umsatz dem einzelnen Vertreter persönlich angelastet werden und umgekehrt. Bei der Deckungsbeitragsrechnung muß dagegen versucht werden, neben den Kosten des Vertriebs, die außer Vertreterprovisionen Fracht und Verpackung enthalten, vor allem auch Kosten der Herstellung anzusetzen. All dies aber nur soweit, wie bei Änderung der Verkaufstätigkeit im betrachteten Absatzgebiet automatisch ebenfalls eine Änderung in den betreffenden Kosten stattfindet. Schließlich sieht die Kostenrechnung den Deckungsbeitrag als die Größe an, die die Differenz zwischen

---

[1]) Ein Absatzgebiet umfaßt bekanntlich mehrere Vertreter-Bezirke.

dem eindeutig einem Bezugsobjekt zurechenbaren Gesamterlös und der bei Erwirtschaftung dieses Erlöses verursachten Kosten darstellt, wobei diese natürlich ebenfalls wieder eindeutig zurechenbar sein müssen.

Der *Deckungsbeitrag* als Ergebnis ist dann derjenige Betrag, mit dem das Bezugsobjekt (hier also das Absatzgebiet) zur Deckung der restlichen Kosten (Gemeinkosten) des ganzen Betriebs und damit zum Betriebsergebnis beiträgt.

Inwieweit damit der „wirkliche" Beitrag zum Gesamtergebnis schon vorliegt, ist wie gesagt in der Kostenrechnung umstritten. Hier wird gemäß der im Profitcenter-Modell vorgegebenen Verfahrensweise auf Basis dieses Deckungsbeitrags 1 ein weiterer Deckungsbeitrag 2 als Profitcenter-Ergebnis errechnet, indem auch noch die zwar zurechenbaren, aber nicht mehr leistungsabhängigen, sondern „nur" zeitabhängige Kosten subtrahiert werden. Sie treten als Gebietskosten in Erscheinung und enthalten weitere Personalkosten des Absatzbereiches wie unter anderem das Vertreter-Fixum, wie sie auf S. 193 einzeln angeführt wurden.

Es sei jedoch nochmals darauf hingewiesen, daß diese Abgrenzung zwischen leistungsabhängigen und zeitabhängigen Kosten in der Praxis sehr uneinheitlich behandelt wird. Sie berührt die recht konträr geführte Diskussion Vollkostenrechnung versus Teilkostenrechnung, wie sie bereits in vorangegangenen Abschnitten behandelt wurde. Man kann aber hieran sehen, daß das beabsichtigte Resultat in einem ganz anderen Zusammenhang gesehen wird wie zum Beispiel in der Vertreterstatistik herkömmlicher Prägung. Auch bei den Kennzahlen dominieren Größen, die eher zur Einschätzung von Erfolgen und Erfolgsaussichten taugen als zur personenbezogenen Leistungsmessung.

2.2.3.2 Interpretation der Tabelleninhalte

Die *einzelnen Größen der Tabelle zu Stufe 2* dürften sich aufgrund des bereits im klassischen Teil Gesagten (vgl. S. 116) überwiegend selbst erklären.

Insgesamt betrachtet fällt die Dreiteilung dieser Tabelle auf. Sie enthält neben den ergebnisrelevanten Basisdaten in ihrem Teil A) auch Daten zur Leistungsbeurteilung der Vertriebstätigkeit, wie sie schon im klassischen Bereich vorkamen. Unter Verwendung dieser Zahlenwerte werden die bereits bekannten Kennzahlen des Tabellenteils C) errechnet, die eine weitere differenzierte Analyse dieser Außendienstleistungen erlauben. Insofern wird mit diesem Informationsfeld der Zielsetzung einer möglichst genauen Untersuchung der Gebietserfolge entsprochen, die schließlich den Unternehmenserfolg maßgeblich beeinflussen. Die möglichst exakte Jahres- und Halbjahresvorgabe der Soll-Werte für jede einzelne Tabellengröße (Spalten 1 und 3) dient dieser Zwecksetzung.

Da aufgrund einer bereits ersten Verdichtung zu Halbjahreswerten die ursprünglichen Monatswerte nicht mehr in Erscheinung treten, erhält man jährlich nur noch zwei solcher Informationsfelder je Absatzgebiet. Unter Beibehaltung der Monatsrechnung zum Beispiel würde der Datenumfang schon jetzt beträchtlich ansteigen, worauf aber meist verzichtet werden kann. Sollte man wirklich Monatswerte bevorzugen müssen, wäre auch zu überlegen, ob überhaupt noch für alle Größen Soll-Vorgaben der erforderlichen Genauigkeit ermittelt werden könnten und ob der entsprechende Arbeitsaufwand zu deren Errechnung akzeptiert werden kann. Es ist außerdem zu bedenken, daß neben den gezeigten Umsatzwerten natürlich auch weitere Daten entsprechend detailliert zuzuliefern sind, die hier aus den schon genannten Vereinfachungsgründen vorerst nicht näher betrachtet werden können. Primär die betriebliche Kostenrechnung und nicht zuletzt auch die Marktforschung und verwandte Gebiete müssen hierbei gegebenenfalls gewährleisten, daß die richtigen Daten geliefert werden, was zum Beispiel bei der Ermittlung von Standardkosten der Herstellung je verkaufter Einheit (also für Zeile 2 *„Verkaufte Ware"*) nicht immer einfach vorausgesetzt werden kann. Hieran wiederum hängen letztlich weitere Untereinheiten wie Gehaltsabrechnung, Finanzbuchhaltung u. a.

Möglichkeit der kurzfristigen Steuerung

Es sollen mittels dieser Leistungsanalyse vor allem durch schnelle tägliche Reaktionen, das heißt durch kurzfristige Steuerung, möglichen Fehlentwicklungen begegnet werden. Als besonders wichtige Kennzahl für diesen Zweck ist die *Erfolgsquote (Zeile 23)* anzusehen, die die Trefferhäufigkeit der vorgenommenen Kundenbesuche ausweist. In Absatzgebiet 1 kommt es beispielsweise in 46 % aller Kundenbesuche zu einem Auftrag.

Ähnlich wichtig ist die Kennzahl *Potentialausschöpfung (Zeile 22)*. Sie besagt, daß das als realistisch anzusehende Gesamtpotential an „gewinnbaren" Kunden im Absatzgebiet hier bereits zu 76 % ausgeschöpft wurde, also der zur Verfügung stehende Markt bereits weitgehend „durchdrungen" werden konnte. Sicher heißt das unter anderem auch, daß damit größere Wachstumsraten in Zukunft ohne neue Maßnahmen im Produkt- und Absatzbereich nicht mehr zu erwarten sein dürften. Das heißt, eine Ausweitung des Umsatzes durch stärkeres Eindringen in den potentiellen, relevanten Kundenkreis ist theoretisch zwar bis auf 100 % denkbar, praktisch aber nicht unbedingt realisierbar und auch gar nicht anzustreben. Schließlich dürfte im Normalfall mit steigender Potentialausschöpfung der damit erzielbare Grenzertrag drastisch abnehmen. Hierbei spielen des weiteren auch Wettbewerbsfragen eine große Rolle, etwa inwieweit durch Erhöhung des Marktanteils das grundlegende Ausgangspotential vergrößert und damit auf eventuell andere Weise eine Ausweitung des Grundstammes an Kunden erfolgen kann.

In diesem Zusammenhang wäre beispielsweise auch die Aufnahme einer ganz anderen – hier nicht erfaßten – Kennzahl, der sogenannten *Neukundenquote,* interessant, aber auch ebenso problembehaftet. Sie setzt die „Anzahl neu gewonnener Kunden" zur „Anzahl belieferter Kunden" insgesamt in Bezug. Sie gibt in klassischer Interpretation Auskunft darüber, inwieweit die im Absatzgebiet tätigen Vertreter bemüht waren, sich neben der täglichen Routinearbeit auch ums Neugeschäft zu bemühen. Im betrieblichen Informationssystem bietet sie eine Möglichkeit, die Veränderungen des Penetrationsgrades im Berichtszeitraum unmittelbar zu erfassen. Sie taugt aber nur dann zu diesen Zwecken, wenn für sie eine halbwegs realistische Soll-Vorgabe gemacht werden kann, was bei einer solchen eher theoretischen Größe bezweifelt werden muß. Das erzielbare

Soll an neu gewinnbaren Kunden läßt sich nicht einfach etwa als Differenz zwischen *Kundenpotential* und *Anzahl belieferter Kunden* berechnen, sondern dürfte sich nur als Ergebnis fundierter Marktrecherchen ergeben. Bei der hier gegebenen relativ hohen Potentialausschöpfung dürfte es aus vorgenannten Erwägungen heraus überhaupt fraglich sein, ob eine solche Erweiterung des Kundenkreises zur Verbesserung des Profitcenter-Ergebnisses beiträgt.

Problematik der Soll-Vorgaben

Auch diese Aussagen stehen und fallen mit der Glaubwürdigkeit der vorgegebenen Soll-Zahl. Diese wird davon abhängen, ob es gelungen ist, den Markt präzise zu bestimmen, womit wieder die schon diskutierte Problematik der Soll-Vorgabe an sich angesprochen ist. Die Problemstellung betrifft hier jede einzelne Tabellenzeile und wird dadurch nochmals verschärft. Die Notwendigkeit einer absoluten Feinsteuerung der vertrieblichen Tätigkeit macht eine solche Einzelvorgabe von Soll-Größen aber meist erforderlich.
Die Vernetzung mit anderen betrieblichen Aufgabenfeldern zeigt sich hier auch am Marketingbezug nochmals sehr deutlich. Aus den genannten Gründen ergeben die in der Tabelle erfaßten Kennzahlen nur vor dem Hintergrund fundierter Soll-Vorgaben einen Sinn. Es müssen möglichst realistische, auf Zahlen der Marktforschung basierende Vorstellungen über die eigene Marktposition und die erreichbaren Marktanteile vorangestellt werden, die mit den Zahlen der Unternehmensplanung korrespondieren. In der einschlägigen Literatur zum Thema Marketing liest sich das etwa so: „Zur Kontrolle der betrieblichen Zielplanung ... wird als wichtigste Kenngröße zunächst die betriebliche Umsatzentwicklung überwacht. Das geschieht aufgrund von Umsatzstatistiken, die nach Marktleistung, Absatzregionen, Abnehmergruppen ... und Deckungsbeiträgen differenziert werden. Den erzielten Betriebsumsatz setzt man ins Verhältnis zu dem aus der Marktforschung bekannten Marktvolumen und errechnet auf diese Weise den Marktanteil. Im Zeitablauf verfolgt man die Entwicklung der gesamten Daten. Sobald unerwünschte Tendenzen zu erkennen sind, werden geeignete Gegenmaßnahmen im Bereich der Marktleistungen und ... der Marktbear-

beitung eingeleitet".[1]) Es heißt aber auch: „Über die ... Wirkung der betrieblichen Marketingaktivitäten gibt ... die Umsatzstatistik allein nur unzureichend Auskunft ... Welchen Nutzen der ... Hersteller aus (den) Kennzahlen zieht, hängt weitgehend davon ab, mit welcher Intensität und Ernsthaftigkeit die ... Daten integriert und zum Gegenstand gemeinsamer Besprechungen mit allen zuständigen Mitarbeitern gemacht werden. Hier ergeben sich enge Berührungspunkte mit der Kontrolle des Personaleinsatzes im betrieblichen Absatzbereich"[2]) (also unter anderem auch zur Vertreterstatistik).

Für die anderen Absatzgebiete wird sinnvollerweise der gleiche Tabellenaufbau vorgesehen.

2.2.4 Stufe 3: Gebietsvergleich

Die Zusammenfassung und vergleichende Darstellung aller Absatzgebiete erfolgt durch einen weiteren Verdichtungsvorgang auf der nächsthöheren Aggregationsstufe. Im Resultat ist dieser Gebietsvergleich in nachfolgender Tabelle zu sehen.

---

[1]) Vgl. Grafers, Hans Wilfried: Investitionsgütermarketing, Stuttgart 1980, S. 252.
[2]) Vgl. ebenda.

Zei- le	Bezeich- nung	Ein- heit	Gesamt	Gebiet 1		Gebiet 2		Gebiet 3		Gebiet 4		Gebiet 5	
			Einht	Einht	%S	Einht	%S	Einht	%S	Einht	%S	Einht	%S
Spalte 1	2		3	4	5	6	7	8	9	10	11	12	13
a)	**Ergebnisse**												
1	Netto- umsatz	TDM	14 420	3 620	108	2 300	82	2 700	90	2 300	95	3 000	89
2	Deckungs- beitrag 1	TDM	9 569	2 372	116	1 480	81	1 710	89	2 100	101	1 907	85
3	Gebiets- kosten	TDM	1 810	390	98	340	99	435	106	305	94	340	95
4	Deckungs- beitrag 2	TDM	7 759	1 982	121	1 140	77	1 275	84	1 795	105	1 567	91
b)	**Kennzahlen**												
5	Kosten/ Reisetag	DM	321	279	105	282	108	393	121	470	111	500	115
6	Kosten/ Auftrag	DM	83	76	117	89	104	113	107	106	90	115	91
7	Nettoum- satz/Auftrag	DM	662	703	106	605	86	701	91	940	94	1 020	91
8	Nettoum- satz/Kunde	DM	676	635	112	597	85	675	95	1 050	101	1 100	96
9	Besuche/ Reisetag	Zahl	8	12	120	10	96	8	109	10	109	10	109
10	Potential- ausschöpfg.	%	61	76	96	70	96	71	97	72	95	78	95
11	Erfolgs- quote	%	42,8	46,0	102	46,0	105	68,0	99	52,0	104	45,0	105
12	Ergebnis- rate	%	53,8	54,8	–	49,6	–	47,2	–	64,1	–	52,2	–
13	Ergebnis- rate Vorj.	%	55,1	55,0	–	50,0	–	47,0	–	54,0	–	54,0	–
14	Rang DB 2 (Vorj.)	Zahl		2		4		5		3		1	
15	Rang DB 2 (Ber.-J.)	Zahl		1		5		4		2		3	

Fallstudie (Modellbetrieb) Stufe 3: Gebietsvergleich aller Absatzgebiete erstes Halbjahr

%S = Soll-Erfüllungsgrad für dieses Halbjahr in Prozent

2.2.4.1 Tabellenaufbau zu Stufe 3

Diese Übersicht stellt die fünf Absatzgebiete in ihren wesentlichen Ergebniswerten nebeneinander und bildet als zusätzliche Aussage die Gesamtsumme (Spalte 1), die unter anderem Verwendung in der darauffolgenden Betriebsergebnisrechnung finden wird. Um die Tabelle nicht zu überladen, wurden nur die für eine vergleichende Beurteilung der Gebietsleistung erforderlichen Größen aufgenommen. Die Tabelle enthält also nur noch die Umsätze und Deckungsbeiträge sowie die wichtigsten Kennzahlen der einzelnen Gebiete, also nicht mehr alle Basisdaten und Leistungsdaten der Gebietsebene. Die Spalten geben jeweils das Halbjahres-Ist und als Vergleichsgröße den Soll-Erfüllungsgrad für dieses Halbjahr in Prozent (% S) wieder (also das Rechenergebnis Spalte 4/Spalte 3 x 100 aus den Tabellen der drei Stufen).

Die erfaßten Zahlenwerte der Prozentuierung sowie der Kennzahlen können hierin rechnerisch also nicht mehr nachvollzogen werden. Sie resultieren aus den in den Gebietstabellen ausgewiesenen Rechengängen und werden einfach nur noch übernommen. Nur die Spalte *Gesamt* errechnet sich als Summe aller Gebiets-Spalten, zumindest sofern es die absoluten Größen wie Umsatz etc. betrifft. Wie im Zusammenhang mit der endgültigen Rechnerlösung (s. S. 259) ebenfalls noch zu erörtern sein wird, kann in einigen Fällen dagegen die Ermittlung der Kennzahlen in der *Gesamt*-Spalte schon nicht mehr einfach als Durchschnittswert der fünf Gebietswerte erfolgen. Es müssen zwar wiederum sinnentsprechend Summen gebildet werden, aber genau genommen aus den zugrundeliegenden Basiswerten der Einzeltabellen, die dann erst im Anschluß daran in Relation zu setzen sind. Da alle erforderlichen Rechenvorschriften Inhalt der Einzeltabellen sind, müssen diese Abläufe in der zusammenfassenden Darstellung nicht mehr unbedingt erkennbar sein.

Den Einzelwerten in der Tabelle kommt vorerst nur exemplarische Bedeutung zu. Der überwiegende Teil dieser Zahlenwerte ergibt sich ohnehin als Rechenergebnis einfacher Rechenoperationen, wie sie anschließend im Zusammenhang mit der computergestützten Realisierung dieser Tabellenwerke zu zeigen sind. Auf eine Herleitung der gezeigten Resultate kann deshalb vorerst verzichtet werden.

2.2.4.2 Interpretation der Tabelleninhalte

Aus der gezeigten Übersicht geht deutlich hervor, daß die einzelnen Absatzgebiete recht unterschiedliche Ergebnisse aufweisen. Da alle Ergebnisse vorliegen und nebeneinander stehen, kann auch die genaue Rangordnung der Gebiete, beispielsweise bezogen auf Deckungsbeitrag 2, ermittelt werden. Ein Vergleich mit den Vorjahresergebnissen ist häufig auch noch von Interesse.

Als *neue Kennziffer* kommt hier die *Ergebnisrate (Zeile 12)* hinzu, auf deren Erfassung in den Einzeltabellen bisher verzichtet wurde. Während der Deckungsbeitrag 2 das absolute Gebietsergebnis wiedergibt, drückt diese Kennziffer das eigentlich wichtigere und „richtigere" Ergebnis, das *relative Gebietsergebnis,* aus. Diese Kennzahl errechnet sich als Quotient Deckungsbeitrag 2 zu Gebietsumsatz und wird in Prozent ausgedrückt.

Unter der Prämisse, daß unterschiedliche Gebietsumsätze und Deckungsbeiträge auf unterschiedlichen strukturellen Gegebenheiten in den Einzelbezirken und -gebieten beruhen, muß der Gebiets-Leistungsvergleich bevorzugt anhand relativer Größen angestellt werden. Aussagefähig für den Leistungsvergleich sind also wiederum vor allem die Kennzahlen. Hierin schlagen sich Leistungsunterschiede auch wieder in einem etwas anderen Bild nieder: Gebiet 4 bringt mit einer Ergebnisrate von 64,1 % das beste Resultat, die Gebiete 2 und 3 sind als verhältnismäßig ertragsschwach anzusehen, was auch in der absoluten Rangfolge der Deckungsbeiträge 2 (DB 2) zum Ausdruck kommt.

In diesem Zusammenhang dürfte außerdem die *Erfolgsquote (Zeile 11)* als Quotient aus der Anzahl tatsächlich erteilter Aufträge und der Anzahl getätigter Kundenbesuche von einer gewissen Bedeutung sein: Mit einem Wert von hier 68,0 % scheint das ansonsten recht ergebnisschwache Gebiet 3 zumindest eine erfreuliche Effizienz bei der Vertretertätigkeit zu erreichen, was sich auf längere Frist kosten- und ertragswirksam auswirken sollte.

Auch bei Betrachtung dieser Übersicht zeigt sich wieder die *Notwendigkeit einer weitergehenden Analyse* im Sinne einer Ursachenforschung. Insbesondere dürfte eine nähere Untersuchung der zugerechneten Kosten als Gebietskosten angebracht sein, die über die hier nicht näher erörterte Kostenstatistik auf Basis einer sehr komplexen Erhebung und Abgrenzung aus den verschiedenen betrieblichen Bereichen eingebracht werden. Unter Umständen ist eine tiefergehende Analyse erst anhand weiterer Differenzierungen der Absatzdaten möglich, wie sie im nachfolgenden Abschnitt noch zu beschreiben sind.

Unabhängig von der Interpretation all dieser Resultate durch den Entscheidungsträger und den eventuell bereits hieraus abzuleitenden Maßnahmen, muß das zusammengetragene Zahlenergebnis der Spalte 1 als Summe in die abschließende Betriebsergebnisrechnung überführt werden.

2.2.5 Stufe 4: Ergebnisberechnung für das Unternehmen insgesamt (Betriebsergebnis)

Die aus dieser Übertragung entstandene Tabelle wird nachstehend vorgestellt.

Zu den bereits bekannten Größen aus den vorangegangenen Tabellen treten in dieser abschließenden Aufstellung noch weitere hinzu. Im großen und ganzen findet aber der relativ einfache Rechenvorgang statt, der bereits im Zusammenhang mit der Erstellung des Profitcenter-Modells dargelegt wurde. Die maßgebliche Größe ist das Betriebsergebnis (Zeile 11), das sich aus der Summe aller Deckungsbeiträge 1 abzüglich *aller* zeitabhängiger Kosten (ZAK) des gesamten Betriebs (also nicht identisch mit den in den bisherigen Tabellen verwendeten Summen der direkt zeitabhängigen Kosten, direkten ZAK) errechnen läßt. Dieser Sachverhalt wurde im übrigen im Zusammenhang mit der Erörterung des Deckungsbeitragskonzeptes bereits ausführlich beleuchtet, so daß hinsichtlich einer näheren Begründung dieser Vorgehensweise auf diese Stellen nochmals zu verweisen wäre (vgl. S. 193).

Das Betriebsergebnis wird außerdem bisweilen aus rein technischen Gründen bei der Kostenrechnung nachträglich noch um eventuelle Abweichungen bei den leistungsabhängigen Kosten (LAK) und zeitabhängigen Kosten (ZAK) korrigiert. Man spricht dann gerne zur Unterscheidung vom Betriebsergebnis 1 und Betriebsergebnis 2.[1] Am Wesensgehalt des Modells und der Tabelle ändert dies nichts; die Darstellung kann hier aus Vereinfachungsgründen auf das Betriebsergebnis 1 beschränkt bleiben.

---

[1] Vgl. RKW (Hrsg.): Führungsmappe, Teil 1, Eschborn 1985, S. 33 und S. 55.

Fallstudie (Modellbetrieb) Stufe 4: Betriebsergebnisrechnung erstes Halbjahr						
Zeile	Bezeichnung	Ein- heit	Laufendes Jahr		%4	%3
			SOLL Total	Kumuliert		
				SOLL	IST		
			Einheit	Einheit	Einheit		
Spalte	1	2	3	4	5	6	7
	A) Ergebnisse						
1	Nettoumsatz	TDM	35 000	18 300	14 420	78,8	51
2	Fertigg., Verkf., Lager	TDM	10 500	5 800	4 352	75,0	48
3	Vertrieb	TDM	1 600	890	499	56,1	
4	Leistungsabh. Kosten (LAK)	TDM	12 100	6 690	4 851	72,5	49
5	Deckungs- beitrag 1	TDM	22 900	11 610	9 569	82,4	53
6	Marketing/ Verkauf	TDM	8 500	4 500	3 111	69,1	
7	Produktion	TDM	7 600	3 800	3 133	87,0	
8	Beschaffung	TDM	1 200	600	344	57,3	
9	Verwaltung	TDM	3 450	1 600	1 333	83,3	
10	Zeitabh. Kosten (ZAK)	TDM	20 750	10 600	7 921	76,9	50
11	Betriebsergebnis (5./.10)	TDM	2 150	1 310	1 648	125,8	75

Um die Interpretationsmöglichkeiten noch zu erweitern, wurden auch in diese Übersicht wiederum Soll-Ist-Vergleiche in absoluter und relativer Form vorgenommen. Solange die Darstellung nicht mit Zahlenwerten überfrachtet wird, kann durch einen entsprechenden Vergleich mit Vorjahreswerten (hier nicht gezeigt, siehe jedoch S. 215) immer eine Erhöhung der Aussagekraft angestrebt werden. Die in dieser Aufstellung enthaltenen Ergebnisse gehen bisweilen auch unverändert in weitere abschließende Darstellungen buchhalterischen Charakters ein, die steuer- und handelsrechtlichen Bestimmungen entsprechen müssen. Es empfiehlt sich dann gegebenenfalls, eventuelle Periodenabgleiche, wie zum Beispiel für Fertigungskosten der Produktion auf Lager und ähnliche Korrekturen, mit aufzunehmen.

Abschließend könnte auch die Aufnahme weiterer Kennzahlen mit finaler Aussage sinnvoll werden, die zur globalen Beurteilung des Gesamtresultats beitragen würde, z. B.:

$$\text{Kapitalumschlagrate} = \frac{\text{Nettoumsatz}}{\text{Investiertes Kapital}}$$

$$\text{Ergebnisrate} = \frac{\text{Betriebsergebnis}}{\text{Nettoumsatz}}$$

$$\text{Betriebsrendite} = \frac{\text{Betriebsergebnis}}{\text{Investiertes Kapital}}$$

Sollte ein Unternehmen mehrere Betriebe umfassen, müßten diese Kennziffern eventuell noch einer weiteren, wiederum zusammenfassenden Übersicht zugeführt werden.

2.2.6 Weitere Statistiken mit Datenlieferanten-Funktion[1])

Es soll nicht verkannt werden, daß zur Durchführung einer kompletten Berechnung im Sinne des vorgestellten Modells weitere, in der Zusammenstellung nicht enthaltenen Statistiken mit Datenlieferanten-Funktion nötig sind.

2.2.6.1 Kostenstatistik

Besonders die Daten der Kostenentwicklung und als deren Basis wiederum die Daten der Produktionsstatistik haben entscheidenden Einfluß auf das ausgewiesene Ergebnis für die Absatzgebiete und erfordern insofern eine detaillierte und präzise Erfassung. Die *zuzurechnenden zeitabhängigen Kosten (ZAK)* sind schließlich zuerst in ihrer Gesamtheit zu bestimmen und in der Summe nach Kostenarten zu untergliedern, etwa

---

[1]) Die Darstellungen in diesem Abschnitt folgen weitgehend: RKW (Hrsg.): Führungsmappe, Teil 1 und Teil 2, Eschborn 1985.

- Personalkosten wie Löhne und Gehälter,
- Kosten der Verkaufsförderung inklusive Werbung, Kosten für Marketing u. ä., gegebenenfalls auch für Produktentwicklung und
- sonstige Kosten wie Reisekosten, Pkw-Kosten und u. a.[1])

Zur Erleichterung der anschließenden Zurechnung auf die Profit-center könnte zugleich nach den üblichen betrieblichen Einsatz-bereichen wie

- Verkauf (Außendienst, Innendienst),
- Produktion (Fertigung und Hilfsbereiche),
- Materialwirtschaft (Einkauf, Lager),
- Verwaltung

aufgeschlüsselt werden. Damit wäre über die reine Datenlieferung für die Erfolgsrechnung hinaus die Möglichkeit gegeben, die Ko-stenentwicklung an sich etwas genauer zu beobachten. Sofern auch hier wieder mit Soll-Vorgaben gearbeitet wird, die dann die budgetierten Kosten darstellen, läßt sich die Entwicklung des wohl größten Postens, der Personalkosten, ziemlich exakt beobachten. Erforderlichenfalls kann dieser Beobachtungsaspekt noch stärker in den Mittelpunkt treten, wenn zusätzlich eine *Personaleinsatz- und eine Personalkosten-Statistik* herangezogen wird. Hierin wären das eingesetzte Personal selbst, sinnvollerweise getrennt nach Ange-stellten und gewerblichen Arbeitskräften, sowie die Personalkosten insgesamt auszuweisen.

Zur Erleichterung des Einstiegs in solche Tabellen können außer-dem häufig erwünschte Kennziffern wie

- Personalkosten je Arbeitnehmer,
- Fluktuation und
- Krankenstandsquote

abgeleitet werden, wenn die Personalabteilung die zusätzlichen Basisdaten liefert. In der vorliegenden Fallstudie wäre außerdem zu erwägen, den

- Fertigungsstunden-Einsatz (Vergleich gebrauchte Stunden ./. Vorgabestunden)

---

[1]) Im Falle der Herstellung und des Vertriebs höherwertiger Investitions-güter muß bezüglich der Forschungs- und Entwicklungsausgaben sicher eine weiter differenzierte Zuordnung gefunden werden.

für die wichtigsten Artikel zu kontrollieren. Spätestens hier zeigt sich die sehr enge Vernetzung der Kostenstatistik mit im klassischen Teil besprochenen produktionsstatistischen Bereichen. Bei der Beobachtung der *leistungsabhängigen Kosten (LAK)* ist dieser Bezug noch stärker gegeben. Als Basis für die Ermittlung der Fertigungskosten der einzelnen Artikel dienen Stücklisten und Arbeitspläne. Für die Kontrolle der wichtigsten Materialeinstandspreise (zum Beispiel für „A-Materialien" gemäß ABC-Analyse, vgl. S. 155) müssen Bestände und Bewegungsdaten der Beschaffungsstatistik herangezogen werden, die Mengen- und Wertangaben beinhalten muß.

2.2.6.2 Produktionsstatistik

Auch die Produktionsstatistik selbst nimmt genau genommen nicht nur diese Datenzulieferaufgaben wahr. Den Entscheidungsträger interessieren die hierin normalerweise enthaltenen Produktivitätsdaten, die sich unter anderem im „Ausstoß je Fertigungsstunde" ausdrücken. Detaillierte Leistungs- und Produktivitätsdaten dieser Art müssen nicht unbedingt für jeden einzelnen Artikel erhoben werden.[1] Meist reicht es, diese Zahlen für repräsentative bzw. „führende" Artikel oder Artikelgruppen zu ermitteln. Die Systematik einer solchen Produktionsleistungs-Statistik könnte beispielsweise folgendermaßen aussehen: Siehe Tabelle S. 223.

2.2.6.3 Statistik der Finanzentwicklung

In der Statistik der Finanzentwicklung wird man in jedem Fall

– die Einnahmen und Ausgaben auf der einen und
– das Mittelaufkommen und den Mittelbedarf auf der anderen Seite

beobachten wollen. Als Minimalprogramm wird man im vorliegenden Fall infolge der hohen Anzahl relativ kleiner Kunden eine Über-

---

[1] Zumindest nicht zum hier angestrebten Zweck; beim langfristigen Produktionsvergleich nach klassischem Vorbild (siehe Teil I) gelten andere Maßstäbe.

sicht über die Zahlungseingänge anstreben. Sinnvollerweise wird man in einer Tabelle die Forderungen und Zahlungsziele, strukturiert nach Kundengruppen, den eigenen Verbindlichkeiten (nach den bereits erfaßten Kostenarten) gegenüberstellen. In einer zweiten Tabelle wird man zum Zwecke längerfristiger Finanzierungsdispositionen den Mittelbedarf für Investitionen mit dem Mittelaufkommen, dargestellt im „Periodengewinn" als Bilanzergebnis abzüglich Entnahmen und Steuern, abgleichen, woraus im Prinzip der Kreditbedarf des Unternehmens abgeleitet werden kann. Anstelle der Bilanzergebnisberechnung bzw. zusätzlich zu dieser wird häufig auch hier wieder die Größe „Cash-flow" verwendet. Sie soll wie schon ausgeführt, die Fähigkeit des Unternehmens, sich aus eigener Kraft finanzieren zu können, wiedergeben.

2.2.6.4 Weitere Detaillierung und Segmentierung (z. B. nach Kunden- und Produktgruppen)

Das statistische Rahmenwerk zum vorgestellten Betrieb als Fallstudie wäre so weitgehend komplett. Damit ist aber nicht gesagt, daß die in den vorangegangenen Abschnitten behandelten Tabellenwerke nicht noch eine weitere Detaillierung erfahren könnten. Bei der angenommenen Problemstellung könnte bereits im Zusammenhang mit der Statistik der laufenden Monatsumsätze das Bedürfnis noch stärker differenzierter Beurteilung der Außendienstleistungen auftreten (damit nicht automatisch auch der Vertreter). Neben den schon behandelten Fragen nach der Gesamtabsatz-Entwicklung und dem Umsätzen einzelner Absatzgebiete könnte die Realisierung der geplanten Umsatzhöhe bzw. auch Umsatzstruktur nach weiteren Segmentierungsgesichtspunkten, wie zum Beispiel nach Produktgruppen, Kundengruppen, gegebenenfalls auch Deckungsbeitragsgruppen, von Interesse sein. Hierfür wären die getätigten Umsätze außer nach den bekannten Absatzgebieten zusätzlich *nach Produktgruppen,* zum Beispiel

– Lackreiniger,
– Waschmittel,
– Konservierer,
– andere,

und/oder *nach Kundengruppen,* wie zum Beispiel

– Fach-Einzelhandel,
– Hobby-Märkte,
– Kaufhäuser,
– andere,

zu erfassen und zusammenzustellen.

Es kann sicher leicht eingesehen werden, daß in diesem Fall bereits die Monatsstatistik entsprechend detaillierter sein müßte. Insgesamt wird jedes weitere Segment der Erfassung einen ebenso großen Darstellungsaufwand hervorrufen, wie er für die statistische Abbildung der gezeigten sechs Absatzgebiete nötig war. Solche, hier durchaus angebrachten Forderungen führen unter Umständen zu sehr umfangreichen Informationsfeldern, wenn für alle zusätzlichen Marktsegmente auch wieder die vorgenommenen Auswertungen in Form von Kennzahlendarstellungen erfolgen sollen.

In der Literatur wird für die Erfassung der Ergebnisentwicklung nach Produktgruppen und nach Kundengruppen der Ausweis mindestens folgender Kennzahlen vorgeschlagen:

Kennzahlen für die Auswertung nach Produktgruppen

$$\text{Erlös je Artikelgruppe (ggf. je Artikel)} = \frac{\text{Nettoumsatz (TDM)}}{\text{verkaufte Artikel (St.)}}$$

$$\text{Erlös je Auftrag} = \frac{\text{Nettoumsatz (TDM)}}{\text{Anzahl Aufträge (St.)}}$$

$$\text{Erlös je Kunde} = \frac{\text{Nettoumsatz (TDM)}}{\text{Anzahl belieferter Kunden (St.)}}$$

$$\text{Deckungsbeitrag je Stunde} = \frac{\text{Deckungsbeitrag 1 (DM)}}{\text{Anzahl Fertigungsstunden (St.)}}$$

$$\text{Bestellposition je Auftrag} = \frac{\text{Bestellpositionen (St.)}}{\text{Anzahl Aufträge (St.)}}$$

$$\text{Ergebnisrate} = \frac{\text{Nettoumsatz (TDM)}}{\text{Lagerbestand Fertigware (TDM)}}$$

Kennzahlen für die Auswertung nach Kundengruppen

$$\text{Nettoumsatz je Auftrag} = \frac{\text{Nettoumsatz (TDM)}}{\text{Anzahl Aufträge (St.)}}$$

$$\text{Nettoumsatz je Kunde} = \frac{\text{Nettoumsatz (TDM)}}{\text{Anzahl belieferter Kunden (St.)}}$$

$$\text{Potentialausschöpfung} = \frac{\text{Anzahl belieferter Kunden (St.)}}{\text{Kundenpotential (St.)}}$$

Das Kundenpotential repräsentiert als Bestandsgröße die Gesamtzahl aller potentiell (am betreffenden Markt) „gewinnbaren" Abnehmer im Sinne der auf S. 212 geführten Diskussion.

$$\text{Erfolgsquote} = \frac{\text{Anzahl Aufträge (St.)}}{\text{Anzahl Kundenbesuche (St.)}}$$

$$\text{Ergebnisrate} = \frac{\text{Deckungsbeitrag 2 (TDM)}}{\text{Nettoumsatz (TDM)}}$$

Die Ergebnisrate drückt das relative Gebietsergebnis aus (vergleiche entsprechende Diskussion zum Gebietsvergleich, (S. 214).

$$\text{Kosten je Auftrag} = \frac{\text{Kundengruppenkosten[1]) (TDM)}}{\text{Anzahl Aufträge (St.)}}$$

$$\text{Neukundenquote} = \frac{\text{Anzahl neu gewonnener ./. verlorener Kunden (St.)}}{\text{Anzahl belieferter Kunden (St.)}}$$

$$\text{Ausfallquote} = \frac{\text{Zahlungsausfälle (TDM)}}{\text{Forderungen (TDM)}}$$

---

[1]) Zu bilden als Summe der direkten zeitabhängigen Kosten (ZAK) für
Akquisition und Werbung/Verkaufsförderung, aufgewendet für die
jeweils betrachtete Kundengruppe, zum Beispiel „Kaufhäuser".

Teil III: Computergestützte Betriebsstatistik

1 EDV-Anwendungen in der Betriebsstatistik

1.1 Rechnerkonzepte

1.1.1 Anforderungen an computergestützte Informationssysteme in der betrieblichen Entscheidungsfindung

1.1.1.1 Übersicht

In der Praxis können betriebsstatistische Zahlenwerke äußerst umfangreich werden. Die Notwendigkeit einer laufenden Fortschreibung bedingt dabei einen beträchtlichen Rechenaufwand mit der entsprechenden Gefahr von Rechenfehlern. Man hat daher schon sehr früh zur Berechnung von Kennzahlen sowie zur Prozentuierungs- und Summenberechnung Computer eingesetzt.

Der EDV-Einsatz bei der Lösung betriebsstatistischer Aufgaben steht mit weiter verbessertem Preis-Leistungsverhältnis dieser Systeme längst außer Frage. Zu fragen ist dagegen nach den genauen Anforderungen, die an die Rechnerlösung eines betrieblichen Informationssystems zu stellen sind, damit dieses zum wirklichen Instrument betrieblicher Entscheidungsfindung werden kann. Die vier wichtigsten Anforderungen sind mit ihrer gegenseitigen Einflußnahme in Abb. 28 gezeigt.

Die Anforderungen stehen nicht gleichrangig nebeneinander. Als wichtigste Qualitätsmerkmale moderner rechnergestützter Informationssysteme sind die vier Merkmale *Verfügbarkeit, Aktualität, arithmetische Richtigkeit und Flexibilität* anzusehen. Diese müssen als Systemeigenschaften so realisiert sein, daß sich durchgängig eine möglichst *leichte Handhabung und Bedienung* des Systems ergibt. Regelmäßige Auskünfte, wiederum über alle Funktionen, werden standardisiert in sogenannten *Standard-Reports* abgegeben. Entscheidungsträger können in Abhängigkeit von aktuellen Pro-

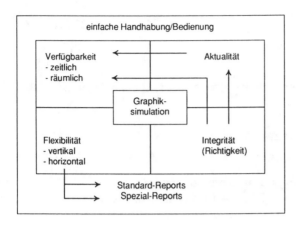

Abb. 28: Anforderungen an rechnergestützte Informationssysteme

blemlagen auf Wunsch auch Auskünfte als *Spezial-Reports* durch individuelles Sortieren, Selektieren, Gruppieren oder ähnliches abrufen. *Graphiken* stellen auf allen Ebenen wertvolle Einstiegs- und Interpretationshilfen dar. Das Gesamtsystem ist so konzipiert, daß der Benutzer mit angenommenen Zahlenwerten beliebige Betriebssituationen als *Simulation* nach dem „Was-wäre-wenn-Motto" durchführen kann.

1.1.1.2 Anforderungsprofil

Verfügbarkeit in zeitlicher und räumlicher Hinsicht

Im Vordergrund steht zunächst die *Verfügbarkeit* in *zeitlicher* und *räumlicher* Hinsicht. Das heißt, das zu entwerfende Informationssystem muß der Entscheidungsperson die Möglichkeit bieten, die gewünschten Informationen im direkten Mensch-Maschine-Dialog abrufen zu können. Das muß zu jedem beliebigen Zeitpunkt, an jedem beliebigen Ort (am Arbeitsplatz) und ohne längere Reaktionszeiten des Systems vonstatten gehen können.

228

Aktualität und arithmetische Richtigkeit

Eines der wesentlichsten Kennzeichen eines solchen Systems ist außerdem die *Aktualität* und die *arithmetische Richtigkeit* der Daten, die sich als zu fordernde Eigenschaften unmittelbar aus der Verfügbarkeit ableiten. Hohe Verfügbarkeit bedingt ebenso hohe Aktualität, und diese hat wiederum zwangsläufig die rechnerische Richtigkeit des Gesamtsystems zur Voraussetzung. Gerade in betriebsstatistischen Zahlensystemen findet eine ständige Aktualisierung von Zahleninhalten statt. Es muß sichergestellt sein, daß jede Fortschreibung einzelner Zahlenwerte bereits beim jeweils nächsten Zugriff auch wirklich schon zur Verfügung steht.

Das geht meist nur, wenn die arithmetischen Vernetzungen der geänderten Zahlen mit anderen Werten auf eventuell ganz anderer Systemebene sofort und vollständig berücksichtigt werden kann. So hätte beispielsweise die Änderung des Ist-Umsatzwertes von 530 TDM auf 600 TDM für nur den einen Monat März in der Umsatzstatistik (vgl. S. 204) zunächst eine ebensolche Erhöhung des Summenergebnisses erstes Halbjahr (Ist Brutto kumuliert) zur Folge; der Juni-Wert würde sich also von 3 620 TDM um 70 TDM auf 3 690 TDM erhöhen. Arithmetisch richtig und vollständig aktualisiert wäre die Tabelle aber noch nicht. Es muß dafür gesorgt sein, daß die von einer solchen Veränderung rein arithmetisch ebenfalls betroffenen Werte für April und Mai in der „kumuliert-Zeile" genauso korrigiert werden.

Für das Gesamtsystem ist damit *arithmetische Richtigkeit* noch nicht erreicht. Zumindest der veränderte Umsatz-Summenwert „wandert" im Zuge des ersten Verdichtungsvorgangs auf Stufe 2 in die Statistik der Absatzgebiete (vergleiche Prinzipskizze in Abb. 27 und Tabelle S. 206, Zeile 1, Spalte 4). Die Statistik des betroffenen Absatzgebietes selbst wird dabei nur dann vollständig auf dem neuesten Stand sein können, wenn

– dieser Transfervorgang erfolgreich durchgeführt wird und
– unter Verwendung des nunmehr korrigierten Umsatz-Summenwertes eine komplette Neuberechnung aller betroffenen Größen in dieser Tabelle erfolgt ist.

Man sieht die Problematik: Nur die lückenlose richtige Neuberechnung aller arithmetischer Vernetzungen des Gesamtsystems in der logisch richtigen Folge gewährleistet wirkliche Stimmigkeit zu jedem Zeitpunkt. Um die Gefahr sich widersprechender Auskünfte aus verschiedenen Ebenen des Systems auszuschließen, muß der beschriebene Transfer in Verbindung mit den zugehörigen Berechnungen nach jedem „Up date" bis auf die höchste Stufe, die Betriebsergebnisrechnung, durchgeführt werden.

Vollständige arithmetische Sicherheit liegt aber genau genommen erst dann vor, wenn auch die zu den Tabellenwerten generierten Graphiken in den Transfer und die Datenänderung einbezogen werden.

Im allgemeinen läßt sich die absolute Sicherheit einer arithmetisch richtigen Aktualisierung so nur mittels eines eingebauten Automatismus erreichen. Sind im System nicht allzuviele Berechnungen enthalten, wird mit jeder Zahlenänderung ohne Zutun des Benutzers einfach ein Programm gestartet, das alle in den Tabellen vorzunehmenden Rechenoperationen erneut durchführt. In großen Systemen wird man der unter Umständen auch am Rechner unbequem langen Rechenzeiten wegen solche Aktualisierungsprogramme erst nach Eingabe mehrerer Änderungen „per Knopfdruck" starten. In letzterem Falle muß der Datenbestand für Zugriffe während des Up-date-Vorgangs gesperrt bleiben oder doppelt geführt werden.

Flexibilität des Informationssystems

Rechnergestützte Informationssysteme müssen in mehrfacher Hinsicht eine hohe *Flexibilität* aufweisen. Zum einen bedingt eine Anpassung an sich von Zeit zu Zeit ändernde Problemlagen und Zielsetzungen des Betriebes eine Anpassung des Grundkonzepts an neue Gegebenheiten. Da der Ersterstellungsaufwand gerade bei Rechneranwendungen sehr hoch sein kann, muß eine bereits bei Systemerstellung eingebaute *vertikale Flexibilität* die Gewähr dafür bieten, daß die Informationsfelder in ihrer Gestalt leicht veränderbar bleiben und eine Systempflege dieser Art mit minimalem Folgeaufwand betrieben werden kann.

Mit *horizontaler Flexibilität* ist die Fähigkeit des Systems benannt, im bestehenden Konzeptrahmen auch unvorhersehbare und untypische Auswertungen zu erlauben und diese zu unterstützen. Im Normalfall wird ein System so konzipiert sein, daß die auf Basis der betrieblichen Problemsituation anforderungsspezifischen Fragestellungen auf „Tastendruck" als *Standard-Reports* abgerufen werden. Es handelt sich dabei um die üblichen Abfragen, die beim Systembau antizipiert wurden und die sich innerhalb eines bestimmten Variationsspektrums in gewissen Zeitabständen wiederholen. So wird man etwa der Tabelle des Gebietsvergleichs in Stufe 3 des entworfenen Systems drei Graphiken zuordnen: Je ein Kreisdiagramm für die prozentualen Anteile der Absatzgebiete an Umsatz, Deckungsbeitrag 1 und Deckungsbeitrag 2. Unter diesen könnte der Benutzer beliebig wählen; er erhält die gewünschte Graphik auf einfache Eingabe beispielsweise einer zugeordneten Rechner-Funktionstaste am Bildschirm angezeigt, oder er erhält eine Vorgabe der Möglichkeiten und wählt direkt aus diesem „Menü" aus (vgl. S. 244). Letzteres ist unter anderem eine Frage der Benutzerführung und damit der geforderten *einfachen Bedienung.*

Der eigentliche Flexibilitätsanspruch gilt aber erst als eingelöst, wenn der Benutzer auch hiervon abweichende Graphiken als individuelle *Spezial-Reports* erhalten kann, ohne daß von ihm EDV-Kenntnisse oder gar Programmierarbeiten verlangt werden müssen. Es muß möglich sein, Tabelleninhalte in Abhängigkeit von der momentanen Intention nach anderen Gesichtspunkten zusammenzustellen, auszuwerten oder auch nur zu sortieren und ähnliches. So könnten im angenommenen Fall neben den drei Strukturgraphiken die graphische Interpretation eines ganz anderen Zusammenhangs interessant sein, zum Beispiel die Darstellung der Kostenstruktur des umsatzschwächsten Gebietes als Balkendiagramm. Flexibilität bedeutet in diesem Beispiel, daß Benutzer sich auch solche abweichenden Graphiken selbstständig durch kurzes Aufbereiten der relevanten Systemdaten generieren können, ohne daß wirkliche Zeichenarbeit (weder manuell noch am Bildschirm) in nennenswertem Umfang anfällt.

Diese Form von Flexibilität wird sich natürlich nicht auf Zahlengruppierungen oder Graphikinterpretationen beschränken dürfen. Es muß genauso möglich sein, mathematische Sonderauswertungen zusätzlicher Art, wie Trendberechnungen, Prognoserechnungen, Soll-Ist-Vergleiche und andere nachträgliche Analysen anstellen zu können. Die erforderlichen Rechenvorschriften müssen leicht und schnell im System „verankert", das heißt installiert, und für spätere Wiederverwendungen abrufbar gehalten werden können.

Auf die Bedeutung von *Geschäfts-Graphiken* wurde schon in verschiedenen anderen Abschnitten hingewiesen. In rechnergestütz-

ten Informationssystemen der betrachteten Art sind sie unverzichtbare Interpretationshilfe und ein Mittel zur hochverdichteten Aussage. Man wird in der Regel zu jeder Tabelle mehrere prägnante
Graphiken definieren. Die Diagrammerstellung in Gestalt üblicher
Business-Graphiken ist am Rechner nicht eigentlich problematisch. Es muß allerdings darauf geachtet werden, daß ihr Inhalt
direkt aus der betreffenden Tabelle entnommen wird und so die eingangs geforderte Aktualität und arithmetische Richtigkeit gewahrt
bleibt. Es kann die Bedienung des Systems empfindlich verkompli-
zieren, wenn zur Aktualisierung allein der Graphiken eigene bzw.
zusätzliche Manipulationen am Rechner erforderlich werden.

Einfache Handhabung / Bedienung

Mit der Forderung nach *einfacher Handhabung* ist eine möglichst
einfache, übersichtliche und natürlichen periodengerechte Aufbe-
wahrung sowie Verwaltung der Datenträger verschiedener Be-
richtszeiträume gemeint; dies in bezug auf die klare Abgrenzung
der Datenbestände verschiedener Zeiträume sowohl beim Zugriff
am Rechner als auch in der Organisation dieser Daten außerhalb
des Rechners. Außerdem soll das System möglichst portabel sein,
um es bei Bedarf mit nur geringem Aufwand auf zusätzlichen Arbeitsplätzen und anderen Systemumgebungen installieren zu
können. Hierunter fällt auch die Forderung, das System von der
Einzelplatzlösung auf Rechnernetz-Installation mit zentralem Datei-
Server (und umgekehrt) umstellen zu können. Letzteres erlaubt es,
auch für größere Organisationen mit einer Vielzahl einzelner Benutzer die Tabellenwerke in nur einer Ausfertigung vorhalten zu müssen. Damit können die Tabellenfortschreibung rationalisiert und
Datenerfassungsfehler reduziert werden.
Die Forderung nach einer *einfachen Bedienung* mündet nach heuti-
ger Auffassung von Benutzerfreundlichkeit in einer selbsterklären-
den Bedienerführung, die beim Benutzer keine besonderen EDV-
Kenntnisse voraussetzen muß. Das heißt, der Benutzer wird einer
längeren Einführung in die Systembedienung enthoben; er erfährt
alle Funktionen des Systems direkt im Dialog auf derart eingängige
Weise, daß ihm eine sofortige Systembenutzung möglich wird. Üblicherweise werden ihm alle zur Ablaufsteuerung erforderlichen
Kommandos in Menü-Form dargeboten. Zur Ausführung des Kom-

mandos wird lediglich die gewünschte Funktion aus dem Menü ausgewählt. Solche Benutzeroberflächen sind meist vom eigentlichen Programm weitgehend abgehoben und folgen in ihrer Gestaltung nahezu ausschließlich den Forderungen einer verständlichen und leichten Systembedienung. Ihre Erstellung ist in den allermeisten Fällen vergleichsweise aufwendig. Da der Erstellungsaufwand mit zunehmendem Benutzerkomfort sogar überproportional ansteigen dürfte, kann diese Forderung im Widerspruch zur Forderung nach möglichst geringem Ersterstellungsaufwand für die eigentliche Problemlösung stehen.

1.1.2 Realisierung in der Betriebspraxis

1.1.2.1 Eigenentwicklung oder Fremdbezug

Ein Informationssystem betriebsspezifischer Prägung wird am kostengünstigsten als *Eigenentwicklung auf Personalcomputer mit Hilfe sogenannter „Endbenutzerwerkzeuge"* (Standardsoftware der 4. Generartion) realisiert, wie sie in den nachfolgenden Abschnitten näher beschrieben sind. Mit der Verwendung solcher Art Standardsoftware wird zugleich ein Maximum an Benutzernähe erreicht, also der Forderung nach schneller Verfügbarkeit am einzelnen Arbeitsplatz entsprochen. Da diese Software-Werkzeuge mit einer endbenutzerorientierten Bedienungsoberfläche ausgestattet sind, tritt auch der oben genannte Widerspruch im Zusammenhang mit der Erstellungskosten-Problematik nicht auf. Solche Endbenutzerwerkzeuge stellen noch kein eigentliches Anwendungsprogramm dar; sie ermöglichen aber selbst dem EDV-Laien, ein solches auf kürzestem Wege für seine individuellen Belange zu erstellen.
Aus Kostengesichtspunkten kommt im Prinzip auch der *Fremdbezug* eines anwendungsfertigen Programms als Komplettlösung in Frage. Damit stellt sich die generell betriebswirtschaftliche Frage nach dem Abwägen von Eigenentwicklung und Fremdbezug", die sich auch in anderen Bereichen stellt. Sie muß auch hier anhand grundlegender betriebswirtschaftlicher Kriterien entschieden werden.
Da im vorliegenden Fall gerade die möglichst exakte Anpassung an individuelle betriebliche Belange gefordert werden muß, ist die

Selbsterstellung meist kaum zu umgehen. Gerade im Software-Bereich stößt die Anpassung käuflicher Produkte (zum Beispiel Management- oder Betriebs-Informationssysteme) im übrigen bereits bei nur geringen Abweichungen vom individuellen Anforderungsprofil auf erhebliche technische und nicht zuletzt lizenzrechtliche Hindernisse. Das ist in jedem Einzelfall genau zu prüfen. Da diese Schrift als Anleitung zum Aufbau individueller Eigenentwicklungen verstanden werden soll, wird der Software-Fremdbezug im folgenden nicht weiter betrachtet.

1.1.2.2 DV-Modell des Informationssystems

Einzel- oder Mehrplatzlösung

Unter Berücksichtigung aller genannten Anforderungen müßte die Personalcomputer-Lösung eines betrieblichen Informationssystems dem in Abb. 29 skizzierten Konzept folgen. Das Konzept ist dort als DV-Modell (Datenverarbeitungsmodell) einer Einzelplatzlösung dargestellt. Es läßt sich analog auch als Mehrplatzlösung ausführen, wenn die gezeigten Datenbestände auf einem Datenspeicher zentral für alle Plätze verfügbar gehalten und alle Einzelplätze über ein lokales Rechnernetz mit dem zugehörigen Server-Rechner verbunden werden. Die Entscheidung darüber sollte ausschließlich nach betriebsorganisatorischer Nutzenerwägung getroffen werden; Mehrplatzsysteme werden bei größerem Nutzer-Personenkreis kostengünstiger, aber auch wartungs- und änderungsfreundlicher sein. Da die gewählte Hardware-Konfiguration im Grunde das entworfene Konzept nicht beeinflussen wird, sollen sich die nachfolgenden Ausführungen ausschließlich auf die Einzelplatzlösung konzentrieren.

Beschreibung des computergestützten betrieblichen Informationssystems

Im Zentrum des Rechnerkonzepts zum betrieblichen Informationssystem stehen die einzelnen Informationsfelder, wie sie in den Tabellen S. 204 ff. dargestellt sind. Die Tabellenwerke werden ihrer

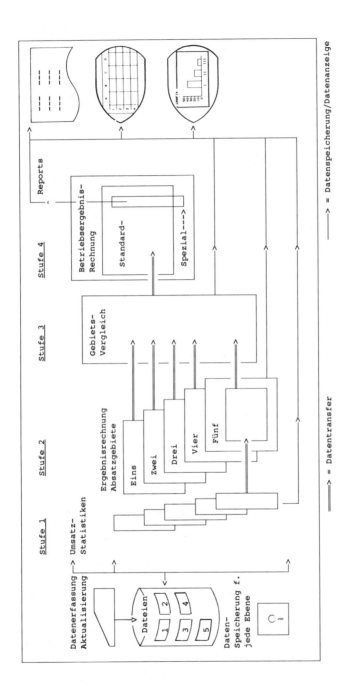

Abb. 29: DV-Modell eines rechnergestützten Informationssystems für die entscheidungsorientierte Betriebsstatistik (Einzelplatzlösung)

Systemstufe entsprechend, genau wie in den dortigen Abbildungen dargestellt und jeweils für sich als sogenanntes „elektronisches Arbeitsblatt" (vgl. S. 245) geführt. Sie werden mittels der erwähnten Endbenutzer-Softwarewerkzeuge „originalgetreu" nachgebildet und in dieser exakten Trennung, wiederum genau gegeneinander abgegrenzt, auf externem Speicher vorgehalten. Im Zugriffsfall werden sie in einer bestimmten Folge und Anordnung (Standard-Report) oder aber in beliebiger Anordnung (Spezial-Report) in den Arbeitsspeicher des Personalcomputers geladen. Jede einzelne Tabelle erhält auf dem Datenspeicher eine eigene Datei. Damit ist die inhaltlich klare Abgrenzung aller Stufen gegeneinander gewährleistet, womit eine eindeutige Vorgehensweise bei Aktualisierungsmaßnahmen – auch im Zugriff auf einzelne Ebenen bzw. Tabellen – möglich und die vollständige Integrität des ganzen Systems gegeben ist. Die Informationsverdichtung in Richtung der jeweils nächsthöheren Stufe kann so genau in der beschriebenen Weise durch Datentransfer zwischen den einzelnen Tabellen, also einzelnen Dateien, erfolgen.

Die Dateien können sowohl auf Magnetplatte als auch auf Diskette geführt werden. Für einen bequemen und vor allem schnellen Zugriff ist aber unbedingt die Verwendung einer Magnetplatteneinheit nicht zu kleiner Speicherkapazität (ab ca. 30 MB) vonnöten.

Sicherungskopien von Dateien früherer Version können zusätzlich auf Diskette gespeichert werden. Die Aktualisierung kann dann ohne Gefahr von Datenzerstörung über Tastatureingabe direkt ins System (in die Plattendateien) erfolgen.

Die Auskünfte bei Benutzeranfragen werden direkt aus dem Arbeitsspeicher auf Bildschirm abgegeben. Die für diesen Vorgang benötigten Dateien werden nur diesem Bedarf entsprechend vorübergehend ohne Zutun des Benutzers automatisch geladen. Im Interesse einer wirklich hohen Verfügbarkeit soll der Bildschirm des Rechners das normale und bevorzugte Ausgabemedium sein. Die geplanten und voreingestellten Systemeauskünfte werden als Standard-Reports aus den bereits im Endbenutzerwerkzeug vorgesehenen oder auch auf Wunsch vom Benutzer selbst programmierten Vorgaben[1]) ausgewählt und unmittelbar auf Bildschirm an-

---

[1]) Eine Programmierung im eigentlichen Sinn ist nicht vorgesehen. Der Benutzer kann aber auf Wunsch eine Art Kommandofolge selbst generieren, die dann auf Befehl komplett selbsttätig abläuft. Vergleiche hierzu S. 248 ff.

gezeigt. Durch richtigen Einsatz der verwendeten Endbenutzerwerkzeuge ist dabei auch die Aktualität und arithmetische Richtigkeit der Graphik-Anzeigen gewährleistet. Jedes anzuzeigende Diagramm wird im Moment des Ladens einer Tabellen-Datei in den Arbeitsspeicher eben mit den zu diesem Zeitpunkt in ihr enthaltenen Zahlenwerten automatisch neu erzeugt. Damit sind Abweichungen zwischen Stand der Tabellenwerte und Graphik-Stand praktisch unmöglich. Eine wirklich schnelle Generierung solcher fortlaufend automatisch aktualisierter Graphiken ist nur bei Bildschirmausgabe möglich.

Eine Ausgabe der Bildschirmdarstellungen auf Drucker ist ebenso möglich, sollte aber die Ausnahme bilden und nur dokumentarischen Zwecken dienen.

Graphiken werden vom Rechner nicht dauerhaft erzeugt. Die Graphik-Erstellung erfolgt immer nur zu einer ganz bestimmten Tabelle im Arbeitsspeicher. Aus den Tabellenzahlen werden mittels einiger weniger Parameterangaben die Graphiken zum Bedarfszeitpunkt unmittelbar am Bildschirm generiert. Eine Speicherung fertiger Diagramme ist nicht vorgesehen, kann aber auf ausdrücklichen Wunsch (zum Beispiel zwecks späteren Ausdrucks in schriftlichen Berichten) separat erfolgen.

Die geforderte Flexibilität hinsichtlich der Spezial-Report-Generierung ergibt sich maßgeblich durch die Wahl des geeigneten Endbenutzerwerkzeuges in Verbindung mit einigen wenigen gezielten Vorbereitungsmaßnahmen, die nur einmal anfallen. Innerhalb der elektronischen Arbeitsblätter, die mittels dieser Werkzeuge erstellt werden, können beliebige Platzreserven für spätere Ergänzungen eingerichtet werden. Die Sonderauswertungen für gewünschte Spezial-Reports werden zum gegebenen Zeitpunkt als Verarbeitungsvorschrift in diesen niedergelegt. Die Verarbeitungsvorschriften selbst können menügesteuert formuliert und vom System im „Selbstlernmodus" (vgl. S. 252) für spätere nochmalige automatische Ausführungen registriert werden. Die benötigten Tabellenwerte oder Tabellenausschnitte können getrennt gespeichert oder, wie in Abb. 29 angedeutet, eindeutig als Tabellenbereiche markiert werden. Damit ist neben der einfachen Erstellung auch die beliebige Wiederholbarkeit der Spezial-Reports auf immer aktueller Zahlenbasis gewährleistet.

1.2 Die Einsatzmöglichkeiten von Standardsoftware auf Personalcomputer

1.2.1 Hard- und Softwarekonfiguration

Die in den anschließenden Abschnitten vorgestellte Rechnerlösung zur Fallstudie wurde aus den genannten Gründen auf einem handelsüblichen Personalcomputer mit standardisiertem Betriebssystem realisiert. Sie wird sich so auf allen marktgängigen Personalcomputer-Modellen ohne weitere Vorkehrungen identisch nachvollziehen und betreiben lassen. An Software wird neben dem Betriebssystem nur noch ein *Endbenutzerwerkzeug* der erwähnten Art als Standardprogramm benötigt.

Ein Betriebssystem, das der Steuerung und Verwaltung aller Arbeitsabläufe an einem bestimmten Rechnerfabrikat dient, ist normalerweise auf jeder Computerinstallation vorhanden. Zur Abwicklung einer eigentlichen Anwendung im betriebswirtschaftlichen oder auch anderen Sinne, wie zum Beispiel Lohnabrechnung oder Berechnung einer Bauteilgeometrie, wird außerdem ein spezialisiertes Anwenderprogramm benötigt. Dieses Programm kann durch Programmierung im klassischen Sinne entstehen; das heißt, alle einzelnen Operationen der beabsichtigten Verarbeitung werden als einzelne Anweisungen in einer geeigneten Programmiersprache formuliert und, der gewünschten Ablauflogik entsprechend, „aneinandergereiht".

An die Stelle dieser klassischen Form der Programmierung kann bei der Erstellung individueller Anwendersysteme alternativ die Verwendung von *Endbenutzerwerkzeugen* treten. Sie bieten sich als ebenfalls handelsübliche Standardprogramme dem Benutzer als Alternative zur konventionellen Programmiersprache an. Er benötigt zu ihrer Verwendung so gut wie *keine Programmierkenntnisse.* Er formuliert lediglich seine Aufgabe, die zu ihrer Lösung nötigen Prozeduren führt das System selbsttätig aus. Ihre Verwendung kann in vielen Fällen zu erheblichen Zeiteinsparungen bei der Systementwicklung führen.

Da Standardprogramme dieser Art unter der Regie des Betriebssystems arbeiten und zur späteren Ausführung der mit ihnen erstellten Anwendungen selbst ebenfalls aktiviert sein müssen,

ergeben sich so zwei mögliche Konstellationen in der Software-
Hierarchie:

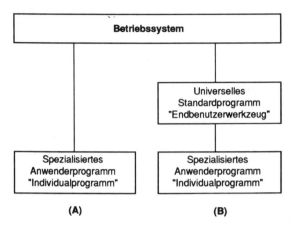

Zur Erstellung von Rechnerlösungen für betriebliche Informationssysteme der hier zu behandelnden Art wird Variante (B) gegenüber
der konventionellen Programmiermethode eindeutige Vorteile aufweisen. Bei der Realisierung der Rechneranwendung für den Fall-
studienbetrieb soll deshalb ausschließlich diese Verfahrensweise
angewandt werden.

1.2.2 Der Umgang mit Betriebssystemen

Das Betriebssystem hat die Aufgabe, den Betrieb der Anwender-
programme zu steuern und zu kontrollieren. Betriebssysteme für
Personalcomputer sind generell standardisiert und als Softwareprodukt überall erhältlich. Die meisten der käuflichen Standardsoft-
ware-Produkte (und damit auch die hier verwendeten Endbenutzerwerkzeuge) können problemlos unter diesen betrieben werden. Zumindest die weiter verbreiteten Betriebssysteme dieser Art bieten
außerdem eine hohe Gewähr für ihre Aufwärtskompatibilität. Ein
Programm, das unter einer älteren Betriebssystemversion lauffähig
war, läuft auch unter einer neueren Version. Der Personalcomputer-
anwender kann problemlos unter einer Vielzahl verschiedener End-
benutzerwerkzeug-Fabrikate wählen.

Für den Rechnerbenutzer ist das Betriebssystem stets das einzigste und unverzichtbare Programm, mit dem er beim Arbeiten mit einem EDV-System zunächst immer in Berührung kommt. Im Normalfall wird das Betriebssystem automatisch mit dem Starten eines Rechners von Festplatte oder Diskette geladen.

Zum Arbeiten mit fertigen Endbenutzerwerkzeugen oder ganz allgemein mit Software-Werkzeugen (sogenannten „Tools"), muß der Benutzer aber genau genommen lediglich das Betriebssystem zum Laden und Ausführen dieser Programme veranlassen. Alle weiteren Benutzeranweisungen erfolgen anschließend im Dialog mit diesen Programmen selbst, durch Befehlseingabe oder Befehlsauswahl aus entsprechenden Menüs.

Programme gleich welcher Art sind genau wie die zu verarbeitenden Daten in eigenen Bereichen (Dateien) auf externen Speichermedien abgelegt. In der Wahrnehmung seiner *Dateiverwaltungsaufgabe* kann das Betriebssystem diese Dateien über deren Namen (Dateinamen) auffinden. Insofern benötigt der Leser im Falle der Standardsoftwarebenutzung kein umfassendes Bedienungswissen für Betriebssysteme, sondern lediglich die Kenntnis dieser Ladekommandos und einzelner sonstiger *Dateiverwaltungsfunktionen,* die ihm Einblick in die Verwaltung seiner Datenbestände im Betriebssystem geben.

1.2.3 Aufbau und Arbeitsweise von Standardsoftware- Werkzeugen

Aufbau und Arbeitsweise aller als „Endbenutzerwerkzeuge" bezeichneten Standardprogramme liegt ein gemeinsames Konzept zugrunde: Sie folgen dem Grundgedanken, daß es im Geschäftsleben zahlreiche Arbeiten und Abläufe gibt, die trotz inhaltlicher Verschiedenheit alle nach einem bestimmten Schema ablaufen. Mit der Benutzung dieser Endbenutzerwerkzeuge erhält der Anwender ein flexibles Instrument, das ihm die Abwicklung unterschiedlicher Aufgaben am Rechner mit einem einzigen Progamm erlaubt. Endbenutzerwerkzeuge richten sich primär an Computeranwender, die ohne spezielle EDV-Kenntnisse Anwendungsentwicklung betreiben wollen. Um möglichst alle Arbeitsgebiete der Praxis optimal unterstützen zu können, bieten die Softwarehersteller solche Werkzeuge für verschiedene typische Tätigkeiten des betrieblichen Lebens an.

Am meisten sind die Programmpakete

- Textverarbeitung,
- Daten- bzw. Dateiverwaltung (Datenbank-Systeme),
- Tabellenkalkulation und
- Graphik

im Gebrauch.

Textverarbeitungssysteme haben im wesentlichen die Funktion, eine möglichst „intelligente" elektronische Schreibmaschine zu simulieren. Sie erlauben im Gegensatz zur normalen Schreibmaschine insbesondere das längerfristige Speichern auch umfangreicher Texte und eine komfortable Textgestaltung, die beliebig geändert werden kann.

Dateiverwaltungssysteme (Datenbank-Systeme) fungieren als ein System „elektronischer Karteikästen". Sie bieten die Möglichkeit, Informationen größeren Umfangs als Daten in geordneter Form und zugriffsbereit zu speichern und verwalten. Der Hauptnutzen solcher Programmsysteme besteht darin, daß sie beliebige Sortierungen des Datenmaterials in beliebiger Folge sowie gezieltes Suchen einzelner Informationen in den Dateien erlauben. Ist beispielsweise eine Literaturkartei in elektronischer Form per Dateiverwaltungssystem erfaßt, ist die Suche nach einem bestimmten Fachaufsatz nahezu beliebig über alle Merkmale wie Autor, Titel, Schlagwort etc. leicht und schnell möglich.

Die Grundidee der *Tabellenkalkulation* besteht in der Annahme, daß Rechenarbeiten im Büro meist in Form tabellarischer Aufstellungen in Spalten und Zeilen erfolgen. Die eigentliche Rechenarbeit besteht dann darin, daß Spaltensummen und Zeilensummen gebildet, einzelne Spalteninhalte zu andere prozentual in Beziehung gesetzt oder aber innerhalb einzelner Tabellenfelder andere arithmetische Operationen nach Formelvorgabe ausgeführt werden. Die Unterstützung des Benutzers besteht nun darin, daß am Bildschirm eine Tabelle mit Spalten- und Zeilenkoordinaten als *elektronisches Arbeitsblatt* dargeboten wird, in das Zahlenwerte, aber auch Formeln zum Zwecke der automatischen Ergebnisberechnung sowie erklärende Texte eingegeben werden können. Nach einmaliger Ausfertigung können die Zahlenwerte eines *Arbeitsblattes* beliebige Veränderungen erfahren; das Tabellenkalkulationsprogramm nimmt nach Maßgabe der eingegebenen Formeln Neuberechnungen selbsttätig vor. Die Anwendung folgt dem Motto: der Mensch gibt

Werte ein, die Rechenarbeit übernimmt der Computer. Damit erlauben solche Programme auch sogenannte „Was-wäre-wenn-Darstellungen". Da bei Veränderung eines oder auch mehrerer Zahlenwerte in der Tabelle unmittelbar darauf alle Berechnungen neu durchgeführt werden, kann die damit veränderte Situation in ihrer Gesamtwirkung erfaßt werden.

Graphiksysteme übernehmen die Aufgabe der Erstellung von Business-Graphiken gängiger Formen. Mit einigen wenigen einfachen Befehlen werden vom Benutzer die nötigen Parameter festgelegt. Das Programm generiert daraus – anhand ebenfalls vorgegebener Zahlenreihen, die auch aus anderen Systemen übernommen werden können – selbsttätig fertige Balken-, Kreis- oder Liniengraphiken.

Es sind Programmpakete erhältlich, die jeweils nur eine dieser Funktionen, zum Beispiel die Textverarbeitung, bieten. Genauso gibt es aber auch *integrierte Programme,* die mehrere dieser Funktionen in sich vereinen. Sehr häufig werden Tabellenkalkulation und Graphikerstellung zusammen angeboten. Ebenso gibt es integrierte Programme, die alle genannten Funktionen umfassen. Der Nutzen insbesondere der letzteren Gruppe liegt darin, daß der häufig erwünschte und vorteilhafte Datentransfer zwischen den einzelnen Funktionen (zum Beispiel Tabellenkalkulation und Graphik) schnell und leicht zu bewerkstelligen ist und daß für alle Funktionsbereiche ein und dieselbe Bedienung gilt, was das Arbeiten mit mehreren Funktionsbereichen erheblich vereinfacht.

Der Vorteil *spezialisierter Pakete* liegt meist darin, daß sie in der Einzelfunktion eine wesentlich differenziertere Arbeitsweise bieten können, die der Gestaltungsfreiheit des Benutzers einen größeren Spielraum läßt (zum Beispiel dreidimensionale Darstellungen und unterschiedliche Linien und Strichdicken bei Graphikprogrammen).

Für statistische und *betriebsstatistische Belange* eignen sich ganz besonders die Tabellenkalkulationsprogramme, die den tabellarischen Aufbau der einzelnen Statistiken bereits enthalten, in Verbindung mit entsprechenden Graphikbausteinen. Grundsätzlich kann ein beliebiges unter DOS lauffähiges Produkt dieser Art verwendet werden. Zur identischen Nachbildung der hier vorgeschlagenen Konzeption sollte dies aber ein *integriertes Standardprogramm* sein. Hiermit dürfte die Forderung nach möglichst einfacher Bedienbarkeit, Kostenminimierung und vor allem rechnerischer

Sicherheit (arithmetische Richtigkeit) am ehesten gewährleistet sein. Da alle zu transferierenden Daten faktisch im selben Arbeitsblatt verbleiben, ist es rein physikalisch schon nicht möglich, Zahlenwerte verschiedenen Aktualisierungsstandes an ein und derselben Tabellenposition zu haben.

Für die Realisierung des *Fallbeispiels* wurde das integrierte Standardprogramm Symphony[1]) des amerikanischen Softwareherstellers Lotus Development Corporation zugrunde gelegt. Die im folgenden zu gebenden Anleitungen werden aber weitgehend produktunabhängig erfolgen und sind damit für alle vergleichbaren Standardprogramme entsprechend anwendbar.

In erster Linie wird hier der Tabellenkalkulationsbaustein mit Graphik benutzt. Die Datenverwaltungsfunktion kann sich bei großem Datenanfall ebenfalls als nützlich erweisen, soll aber aus Platzgründen in der Fallstudienlösung nicht zur Anwendung kommen.

Ein gewisser Mindestumfang an Bedienungswissen zu integrierten Standardprogrammen ist zum Verständnis der nachfolgenden Darstellungen erforderlich. Dem interessierten Leser sei zur Erweiterung seines Bedienungswissens bzw. zur Einarbeitung in das Softwareprodukt seiner Wahl die einschlägige Fachliteratur bzw. die Verwendung der speziellen Originalhandbücher empfohlen. Es sei an dieser Stelle auch auf das Tutorial verwiesen, das Bestandteil zum Beispiel des Symphony-Programmpaketes ist und direkt am PC durchgearbeitet werden kann.

1.3 Grundkonzepte für Tabellenkalkulation und Business-Graphikerstellung

1.3.1 Tabellenkalkulationssysteme

1.3.1.1 Funktionsweise

Sofort nach dem Laden eines Tabellenkalkulationsprogramms erscheint auf dem Bildschirm das in Zeilen und Spalten unterteilte Arbeitsblatt. Spalten und Zeilen sind mit Buchstaben und/oder

---

[1]) Symphony ist ein Warenzeichen der Lotus Development Corporation.

Zahlen gekennzeichnet. Damit entsteht in deren Schnittpunkt eine genau definierte Koordinatenposition, die per Zeilen- und Spalten-Nummer eindeutig benannt und identifiziert werden kann. Jeder Koordinatenschnittpunkt bezeichnet ein Feld, eine sogenannte *Zelle*, die jeweils einen Zahlenwert, einen Text oder eine Rechenvorschrift aufnehmen kann. Alle *Zellen* des Arbeitsblattes können mit Hilfe der an jeder Rechnertastatur vorhandenen *Cursor*-Steuertasten zum Zwecke der Dateneingabe über die Tastatur „angefahren" werden.

Genau genommen ist ein solches elektronisches Arbeitsblatt für die Aufnahme auch großer Datenmengen präpariert und führt im Arbeitsspeicher der Maschine eine weitaus größere Spalten- und Zeilenzahl, als sich auf einem Bildschirm zeigen läßt. Die meisten Tabellenkalkulationsprogramme bieten Arbeitsblätter mit mehreren hundert Spalten und über tausend Zeilen an. Der Bildschirm zeigt so nur.immer einen kleinen Ausschnitt der wirklich gespeicherten Tabelle, er bildet ein sogenanntes *Fenster*. Damit alle Positionen der Tabelle erreicht werden können, läßt sich dieses Fenster über das gesamte Arbeitsblatt (ebenfalls mittels Cursor-Steuertasten) beliebig „verschieben". Der Sachverhalt ist in Abb. 30 veranschaulicht. Wie in Abb. 30 dargestellt, enthält die Bildschirmanzeige außer dem Arbeitsblatt am oberen und unteren Bildschirmrand weitere Anzeigen. Die wichtigste davon ist die sogenannte *Menüleiste*. Wie schon erwähnt, wird bei Standardprogrammen dieser Art der Rechnerdialog in Menütechnik geführt. In der Menüleiste sind die möglichen Kommandos aufgelistet. Der Benutzer wählt durch Eingabe des betreffenden Befehlsnamens (hier zum Beispiel „Speichern") oder auf andere einfache Weise (oft mittels Cursor-Tasten-Ansteuerung) das gewünschte Kommando aus, um damit dessen Ausführung zu veranlassen.

Die restlichen Anzeigen dienen der Orientierung des Benutzers. Die *Modus-Anzeige* gibt bei integrierten Programmen an, in welcher Grundfunktion des Systems – hier die Tabellenkalkulation (= Blatt-Modus) – der Benutzer gerade arbeitet. Die *Protokoll-Leiste* zeigt definitiv die Koordinatenpositionen der aktuellen Cursor-Stellung, also der im Moment angesteuerten Zelle und deren genauen Inhalt an. Dieser muß nicht zwangsläufig mit der im Bildschirmfenster gezeigten übereinstimmen. Im Beispiel der Abb. 30 steht der *Zellzeiger* (aktuelle Cursor-Position) in E3. Der Inhalt dieser Zelle ist laut Protokoll-Leiste die Formel E1*E1*3, 1415/4. Diese Formel stellt

Elektronisches Arbeitsblatt (im Arbeitsspeicher)

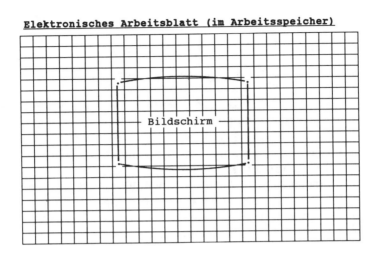

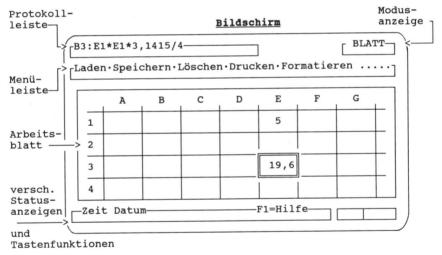

Inhalt Zelle E3

```
E1*E1*3.1415/4
```

Abb. 30: Elektronisches Arbeitsblatt und Bildschirm der Tabellenkalkulation

in der speziellen Form der Tabellenkalkulation die Rechenvorschrift für die Kreisflächenberechnung aus dem Durchmesser eines

Kreises

$$F = \pi d^2/4$$

dar. Der Durchmesser ist in Zelle E1 gespeichert und beträgt im Moment = 5. Indem die eingegebene Formel durch Koordinatenangabe hierauf Bezug nehmen kann, führt die augenblickliche Ausführung der Rechenoperation durch den Computer mit d = E1 = 5 zum Ergebnis F = 19,6. Dieses Ergebnis wird in Zelle E3 am Bildschirm gezeigt. Der „wahre" Zelleninhalt ist aber die in der Protokollzeile angezeigte Formel.

Hierin kommt einer der wichtigsten Vorteile dieser Tabellenkalkulationsprogramme zum Ausdruck. Formelinhalte in Zellen können durch Angabe entsprechender Zellkoordinaten auf andere Zellen mit Zahlenwerten (Eingabefelder) Bezug nehmen und so mit den enthaltenen Werten rechnen. Sobald eines der Eingabefelder eine Zahlenwertsänderung erfährt, wird automatisch das ganze Arbeitsblatt neu berechnet. Im Falle betriebsstatistischer Anwendungen ist damit im übrigen zugleich ein hohes Maß an Aktualität und arithmetischer Richtigkeit der Daten gewährleistet, worin neben der kostengünstigen Anwendung ein weiteres wichtiges Argument für den Einsatz gerade solcher Programme in der Betriebsstatistik gegeben ist.

Die *Leisten der Statusanzeige* enthalten meist allgemeinere Informationen für den Benutzer, Bedienhinweise, wie zum Beispiel den Hinweis auf Hilfefunktionen im Falle von Störungen sowie Angaben über Stand und Art der aktuellen Befehlsausführung. Sie müssen an dieser Stelle nicht ausführlicher erörtert werden.

1.3.1.2 Beispiel zur Tabellenkalkulation

Eine Umsatzstatistik zur Fallstudie, wie sie z.B. auf S. 200 dargestellt ist, würde man in *Symphony* oder einem beliebigen anderen Werkzeug dieser Art etwa in der nachstehend gezeigten Weise ausführen: Zunächst wären alle Basisdaten direkt in Eingabefeldern und zwar so zu erfassen, daß die enstprechenden Zeitreihen zeilenweise in einer tabellarischen Ordnung erscheinen. Es entstünde am Bildschirm folgendes Arbeitsblatt:

Im Gegensatz zur Ursprungstabelle wird in dieser Rechnerdarstellung der Tabelle der Ist-Umsatz als arithmetisches Produkt aus Ab-

	A	B	C	D	E	F	G	H	I
1		Verkaufsergebnisse Gebiet 1 erstes Halbjahr								
2										
3	Bezeichnung	Einheit	JANUAR	FEBRUAR	MÄRZ	APRIL	MAI	JUNI	Summe Halbjahr
4									
5	Ist-Absatz	Stck	9.999	8.678	6.950	9.450	9.900	4.000	
6	Ist-Preis	DM/Stck	71,00	74,90	76,26	75,13	75,56	88,00	
7			noch leere Zellen für die						
8	Ist-Umsatz	TDM	Eingabe der Formeln zur Berechnung der betreffenden Größen						
9	Ist-Umsatz kumuliert	TDM							
10									
11	Soll-Umsatz	TDM	670	550	550	550	570	450	
12	Soll-Umsatz kumuliert	TDM							
13									
14	Soll-Ist-Abweichung:								
15	a) im Monat	TDM							
16	b) kumuliert	TDM							
17	c) in % vom Soll[1]								
18									
19	Soll-Erfüllungsgrad[2]	%							

1) Abweichung kumulativ in % = (Abweichung kumuliert in TDM / Soll-Umsatz kumuliert in TDM) x 100
2) Soll-Erfüllungsgrad in % = (Ist-Umsatz kumuliert in TDM / Soll-Umsatz kumuliert in TDM) x 100

Abb. 31: Arbeitsblatt zum Erstellen einer Umsatzstatistik mit einem Tabellenkalkulationsprogramm (I)

satzmenge und Preis errechnet und es werden einige weitere Basis-größen sowie eine Summenspalte hinzugenommen. Damit kann die eigentliche Rechnerleistung des Tabellenkalkulationsprogramms veranschaulicht werden. Man sieht, daß trotz einer Menge enthaltener Größen nur einige wenige Zellen des Arbeitsblattes als Eingabefelder direkt mit Zahlenwerten zu „füllen" sind: lediglich die verkauften Mengen in Stück und die zugehörigen Verkaufs-Preise sind als Basisdaten zu erfassen, und zum Zwecke der Leistungsmessung muß natürlich die Vorgabe der Umsatzerwartung (Soll-Umsatz) erfolgen. Alle anderen Größen einschließlich der Kennzahl Soll-Erfüllungsgrad lassen sich berechnen. Diese Berechnungen werden dem Programm überlassen; in die betreffenden Zellen sind bei Arbeitsblatterstellung einmalig diese Formeln aufzunehmen. Der Endzustand des Arbeitsblattes ist nachfolgendem Ausschnitt zu entnehmen:

Beschreibung der Abb. 32

Wie man sieht, zeigt der Bildschirm bereits das zahlenmäßige End-ergebnis aller Berechnungen, das sich aus den eingegebenen Basiszahlen ergibt. Die Schreibweise von Formeln ist in den gezeigten Bildausschnitten einzelner Zellen demonstriert: man erkennt die Bezugnahme auf diejenigen Zellkoordinaten, welche die zur Ausführung der Rechnung benötigten Basiszahlen enthalten. Man erkennt auch die Möglichkeit der Verwendung komplexerer Funktionszeichen. Zum Beispiel erfolgt die Formulierung der Summierung über alle sechs Monate nicht mittels Addition aller Eingabefelder einzeln, sondern unter Verwendung des Summenfunktionszeichen @SUMME und Angabe der betreffenden Zeilen.
In der Regel wird der Formelangabe ein Sonderzeichen zwecks Kenntlichmachung vorangestellt. Generell leitet meist das „+"-Zeichen die Formeleingabe ein; das verwendete Funktionszeichen erhält wie hier das häufig gebrauchte „@"-Zeichen. Um alle Beispiele dieser Art in einer bestimmten und möglichst konkreten Befehlssyntax ausführen zu können, wird für die Formeldarstellungen zum Arbeitsblatt der Fallstudie durchgängig die *Symphony*-Schreibweise verwendet. Die Unterschiede zu einem beliebigen anderen integrierten Programmsystem dieser Art sind gering und

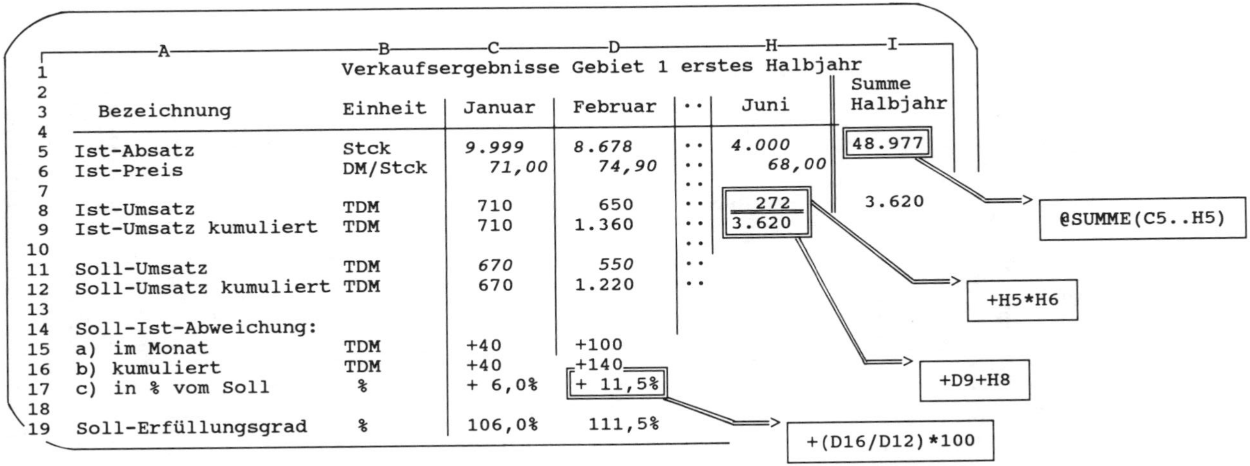

	A	B	C	D	...	H	I
1							
2		Verkaufsergebnisse Gebiet 1 erstes Halbjahr					
3	Bezeichnung	Einheit	Januar	Februar	..	Juni	Summe Halbjahr
4							
5	Ist-Absatz	Stck	9.999	8.678	::	4.000	48.977
6	Ist-Preis	DM/Stck	71,00	74,90	::	68,00	
7					::		3.620
8	Ist-Umsatz	TDM	710	650	::	272	
9	Ist-Umsatz kumuliert	TDM	710	1.360	::	3.620	
10							
11	Soll-Umsatz	TDM	670	550			
12	Soll-Umsatz kumuliert	TDM	670	1.220			
13							
14	Soll-Ist-Abweichung:						
15	a) im Monat	TDM	+40	+100			
16	b) kumuliert	TDM	+40	+140			
17	c) in % vom Soll	%	+ 6,0%	+ 11,5%			
18							
19	Soll-Erfüllungsgrad	%	106,0%	111,5%			

Formelhinweise:

@SUMME(C5..H5) → 48.977

+H5*H6 → 272

+D9+H8 → 3.620

+(D16/D12)*100 → + 11,5%

Abb. 32: Arbeitsblatt zum Erstellen einer Umsatzstatistik mit einem Tabellenkalkulationsprogramm (II)

249

bleiben auf die Verwendung der Sonderzeichen und Operationszeichen beschränkt.

So erfolgt also zuerst die Berechnung aller Monatsumsätze durch den Computer, indem die Ist-Absatzmengen der einzelnen Monate mit den zugehörigen Preisen der betreffenden Monatsspalte multipliziert und in einer eigenen Zeile Ist-Umsatz angezeigt werden. Zugleich wird die kumulative Ist-Umsatz-Summe fortlaufend in der entsprechenden Zeile festgehalten.

Des weiteren können genauso durch Formelvorgabe weitere Werte ohne eigentliches Zutun des Benutzers per Berechnung gebildet und aufgenommen werden. Hier sind es zum Beispiel Größen, die die Interpretation der Tabellenaussagen unterstützen. Die verschiedenen Größen zur Soll-Ist-Abweichung lassen die Differenz zwischen Soll-Vorgabe und Ist-Umsatzentwicklung auf unterschiedliche Weise im zeitlichen Verlauf sichtbar werden. Der Soll-Erfüllungsgrad gibt als explizite Maßzahl der Vertreterleistung diese fortlaufend aktuell bis zum betreffenden Kalendermonat direkt an. Wie am Beispiel der Summierung des Ist-Absatzes mit der Summenformel gezeigt, läßt sich für jede erfaßte Größe eine Halbjahres-Summenformel vorgeben, anhand derer der Rechner alle Werte dieser Spalte selbsttätig errechnen kann.

Hoher Rationalisierungseffekt durch Tabellenkalkulations-programme

Der Hauptnutzen dieses Vorgehens wird an dieser noch relativ kleinen Tabelle schon deutlich. Bei Änderung nur eines einzigen Zahlenwertes (etwa im Zuge der regelmäßigen Fortschreibung oder auch Korrektur einer Falscheingabe) ändern sich nicht nur einige Summengrößen, sondern nahezu alle Zahlenwerte der Aufstellung. Eine Korrektur des Ist-Umsatzwertes Februar würde alle folgenden kumulierten Umsatzwerte ab diesem Monat – also von März bis Juni – betreffen. Zugleich müßten sich alle Soll-Ist-Abweichungen einschließlich dem Soll-Erfüllungsgrad für diesen Monat und bezüglich der kumulierten Größen auch wieder alle Folgemonatszahlen ändern. Dasselbe gilt sinngemäß für die Summenspalte Halbjahr. Dem Leser soll damit verdeutlicht werden, daß sich diese Vorgänge sehr oft in immer wieder gleicher Form wiederholen. Die Standardprogramme der Tabellenkalkulation bieten dabei ein Universalverfahren an, das genau diese Abläufe nach einmaliger Vorgabe automatisch und damit schneller und sicherer als der Mensch vollzieht. Der Benutzer benennt die Tabelleninhalte und gibt die Basisdaten ein, der Rechner führt die notwendigen Verarbeitungen durch. Es leuchtet ein, daß sich eine solche Anwendung vor allem dann lohnt, wenn bei gleichbleibendem Tabellenaufbau mit immer wieder anderen Zahlen gerechnet werden muß.

Diese Situation ist bei der Nutzung betriebsstatistischer Zahlenwerke gegeben. Da hier sehr komplexe Tabellen über längere Zeiträume in unveränderter Form, aber mit immer neuen Basiswerten zu bearbeiten sind, entsteht ein beträchtlicher Rationalisierungseffekt bei Durchführungen der Rechenoperationen durch den PC.

Durchführung von Optimierungsrechnungen

Die Anwendung dieser Tabellenkalkulationsverfahren muß sich nicht auf einfache Berechnungen beschränken. Wie bereits erwähnt, kann man mit Hilfe der automatischen Neuberechnung sehr leicht Optimierungsrechnungen etwa durch iteratives Annähern an das Ergebnis durchführen, wenn die Zusammenhänge erst einmal in der Grundtabelle dargelegt sind. Der Verkäufer möchte im vorliegenden Beispiel vielleicht gerne die Menge kennen, die er im Monat Juni noch verkaufen müßte, um eine Soll-Ist-Abweichung von genau +/./. null DM für das ganze Halbjahr zu erhalten. Er muß nicht unbedingt die entsprechende Rechenformel ausfindig machen. Er kann einfach in Zeile 5, Spalte H (= Juni) beginnen und eine andere Verkaufsmenge eintragen und abwarten, welches Resultat die betreffende Soll-Ist-Abweichungszeile anzeigt. Er kann die Eingabe solange variieren, bis etwa die kumulierte Soll-Ist-Abweichung in Arbeitsblattzeile 16 ebenfalls = 0 zeigt, und hat das gesuchte Ergebnis erreicht. Er kann sich mit beliebig vielen Versuchen schrittweise auf den Nullwert zubewegen; jedes Zwischenergebnis wird ihm sofort nach Eingabe eines neuen Wertes als komplette Neuberechnung der ganzen Tabelle angezeigt.

Es können auch mathematische Probleme komplexerer und anspruchsvollerer Art innerhalb der Tabellenkalkulation behandelt werden. Diesbezüglich sei auf die weiteren Ausführungen im Zusammenhang mit der Rechnerrealisierung der Fallstudie, aber auch auf weiterführende Lektüre hingewiesen, wie sie für statistische Aufgaben und Probleme der Kostenrechnung angeboten wird.

1.3.1.3 Die Makrotechnik in der Tabellenkalkulation

Die einzelnen Bedienkommandos zur Handhabung fertiger Tabellen und Graphiken können in der gewünschten Abfolge auch automatisch ausgeführt werden. Man erzeugt hierfür komplette Programme, sogenannte *Makros*, die selbst ebenfalls mit Inhalt der Tabellen werden und auf Wunsch durch Betätigen einer vorbestimmten Taste selbständig komplett „ablaufen". Es ist sinnvoll, diese *Makros*, wie nachstehend angedeutet, in einem abgetrennten, am Bildschirm nicht unmittelbar sofort sichtbaren Zellenbereich[1]) abzulegen.

Arbeitsblatt

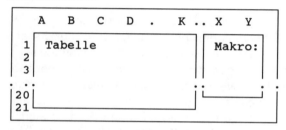

Abb. 33: Arbeitsblatt mit Tabelle und Makro

Das Erzeugen (Generieren) von Makros geschieht dadurch, daß die Kommandos, die normalerweise aus einem Menü gewählt werden, nunmehr als Befehlsfolge eines Programms erscheinen.

Makros können über einfache lineare Abfolgen hinaus, genau wie Computer-Programme konventioneller Art, auch logische Verknüpfungen (Verzweigungen, Sprungbefehle) und andere, das Spektrum der Menükommandos übersteigende Anweisungen enthalten (zum Beispiel Werte einlesen und ausgeben, Texte anzeigen, andere Programme starten etc.).

---

[1]) Als Zellenbereich bezeichnet man in der Tabellenkalkulation einen Block aus mehreren zusammenhängenden, benachbarten Zellen, die so unter einem gemeinsamen Namen angesprochen werden können.

252

Jedes Makro erhält einen spezifischen Makronamen als Programm-name. Die Ausführung des Makros wird durch Betätigen einer be-stimmten Taste und Eingabe des Makronamens veranlaßt.
Soll das Makro ausschließlich oder überwiegend aus Menü-Befeh-len bestehen, kann sich der Benutzer die Eingabetätigkeit erleich-tern, indem er den sogenannten *Selbstlernmodus* einschaltet. Damit nimmt der Rechner ein selbsttätiges Registrieren von ausgewählten Menübefehlen im Makro vor.
Unabhängig von ihrer Erfassungsform können alle Befehle des fertigen Makros durch direktes Eingeben beliebig geändert, über-schrieben, gelöscht oder sonstwie manipuliert werden.
Nachstehend ist ein Beispiel für ein einfaches Makro in original *Symphony*-Schreibweise wiedergegeben, das als typisch auch für die anderen Tabellenkalkulationsprogramme dieser Art gelten darf:

```
{GEHEZU}H19~
{SERVICE}TKK Umsatz~ LW {ESCAPE}{ESCAPE}A:STUFE-3~
```

Das Beispielmakro stellt ein kurzes Programm zum automatischen Ausführen eines Datentransfers zwischen einer extern gespeicher-ten Sendedatei und einem im Rechner geladenen Arbeitsblatt dar. Auch wenn man keine genauere Kenntnis der Makro-Syntax besitzt, kann man die beiden enthaltenen Befehle leicht verstehen: Der er-ste Befehl des Makros gibt in geschweifter Klammer {} die An-weisung, den Zellzeiger (Cursor) auf der anschließend benannten Zelle H19 zu positionieren. {SERVICE} aktiviert eine Menüleiste, aus der die Kommandos auszuführen sind, deren Anfangsbuchsta-ben in diesem zweiten Befehl anschließend folgen: *T* steht bei-spielsweise für *transfer* (= übertragen), das *K* für *kombiniere* im Sinne von Übernahme bestimmter Zellenbereiche aus einer Sende-datei, die extern gespeichert, also nicht im Arbeitsspeicher des Rechners geladen ist. Das zweite *K* steht für *kopiere,* das heißt für die eigentliche Ausführung der Übertragung eines Zellenbereichs in das im Rechner geladene Arbeitsblatt. Hinzu kommt die Namens-nennung dieses Zellenbereichs, der hier *Umsatz* heißen soll. Die Angaben hinter dem „~"-Zeichen dienen lediglich der Indentifika-tion der Sendedatei und des entsprechenden externen Speichers. Im Beispiel ist gesagt, daß sich diese auf einem Laufwerk mit der sy-steminternen Bezeichnung a: befindet und den Namen STUFE-3 trägt.

1.3.1.4 Die Fenstertechnik

Die *Fenstertechnik* nutzt die Tatsache, daß ein Arbeitsblatt im Rechner sehr viel größer ist und weder ganz am Bildschirm gezeigt, noch durch ein einziges zusammengehöriges Informationsfeld voll ausgefüllt werden kann.[1]) Durch diese Tatsache ist es leicht möglich, das ganze Arbeitsblatt in mehrere Abschnitte einzuteilen und in jedem dieser Abschnitte ein eigenständiges Informationsfeld als geschlossene Tabelle unterzubringen. Zur Unterscheidung und bequemen Handhabung erhalten auch solche Abschnitte eigene Namen. Ein solcher Abschnitt wird *Fenster* genannt, der vergebene Name ist insofern der Fenstername. Meist können die Abmessungen eines Fensters sowie seine Position auf dem Bildschirm frei gewählt werden. Je nach Fenstergröße haben am Bildschirm mehrere Fenster zur gleichen Zeit Platz.

Es besteht so die Möglichkeit, mehrere an unterschiedlichster Stelle im Arbeitsblatt befindliche Fenster – also in sich geschlossene Informationsfelder – in beliebiger Kombination nebeneinander oder auch überlappend zur Anzeige zu bringen. Zugleich kann eine beliebige Abfolge verschiedenster Fenster nacheinander in frei wählbarer Folge per Tastendruck präsentiert werden. Die nachfolgende Skizze zeigt als Beispiel drei Fenster, die sich am Bildschirm überlappen. Die Fenster wurden hier in der Reihenfolge ANTON – BERTA – CAESAR aufgerufen.

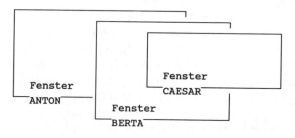

Abb. 34: Fenstertechnik (sich überlappende Fenster)

---

[1]) In Symphony stehen beispielsweise pro Arbeitsblatt bis ca. 200 Spalten und fast 2 000 Zeilen zur Verfügung, die allerdings aus technischen Gründen nicht an jeder Computerinstallation voll genutzt werden können.

1.3.2 Die Graphikerstellung

1.3.2.1 Das Generieren von Graphiken

Auf die Bedeutung von Graphiken für die Präsentation von Übersichtsdaten, die besonders auf höherer Führungsebene das Erkennen und Verfolgen wichtiger Erfolgsgrößen überhaupt erst möglich macht, wurde mehrfach hingewiesen. Gerade das Erstellen von präsentationsfähigen Geschäftsgraphiken ist in der Praxis wegen des hohen zusätzlichen Zeitbedarfs und Aufwandes nicht unproblematisch. Im Falle einer kontinuierlichen Fortschreibung des Datenbestands mit hoher Aktualisierungsfrequenz sind die zugehörigen Graphiken nicht selten bereits bei Fertigstellung in der Aussage veraltet.

In der Möglichkeit zur vollautomatischen Graphik-Generierung liegt eine der großen Stärken besonders der integrierten Standardprogramme. Sie erlauben dem Benutzer die Definition der üblichen Graphikformen innerhalb des Kalkulationsteils direkt zum bereits fertigen Arbeitsblatt. Sie nehmen mit jeder automatischen Neuberechnung im Arbeitsblatt infolge geänderter Zahlenwerte zugleich ebenso automatisch eine entsprechende Aktualisierung aller zum Arbeitsblatt gehörenden Graphiken vor.

Damit wird insbesondere den Forderungen nach einfacher und leichter Bedienbarkeit und nach Datensicherheit im Sinne arithmetischer Richtigkeit entsprochen.

Bei der Graphikdefinition direkt zum Arbeitsblatt wird im PC gar kein Bild erzeugt. Der Benutzer gibt (einmalig) nur einige wenige Parameter (mindestens Graphiktyp und darzustellende Tabellenzeilen bzw. -spalten) vor; die so deklarierte Graphik wird hieraus erst bei „Aufruf" am Bildschirm für den momentan gültigen Tabellenstand generiert.

1.3.2.2 Beispiel einer Graphikerzeugung

Die Vorgehensweise der Graphikdefinition ist an nachstehendem Beipiel stark vereinfacht illustriert: Die Parameter werden in eigens dafür vorgesehenen Parameterblättern festgelegt und ausschließlich in dieser Form gespeichert. In Abb. 35 wurde zur Demonstration

im Parameterblatt der Graphiktyp „Balken" gewählt und zur Vereinfachung der Darstellung als einzigste darzustellende Wertereihe
die Tabellenzeile A3 bis E3 als erster Bereich (Umsätze der Produktgruppen) definiert. Zusätzlich muß die entsprechende X-Achsen-
Einteilung, hier also Zeile A2 bis E2 vorgegeben werden, um die
Erzeugung eines geschlossenen Bildes zu ermöglichen.
Diese Angaben genügen zur Generierung des gezeigten Balkendia-
gramms mit den jeweils aktuellen Tabellenwerten.

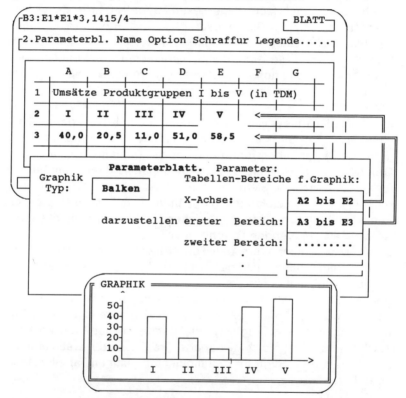

Abb. 35: Graphikdefinition zum Arbeitsblatt

1.3.2.3 Gestaltungsmöglichkeiten bei der Graphikerstellung

Bei komplexeren Darstellungen mehrerer Größen in einem Diagramm werden erläuternde Texte, Dimensionsangaben, X- und Y-
Achsenbeschriftungen, Schraffuren bzw. Farbangaben und ähnli-

che Ergänzungen vonnöten sein. Parameterblätter enthalten in den meisten Graphiksystemen dieser Art deshalb in Wirklichkeit eine größere Anzahl weiterer Eingabemöglichkeiten. Oft sind rein gestalterische Parameter in einem eigenen Parameterblatt von den inhaltlichen Angaben getrennt gespeichert. So sieht beispielsweise *Symphony* zwei Parameterblätter vor, die voneinander unabhängig aus der Menüleiste des Arbeitsblattes aufgerufen werden können. Parameterblatt 1 *(1. Parameterblatt)* nimmt die inhaltlichen Angaben nebst zugehöriger Legende und Datenlabel sowie die Schraffurbzw. Farbwahl auf.

Parameterblatt 2 *(2. Parameterblatt)* erfaßt die restliche Beschriftung und Angaben gestalterischer Art, wie Größe und Format der Texte und Bildelemente, individuelle Maßstabswahl und andere. Den Komplettaufbau einer solchen Parameteranordnung zeigt die Abb. 36:

```
     Typ:      Balken  ...............

  Bereich           Color.Format Datenlabel   Legende      .....
                                                    .
  X A17..A27          1                              .
  A G17..G27          2                         Ist - Werte
  B F17..F27          3                         Soll - Werte
  C                                                  .
  D                                                  .
  E                                                  .
  F

Titel
  Erster: Absatzgebiet 1           X-Achse: Umsatz   Kosten    D-Beitrag
  Zweite: Soll-Ist-Vergleich       Y-Achse: Deutsche Mark
  Y-Skala              X-Skala              Optionen
     Typ      Automatisch  Typ      Automatisch  Gitter:  Ohne
       Niedrigst:          Niedrigst:            Isoliert:Nein
       Höchst:             Höchst:               Farbe:   Ja
     Format:    A          Format:   A           Sprung:  1
     Exponent: Automatisch Exponent:Automatisch  Ursprung:0
     Breite:    9                                Aspekt:  1

  GRAPHIKNAME: SOLLIST                          PARAMETER
```

Abb. 36: Komplettaufbau einer Parameteranordnung

Die Graphik ist nach der oben beschriebenen Verfahrensweise unter dem am unteren linken Rand benannten Name „*Sollist*" definiert worden. Sie wird in Form dieser Parameter – und nicht etwa in Form wirklicher Bilddaten – zum Arbeitsblatt in derselben Datei auf externen Speicher mit abgelegt. Unter Nennung ihres Namens wird sie bei geladenem Arbeitsblatt mittels entsprechenden Befehls beliebig oft am Bildschirm sichtbar gemacht.

Man sieht hierin, daß die Bedeutung der Linienzüge in der Graphik durch Legendenangaben (die später am Bildrand erscheinen) bezeichnet wurden, was sich empfiehlt, wenn mehrere Linienzüge dargestellt sind. Darüber hinaus können als weitere Erläuterungen noch Datenlabels direkt an die Linienzüge im Diagramm geschrieben werden. Das Gestalten an sich erfolgt im unteren Teil zunächst durch Anbringen des Titels sowie zusätzlicher Achsen-Beschriftungen in X- und Y-Richtung unter dem Parameter Titel usw.

Möglicherweise entsteht das Bedürfnis, die gezeigten Resultate ausgedruckt zu erhalten, um sie eventuell in Form schriftlicher Berichte präsentieren und weiterverwenden zu können. Technisch steht dem nichts entgegen. Es sollte jedoch die grundsätzliche Forderung nach permanenter Aktualität im Sinne einer Quasi-Echtzeitverarbeitung der Daten beachtet werden. Bei Informationssystemen der hier zu konzipierenden Art darf die gewünschte Information am Einzelschreibtisch sofort, und zwar immer in der aktuellsten Version erwartet werden. Auf die adäquateste und sicherste Weise geschieht dies durch direkten Dialog am Bildschirm, also durch bloße Anzeige der Tabellen und Graphik-Interpretationen, weil dann die inhaltliche Übereinstimmung von Graphik- und Tabellenaussage zwangsläufig gewährleistet ist.

Mit der Ausgabe auf Papier besteht die Gefahr, daß Tabelle und zugehörige Graphik nach Datenfortschreibung unterschiedliche Zahlenwerte ausweisen. Während die Bildschirmanzeige von Graphiken direkt aus dem Kalkulationsblatt heraus möglich ist, wird zur Drucker- oder Plotterausgabe einer Graphik zunächst eine solche als eigenständige Bild-Datei erzeugt. Die Inhalte dieser eigenen Datei können so nicht automatisch einer zwangsweisen Datenkorrektur unterzogen werden, wenn sich die Zahlenwerte der zugrundeliegenden Datei ändern. Es ist zu überlegen, ob im Interesse eines aktuellen, schnellen und sicheren Gebrauchs auf das Umsetzen in Papierform verzichtet werden kann.

Aufgrund der Vielfalt in Frage kommender Ausgabegeräte und Verwendung unterschiedlichster Fabrikate ist Form und Gestalt der Ausgabe immer gerätespezifisch zu finden. Informationssysteme der hier beschriebenen Art sind ihrer Natur nach für den schnellen Rechnerdialog konzipiert, das Ausgeben in Papierform sollte als Ausnahme begriffen werden.

2 Die PC-Lösung für die Fallstudie

Im folgenden soll dargestellt werden, wie die auf Seite 227 vorgestellte Konzeption für computergestützte Betriebsstatistik in der Praxis mit Hilfe eines integrierten Tabellenkalkulations- und Graphikprogramms realisiert werden kann. Die Vorgehensweise ergibt sich aus dem in Abb. 27 dargestellten Grundkonzept der vorgeschlagenen Rechnerlösung (vgl. S. 202). Dementsprechend wird auf der *untersten Hierarchieebene* der Informationspyramide begonnen und sukzessive auf die jeweils nächsthöhere Stufe verdichtet.

Das vorgeschlagene Stufenkonzept dieser Verdichtung bildet die Grundlage der folgenden Ausführungen. Es ist in Abb. 37 nochmals zusammenfassend skizziert. Stufe 1 enthält die Einzelergebnisse der Vertretertätigkeit in den Bezirken. Diese werden für das ganze Absatzgebiet zusammengefaßt und gehen nur noch als Ergebnissumme in die nächsthöhere Stufe 2 ein. Das heißt, die ursprünglichen Basiswerte treten ab Stufe 2 nicht mehr explizit in Erscheinung. Stufe 3 dient dabei zunächst lediglich der vergleichenden Gegenüberstellung der Absatzgebietsergebnisse. Erst in ihrer Summe stellen die Ergebnisse der Absatzgebiete wieder eine „neue" Größe dar, die in der nächsten Stufe (Stufe 4) zur Ermittlung des Betriebsergebnisses benötigt wird.

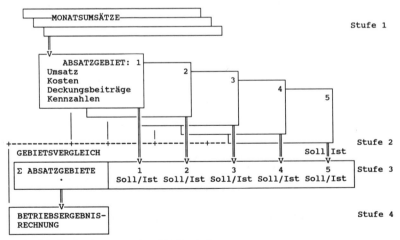

Abb. 37: Stufenkonzept des DV-Modells

259

2.1 Unterste Hierarchieebene und Stufe 1: Statistik der Umsatzentwicklung

Im Normalfall sind je Gebiet mehrere Vertreter in jeweils eigenen Bezirken tätig. Bei genauer Berücksichtigung der grundlegenden Systematik einer Vertreterberichterstattung, wie sie schon im Zusammenhang mit der Vertreterstatistik in Teil I (Seite 114) beschrieben wurde, sind zuerst die Umsätze der einzelnen Vertreter zur Umsatzsumme für das ganze Absatzgebiet (im Beispiel als Halbjahreswerte) zusammenzufassen. Das heißt aber auch, daß in der Praxis für jeden einzelnen Vertreter eine solche Umsatzstatistik zu führen ist.

Die Summierung von Einzelvertreterleistungen zum Zwecke einer übersichtlichen Darstellung schon auf der untersten Hierarchieebene stellt bereits den ersten Verdichtungsvorgang dar. Dieser ist in Erweiterung der Konzeptdarstellung von Abb. 27 und 37 hier nochmals als „Ausschnittvergrößerung" gezeigt (vgl. Abb. 38).

Die zugrundeliegenden Einzelwerte kommen demnach in höchstem Detaillierungsgrad nur auf Stufe 1 vor und müssen insofern hier komplett erfaßt sein und bei Bedarf ausgewiesen werden können.

Bei der vorgeschlagenen, streng ergebnisorientierten Betrachtung sollte aber auf eine Vorhaltung dieser Einzeldaten der untersten Hierarchieebene über längere Zeiträume hinweg verzichtet werden, da sie den Umfang des insgesamt zu speichernden Datenbestandes unverhältnismäßig vergrößern würde (siehe hierzu die Ausführungen auf Seite 185).

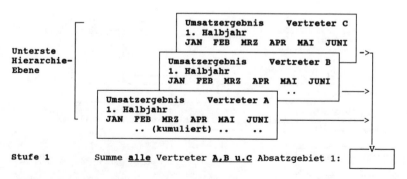

Abb. 38: Verdichtung der Vertreterstatistiken zur Umsatzstatistik

In Abb. 38 wird unterstellt, daß insgesamt drei Vertreter A, B und C in ihren jeweiligen Bezirken des Absatzgebiets 1 (Profitcenter 1) verkaufen. Es wird angenommen, daß alle Monatsumsätze aller Vertreter einfach zum Monatsumsatz für das ganze Absatzgebiet addiert werden können. Die erste Tabelle, die zum Modellbetrieb zu erstellen wäre, enthält also im Aufbau genau eine solche Tabelle der Monatsergebnisse, aber bereits als Summe über alle Vertreter, das heißt über alle Bezirke dieses Gebiets.

2.1.1 Erstellen der Umsatzstatistik

Wie schon in den unmittelbar vorangegangenen Demonstrationsbeispielen dargestellt, erscheint es im Interesse einer erweiterten Aussagemöglichkeit außerdem sinnvoll, neben dem Umsatz weitere Vergleichsgrößen mit in dieses Arbeitsblatt aufzunehmen. Neben den absoluten Soll-Ist-Abweichungen in TDM sind das Soll-Ist-Abweichungen in % und Abweichungen gegenüber Vorjahresergebnissen. Dies bietet besonders in der späteren Graphikerstellung die Möglichkeit zu vielfältigen Vergleichen.

Aus denselben Gründen erscheint es beim Tabellen-Aufbau am Rechner sinnvoll, immer absolute Einzel-Monatswerte als Basiszahlen aufzunehmen und den Computer dazu die jeweiligen kumulativen Summen ermitteln zu lassen. Der Betrachter erfährt so immer zugleich auch den aktuellen Gesamtstand und außerdem wird die Bildung einer eigenen Summenspalte für das Halbjahresergebnis entbehrlich.

Diese Überlegungen führen zu dem auf S. 262 gezeigten Arbeitsblatt. Hierin sind zunächst nur diejenigen Zahlenwerte enthalten, die als Basiswerte *(Eingabefelder)* durch Tastatureingabe originär erfaßt werden müssen. Alle leeren Zellkoordinaten werden ihre Inhalte als Resultate von Rechenoperationen erhalten, die Tabellenkalkulationsprogramme aufgrund noch vorzunehmender Formeleingaben in diese Zellen selbsttätig durchführen. Man sieht auch hier wieder den eigentlich relativ geringen Anteil originärer Daten in solchen Zahlenwerken; spätestens bei Wiederverwendung derselben Arbeitsblattkonstruktion reduziert sich der Aufwand des Benutzers auf die Eingabe der wenigen, im Bild gezeigten Basiswerte.

Die in der Spalte A des Arbeitsblatts befindlichen Bezeichnungen der dargestellten Größen sind sehr kurz gehalten. Man erkennt darin den Platzmangel der Bildschirmdarstellung. Um den gesamten Halbjahresverlauf auf einen Bildschirm zu bekommen, muß man mit minimaler Spaltenbreite auskommen.

```
┌─────A──────B──────C──────D──────E──────F──────G──────H──┐
│ 1   NETTOUMSAETZE ABSATZGEBIET 1 - MONATLICH             │
│ 2   ========================================             │
│ 3                                                        │
│ 4                                                        │
│ 5                  JAN    FEB    MRZ    APR    MAI    JUN │
│ 6                                                        │
│ 7   lauf.Jahr                                            │
│ 8   ----------------------------------------------------- │
│ 9   Ist       TDM   710    650    530    710    748    272 │
│ 10  Ist(kum)  TDM                                         │
│ 11  Soll      TDM   670    550    550    550    570    450 │
│ 12  Soll(kum) TDM                                         │
│ 13  Abweich.  TDM                                         │
│ 14  Abweich.   %                                          │
│ 15                                                        │
│ 16  Vorjahr                                              │
│ 17  ----------------------------------------------------- │
│ 18  Ist(kum)  TDM   500    810   1650   2000   2600   3000 │
│ 19  Abw.lfd.J. TDM                                        │
│ 20                                                        │
│ 21                                                        │
└──────────────────────────────────────────────────EINS─┘
```

Abb. 39: Aufbau des Arbeitsblattes Stufe 1: Monatsumsätze Absatzgebiet 1 (Basisdaten)

Die Formeln zur Berechnung der fehlenden Werte sind nach der auf S. 244 dargestellten Vorgehensweise in die betreffenden Zeilen zu schreiben. Für die Zeile der %-Abweichungen sollte ein geeignetes Format gewählt werden. Es gibt in den meisten Tabellenkalkulationsprogrammen beispielsweise die Möglichkeit, das Format „%" zu verwenden. Dadurch ist die Multiplikation mit Faktor 100 automatisch enthalten und muß in der Formelangabe nicht erscheinen; zugleich wird jeder einzelnen Prozentzahl das %-Zeichen angefügt.

Für das vorgestellte Arbeitsblatt der Umsatzentwicklung wären insgesamt die folgenden Formeln in der gezeigten Schreibweise – einmalig – zu erfassen:

Arbeitsblatt Zeile	Rechengang	Rechengang in Tabellenkalkulations-Schreibweise	
		in Zelle:	die Formel:
10	Ermittlung des kumulativen Ist-Umsatzes je Monat	C10 D10 E10 F10 G10 H10	+C9 +D9+C10 +E9+D10 +F9+E10 +G9+F10 +H9+G10
12	Ermittlung des kumulativen Soll-Umsatzes je Monat	C12 D12 E12 F12 G12 H12	+C11 +D11+C12 +E11+D12 +F11+E12 +G11+F12 +H11+G12
13	Ermittlung der Differenz zwischen Soll- und Ist-Umsatz, absolut	C13 D13 E13 F13 G13 H13	+C10−C12 +D10−D12 +E10−E12 +F10−F12 +G10−G12 +H10−H12
14	Ermittlung der Differenz zwischen Soll- und Ist-Umsatz, in %	C14 D14 E14 F14 G14 H14	+C13*100/C12 +D13*100/D12 +E13*100/E12 +F13*100/F12 +G13*100/G12 +H13*100/H12
19	Ermittlung der Abweichung der kumulativen Ist-Umsätze, laufendes Jahr minus Vorjahr, absolut	C19 D19 E19 F19 G19 H19	+C10−C18 +D10−D18 +E10−E18 +F10−F18 +G10−G18 +H10−H18

Nach Eingabe der Formeln errechnet der PC eine Tabelle, wie sie in Abb. 40 dargestellt ist.

```
    A        B        C        D        E        F        G        H
 1 NETTOUMSAETZE ABSATZGEBIET 1 - MONATLICH
 2 =========================================
 3
 4
 5                     JAN      FEB      MRZ      APR      MAI      JUN
 6
 7 lauf.Jahr
 8 ---------------------------------------------------------------------
 9 Ist         TDM     710      650      530      710      748      272
10 Ist(kum)    TDM     710     1360     1890     2600     3348     3620
11 Soll        TDM     670      550      550      550      570      450
12 Soll(kum)   TDM     670     1220     1770     2320     2890     3340
13 Abweich.    TDM      40      140      120      280      458      280
14 Abweich.    %         6       11        7       12       16        8
15
16 Vorjahr
17 ---------------------------------------------------------------------
18 Ist(kum)    TDM     500      810     1650     2000     2600     3000
19 Abw.lfd.J.  TDM     210      550      240      600      748      620
20
21
                                                                   EINS
```

Abb. 40: Arbeitsblatt Stufe 1: Monatsumsätze Absatzgebiet 1 (komplette Rechenergebnisse)

Es sei darauf hingewiesen, daß die eingegebenen Formeln im Normalfall am Bildschirm nicht zu sehen sind. Die betreffende Zelle weist statt dessen das *aktuelle* Ergebnis der in ihr vorgegebenen Rechenoperation aus. Zur Kontrolle des waren Zelleninhalts wird die betreffende Formel der jeweiligen Zellenposition aber in der *Protokoll*-Leiste angezeigt. In Abb. 40 ist das zum Beispiel die Formel +H9+G10, befindlich in Zelle H10, die im Bildschirmarbeitsblatt den Ergebniswert dieser Formel, nämlich 3620 ausweist.

Meist ist es genauso möglich, die in einer solchen Tabelle enthaltenen Formeln nicht nur einzeln, sondern alle an ihrem Platz im Arbeitsblatt sichtbar werden zu lassen. Hierzu wird die Voreinstellung der Bildschirmanzeige mittels eines speziellen Kalkulationskommandos dergestalt verändert, daß als Formelzellen in der Bildschirm-Anzeige anstatt der Rechenergebnisse die zugrundeliegenden und in der jeweiligen Zelle tatsächlich vorhandenen Formeln erscheinen. Probleme kann es dabei nur insofern geben, als die Zellenbreite bei langen Formeltexten für die Bildschirmanzeige nicht ausreicht. Insofern wird auf die komplette Formelanzeige am Bildschirm im Normalfall verzichtet.

2.1.2 Graphiken zur Umsatzstatistik

Integrierte Programme erlauben, wie auf S. 242 bereits gesagt, ohne die einzelnen Daten nochmals eingeben zu müssen, die Generierung von Graphiken unterschiedlichen Typs. Die folgende Liniengraphik zeigt den Umsatzverlauf der einzelnen Monatswerte und die kumulativen Summen. In ähnlicher Weise sind auch die Soll-Ist-Abweichungen (absolut und in Prozent) darstellbar.

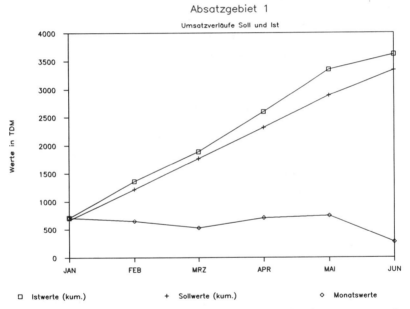

Abb. 41: Graphische Darstellung der Umsatzstatistik (Monatswerte und kumulative Summen Soll/Ist)

Wie bereits gesagt, sollte die reine Bildschirmpräsentation von Graphiken gegenüber der Graphikausgabe auf Papier bevorzugt werden. Somit können vereinfachend im Zuge der Tabellenerstellung und direkt zur eigentlichen Tabelle des Arbeitsblattes Graphiken definiert werden. Eigentlich ist nur damit die ursprünglich geforderte Datenintegrität des Informationssystems und die absolute Aktualität der Darstellung zu gewährleisten. Zur einmal erstellten Tabelle lassen sich nahezu beliebig viele Graphiken erstellen. Indem mehrere Graphiken unterschiedlichen Informationsgehalts aus einer Tabelle gebildet werden, läßt sich auch die Gefahr einer Überfrachtung von Geschäftsgraphiken vermeiden. Dem Betrachter können so leicht eingängige Interpretationen mehrerer bestimmter Einzelerscheinungen mit jeweils geänderten Schwerpunkten angeboten werden.

So dürfte sich beispielsweise die Aufnahme weiterer Linienzüge in die vorstehende Graphik des Umsatzverlaufs verbieten. Im Bedarfsfall könnten etwa die Darstellung der Verläufe von Soll-Ist-Abweichungen, absolut und in Prozent eine weitere Graphik ergeben. Jede Graphik erhält eine eigene Bezeichnung (Graphikname) und läßt sich über diese Bezeichnung zu Zwecken der Bildschirmanzeige oder Drucker- bzw. Plotterausgabe leicht identifizieren.

2.2 Stufe 2: Statistik der Ergebnisrechnung für alle Absatzgebiete

Die erstmalige Erstellung eines tabellarischen Arbeitsblattes für die Gebietsrechnung auf Personalcomputer in endgültiger und für alle weiteren Tabellen ebenfalls verbindlich gültiger Form erfordert einen gewissen Zeitaufwand. Da dieser Tabellenrahmen für die folgende Darstellungen immer wieder Verwendung findet, wird sich bereits bei Absatzgebiet 2 ein Rationalisierungseffekt einstellen, der die Tabellenerstellung auf das reine Zahlenerfassen reduziert.

Das gleiche gilt für die vorzunehmenden Rechenoperationen: Es ist bei der Erstellung erforderlich, alle Rechenoperationen zur Ermittlung der für die Gebietsrechnung benötigten Kennzahlen in den betreffenden Zellen des Arbeitsblattes nach formalen Prinzipien als Rechenformeln einzugeben. Da auch diese kopierbar sind, handelt es sich aber auch dabei um einen einmaligen Vorgang, der bei Fortschreibung bzw. Erstellung des zweiten Absatzgebietes bereits entfällt.

2.2.1 Arbeitsblatt der Ergebnisrechnung für ein Absatzgebiet

Abb. 42 gibt den Grundaufbau zur Ergebnisrechnung des Absatzgebietes 1 wieder.

	A		B	C	D	E	F	G	H	I
1	ERGEBNISRECHNUNG: ABSATZGEBIET 1				(Profitcenter 1)					
2	==									
3	Erstes Halbjahr Januar - Juni									
4	---									
5	Zei-		Ein-	LAUFENDES JAHR						
6	le		heit							
7	---									
8				Soll		KUMULIERT				
9				Total		Soll	Ist			
10	---									
11				Einheit	%	Einheit	Einheit	%3	%1	%
12	---									
13	Spalte			1	2	3	4	5	6	7
14	---									
15	a) BASISDATEN, KOSTEN, ERGEBNISSE									
16	---									
17	1 Nettoumsatz		TDM	5.967	100	3.340	3.620	108	61	100
18	2 Verkaufte Ware		TDM	1.650		800	984	123	60	
19	3 OB-Ware		TDM	235		150	66	44	28	
20	4 Vertrieb		TDM	440		350	198	57	45	
21	5 Leistungsabh.Kosten (LAK)		TDM	2.325	39	1.300	1.248	96	54	34
22	6 Deckungsbeitrag 1		TDM	3.642	61	2.040	2.372	116	65	66
23	7 Personalkosten		TDM	400		200	195	98	49	
24	8 Reise/Sachkosten,PkW		TDM	140		65	70	108	50	
25	9 Verkaufsfoerderung		TDM	155		135	125	93	81	
26	10 Gebietskosten (direkte ZAK)		TDM	695	12	400	390	98	56	11
27	11 Deckungsbeitrag 2		TDM	2.947	49	1.640	1.982	121	67	55
28	---									
29	b) VERKAUFSLEISTUNGEN									
30	---									
31	12 Reisetage		ZAHL	1.800		1.000	950	95	53	
32	13 Kundenbesuche		ZAHL	16.000		10.000	11.300	113	71	
33	14 Auftraege		ZAHL	8.450		4.500	5.150	114	61	
34	15 Belieferte Kunden		ZAHL	5.900		5.900	5.700	97	97	
35	16 Kundenpotential		ZAHL	7.500		7.500	7.500	-		
36	---									
37	c) KENNZIFFERN AUS a) UND b)									
38	---									
39	17 Kosten/Reisetag		DM	300		265	279	105		
40	18 Gebietskosten/Auftrag		DM	82		89	76	85		
41	19 Netto-Umsatz je Auftrag		DM	706		742	703	95		
42	20 Netto-Umsatz je Kunde		DM	1.011		566	635	112		
43	21 Besuche je Reisetag		ZAHL	9		10	12	119		
44	22 Potentialausschöpfung		%	79		79	76	-		
45	23 Erfolgsquote		%	53		45	46	-		EINS

Abb. 42: Aufbau des Arbeitsblattes Stufe 2: Ergebnisrechnung Absatzgebiet 1 (Basisdaten)

Um das schrittweise Vorgehen bei der Erstellung der Rechnerlösung zu demonstrieren, wurden in Abb. 42 zunächst nur die Eingabefelder mit den Basiszahlen aufgenommen. Diese stammen aber, das muß deutlich gesagt werden, aus verschiedenen Quellen der Informationshierarchie (vgl. Abb. 43).

Monatsumsätze Absatzgebiet

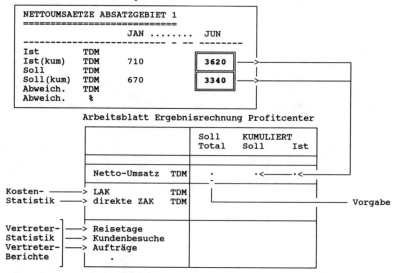

```
NETTOUMSAETZE ABSATZGEBIET 1
==============================
                    JAN ........  JUN
---------------------------- - -- --------
Ist          TDM
Ist(kum)     TDM    710          ┌──────┐
Soll         TDM                 │ 3620 │──>
Soll(kum)    TDM    670          └──────┘
Abweich.     TDM                 │ 3340 │──>
Abweich.      %
```

Arbeitsblatt Ergebnisrechnung Profitcenter

	Soll Total	KUMULIERT Soll	Ist
Netto-Umsatz TDM	·	·<──────·<	

Kosten- ───────> LAK   TDM
Statistik ──────> direkte ZAK TDM   Vorgabe

Vertreter- ──> Reisetage
Statistik ───> Kundenbesuche
Vertreter- ──> Aufträge
Berichte   ·

LAK = Leistungsabhängige Kosten
ZAK = Zeitabhängige Kosten

Abb. 43: Verknüpfung verschiedener Informationsquellen bei der Ergebnisrechnung

Für die vollständige Integrität der Daten im Sinne der geforderten Richtigkeit im System insgesamt ist es unerläßlich, daß die Übernahme solcher Verdichtungsdaten vom System selbst vorgenommen wird. Die Notwendigkeit einer erneuten Primäreingabe über Tastatur würde zwangsläufig zu Fehlern und Unsicherheiten bezüglich eines einheitlichen Datenstandes auf allen verfügbaren System-Stufen führen. Da die Installation solcher Transfervorgänge für alle Stufen auf die gleiche Weise erfolgen wird, soll ihre Beschreibung einem eigenen Abschnitt (S. 288) vorbehalten bleiben und deshalb hier nicht weiter erörtert werden.

Für das Arbeitsblatt der Stufe 2 wird im Tabellenteil „Basisdaten, Kosten, Ergebnisse" die Erfassung folgender Formelinhalte erforderlich:

Arbeitsblatt Zeile	Rechengang	Rechengang in Tabellenkalkulations- Schreibweise	
		in Zelle:	die Formel:
21	Ermittlung der Summe leistungsab- hängiger Kosten (LAK)	D21 E21 F21 G21	@SUMME(D18..D20) @SUMME(E18..E20) @SUMME(F18..F20) @SUMME(G18..G20)
22	Ermittlung von Deckungsbeitrag 1	D22 E22 F22 G22	+D17−D21 +E17−E21 +F17−F21 +G17−G21
26	Ermittlung der Summe leistungsab- hängiger Kosten (LAK)	D26 E26 F26 G26	@SUMME(D23..D25) @SUMME(E23..E25) @SUMME(F23..F25) @SUMME(G23..G25)

Im Grunde enthält dieses Arbeitsblatt im gezeigten Tabellenteil nur zwei unterschiedliche Formeln. Eine Summenformel unter Verwendung des Funktionsnamens @SUMME in Spalte 21 und 26 sowie eine einfache Formel in Spalte 22 zur Bildung einer Subtraktion. In der Tabellenkalkulation wird die Eingabe mehrer gleichlautender Formeln, die sich nur in den Zelladressen unterscheiden, durch Kopieren vereinfacht. Das heißt, es sind eigentlich nur die drei Formeln in der Spalte D zu erfassen. In den analog lautenden Formeln der Spalten E bis F werden diese Zelladressen beim Kopieren vom Rechner selbsttätig und logisch folgerichtig durch die Koordinatenangaben der neuen Spalten ersetzt. Wird die Summenformel @SUMME(D18..D20) in Zelle D21 beispielsweise nach G21 kopiert, tauscht der Rechner automatisch die Koordinaten D18..D20 gegen die Angaben G18..G20 aus.
Diese Vorgehensweise läßt sich bei nahezu jeder beliebigen anderen Formelkonstruktion verwenden. Die nachfolgend zusammengestellten Formeln des Tabellenteils „Kennziffern" dieses Arbeitsblattes werden ebenfalls nur einmal, und zwar in der Spalte D erfaßt. Trotz unterschiedlichster Formelkonstruktion werden sie logisch richtig in die restlichen Spalten übertragen.

Arbeitsblatt Zeile	Rechengang zur Ermittlung der Kennziffer:	Rechengang in Tabellenkalkulations- Schreibweise	
		in Zelle:	die Formel:
39		D39	+(D23+D24)/D31*1000
		bis	·
	Kosten/Reisetag	G39	+(G23+G24)/G31*1000
40		D40	+D26*1000/D33
		bis	·
	Kosten/Auftrag	G40	+G26*1000/G33
41	Netto-Umsatz	D41	+D17*1000/D33
	je	bis	·
	Auftrag	G41	+G17*1000/G33
42	Netto-Umsatz	D42	+D17*1000/D34
	je	bis	·
	Kunde	G42	+G17*1000/G34
43	Besuche	D43	+D32/D31
	je	bis	·
	Reisetag	G43	+G32/G31
44	Potential-	D44	+D34*100/D35
	ausschöpfung	bis	·
		G44	+G34*100/G35
45	Erfolgsquote	D45	+D33*100/D32
		bis	·
		G45	+G33*100/G32

2.2.2 Formulierung der Rechenvorschriften am Personalcomputer

Die Formeln der Zwischenspalten E und F ergeben sich hierzu analog. Der Multiplikationsfaktor 1000 in den Zeilen 39 bis 41 bewirkt die Umrechnung der TDM-Einheiten in DM-Einheiten. Der Faktor 100 in den Formeln dient der Prozentrechnung.

Bei den in den Formeln angegebenen Zelladressen handelt es sich um *relative* Adreßangaben. Sie werden beim Formel-Kopieren durch sinnentsprechende Adressen ersetzt.

270

Im Bedarfsfall können Adressen allerdings auch unverändert übernommen werden. Die Adreßangaben in den betreffenden Formeln
sind dann ausdrücklich als *absolute Adressen* zu kennzeichnen.
Dies geschieht meist durch zusätzliches Voranstellen eines Son-
derzeichens vor jede Koordinatenbezeichnung (im Symphony-Bei-
spiel wird das „$"-Zeichen verwendet). An den gezeigten Formeln
läßt sich der Nutzen von relativen Adreßangaben demonstrieren.
Wird zur Ermittlung der Summe leistungsabhängiger Kosten (LAK)
in Zeile 21 noch die dazugehörige Prozentuierung im Arbeitsblatt
als Formel installiert, wie es der Arbeitsblattaufbau nach Vorgabe
der Abb. 42 in der dortigen Spalte 7 beispielsweise verlangt, müßte
der oben beschriebene Kopiervorgang zu falschen Formeln führen.
Dies sei mit Abb. 44 näher erläutert.

```
                      G            H           J
 |               | Ist      |            |
 .              | Einheit  |          %  |
 .              |    4     |          7  |
 .
 17| Nettoumsatz  |  3620    |        100  |
 .
 .
 21| Leistungsabh.Kosten (LAK)  @SUMME(G18..G20)|  +G21/G17*100
 |                             alternativ:|  +G31/$G$17*10
 |
 22| DECKUNGSBEITRAG 1                          |  +G22/G18*100 <falsch kopiert
 |                                              |  +G22/$G$17   <richtig

        Zell-Ergebnis: G21 =        1248
                       J21 =                      34
                       J22 = als Kopierergebnis richtig =   66
                             als Kopierergebnis falsch =   241
```

Abb. 44: Das Kopieren von Formeln

Im Arbeitsblatt erhält diese Prozentuierungsspalte die Spaltenbe-
zeichnung J. Die Formelbildung erfolgt im Gegensatz zur bisherigen
Rechnung rein spaltenbezogen; es werden innerhalb dieser Spalte
Gliederungszahlen zur Gesamtmasse Nettoumsatz, und zwar als
kumulierter Ist-Umsatz = 3 620 TDM, gebildet. Das heißt, alle über
die gesamte J-Spalte auszuweisenden Werte müssen in % von immer diesem Umsatzwert ausgedrückt werden. Im Nenner *aller*
Formeln dieser Spalte J steht immer dieselbe Zelladresse G17
(Nettoumsatz = 3 620 TDM).
Wird etwa die Formel +G21/G17*100, wie sie in Zelle J21 enthalten
ist, durch Kopieren in Zelle J22 für die zum Deckungsbeitrag 1 gehö-

271

rige Gliederungszahl kopiert, kommt eine falsche Formel zustande. Der Computer erhöht in vermuteter Analogie beide in der Formel enthaltenden Zeilennummern um 1. Daß der Nenner konstant bleiben muß, kann vom Rechner nicht erkannt werden. Wird die betreffende Zellkoordinate nunmehr alternativ dazu mittels „$"-Zeichen als *absolut* deklariert, bleibt sie beim Kopiervorgang unverändert erhalten. Das Ergebnis stimmt.

Das Gesamtergebnis aller Berechnungen des fertig erstellten Arbeitsblattes zur Ergebnisrechnung der Absatzgebiete ist Abb. 45 zu entnehmen.

```
      A           B      C       D      E        F      G    H     I
1  ERGEBNISRECHNUNG:    ABSATZGEBIET 1           (Profitcenter 1)
2  ============================================================
3  Erstes Halbjahr Januar - Juni
4  ----------------------------------------------------------------
5  Zei-                    Ein-   LAUFENDES JAHR
6  le                      heit
7  ----------------------------------------------------------------
8                                 Soll            KUMULIERT
9                                 Total           Soll   Ist
10 ----------------------------------------------------------------
11                                Einheit  %   Einheit Einheit  %3  %1   %
12 ----------------------------------------------------------------
13              Spalte             1       2      3       4      5   6    7
14 ----------------------------------------------------------------
15 a)  BASISDATEN, KOSTEN, ERGEBNISSE
16 ----------------------------------------------------------------
17  1  Nettoumsatz          TDM   5.967         3.340   3.620
18  2  Verkaufte Ware       TDM   1.650           800     984
19  3  OB-Ware              TDM     235           150      66
20  4  Vertrieb             TDM     440           350     198
21  5  Leistungsabh.Kosten (LAK)  TDM
22  6  Deckungsbeitrag 1    TDM
23  7  Personalkosten       TDM     400           200     195
24  8  Reise/Sachkosten,PkW TDM     140            65      70
25  9  Verkaufsfoerderung   TDM     155           135     125
26 10  Gebietskosten (direkte ZAK)  TDM
27 11  Deckungsbeitrag 2    TDM
28 ----------------------------------------------------------------
29 b)  VERKAUFSLEISTUNGEN
30 ----------------------------------------------------------------
31 12  Reisetage            ZAHL  1.800         1.000     950
32 13  Kundenbesuche        ZAHL 16.000        10.000  11.300
33 14  Auftraege            ZAHL  8.450         4.500   5.150
34 15  Belieferte Kunden    ZAHL  5.900         5.900   5.700
35 16  Kundenpotential      ZAHL  7.500         7.500   7.500
36 ----------------------------------------------------------------
37 c)  KENNZIFFERN AUS a) UND b)
38 ----------------------------------------------------------------
39 17  Kosten/Reisetag       DM
40 18  Gebietskosten/Auftrag DM
41 19  Netto-Umsatz je Auftrag DM
42 20  Netto-Umsatz je Kunde  DM
43                                                              EINS
```

Abb. 45: Arbeitsblatt Stufe 2: Ergebnisrechnung Absatzgebiet 1 (komplette Rechenergebnisse)

Um einen möglichst großen Rationalisierungseffekt zu erzielen, sollen die Tabellen der Absatzgebiets-Rechnung einheitlich gestaltet sein. So kann ein einmal vorhandenes Arbeitsblatt ohne Änderung in Aufbau und Formelinhalt für alle weiteren Absatzgebiete einfach übernommen werden. Sicher kann es in der Praxis nötig werden, für einzelne Absatzgebiete aufgrund spezifischer struktureller Gegebenheiten besondere Kennziffern zu bilden und hinzuzufügen, möglicherweise dafür andere zu streichen oder im Sinngehalt zu ändern. In diesem Fall muß der entstehende Zusatzaufwand dadurch minimiert werden, daß eine Tabellenkonstruktion gewählt wird, die inhaltliche Variationen erlaubt, ihren Grundaufbau aber immer beibehalten kann.

In der vorliegenden Fallstudie wurde eine mögliche Tabellenform dieser Art vorgestellt, die aufgrund ihrer universellen Spalten- und Zeilenordnung sowohl Erweiterungen in horizontaler als auch vertikaler Richtung erlaubt (vergleiche hierzu die Ausführungen zur Grundkonstruktion der verwendeten Tabelle auf S. 206). Die strenge Profitcenter-Organisation der fünf Absatzgebiete macht für das Beispiel der Fallstudie solche Variationen nicht erforderlich. Es soll für alle Absatzgebiete ein einheitlicher Tabellenaufbau exakt nach dem bereits vorgestellten Muster für Gebiet 1 gelten. Das Arbeitsblatt des vorangegangenen Abschnitts kann einfach viermal kopiert und noch mit neuen, für das jeweilige Absatzgebiet geltenden Eingabedaten „gefüllt" werden.

2.2.3 Graphiken zur Ergebnisrechnung des Absatzgebiets

Die in einer einzigen Absatzbereichstabelle enthaltene Datenmenge läßt es bereits ratsam erscheinen, Einzelaussagen herauszugreifen und graphisch zu verdeutlichen.

Bezogen auf eine solche Tabelle für ein Absatzgebiet (für die späteren Übersichtstabellen über alle Gebiete ergeben sich weitere Gesichtspunkte), bietet sich vor allem die selektive Betrachtung der sehr detaillierten Soll-Vorgaben im Abgleich mit den tatsächlich erreichten Ist-Ergebnissen an. Ein solcher Soll-Ist-Vergleich ist graphisch auf unterschiedlichste Weise möglich. Abb. 46 zeigt eine solche Möglichkeit der Darstellung von Tabellenwerten.

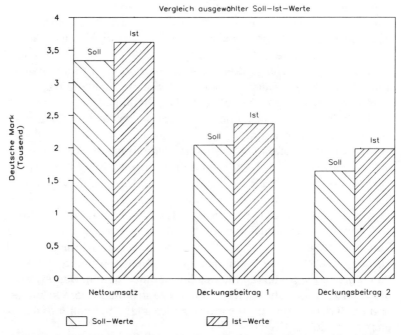

Abb. 46: Soll-Ist-Vergleich verschiedener Größen für Absatzgebiet 1 (absolute Einheiten)

Die Graphik bildet drei wichtige Ergebnisgrößen der zugehörigen Tabelle des Absatzgebietes 1 in ihren absoluten Einheiten (TDM) als Balken nebeneinander ab. Für jede Tabellenzeile wird die betreffende Ist-Größe der zugehörigen Soll-Größe gegenübergestellt. Es entstehen so drei Doppelbalken, die den unmittelbaren visuellen Soll-Ist-Vergleich ermöglichen.

Man sieht die gewählten Beschriftungen, die der einführenden Beschreibung entsprechend als zusätzliche Parameter bei der Graphikgenerierung einmalig anzugeben sind.

2.3 Stufe 3: Statistik des Gebietsvergleichs

2.3.1 Arbeitsblatt zum Vergleich der Absatzgebiete

Unter Befolgung der grundlegenden Systematik zur Profitcenter-Rechnung, wie sie unter anderem Auf Seite 188 dargestellt ist, wird auf Stufe 3 eine neue Tabelle entstehen. Diese Tabelle speist sich zwar vollständig aus der schon bearbeiteten Tabelle der Einzelgebietsrechnung, wird aber verdichtet auf nur die laufenden Absolutgrößen für Soll und Ist. Als Zusatzinformation der Stufe 3 entsteht dabei erstmals eine zusammenfassende Übersicht, die den direkten Vergleich der Gebietsdaten miteinander zuläßt, und es wird die Gesamtsumme über alle Gebiete gebildet. Letztere soll ihrerseits auf der nächsthöheren und letzten Stufe 4 in die Betriebsergebnisrechnung eingehen. Daß nach dort außerdem noch Daten aus einer unteren Stufe transferiert werden, wurde ebenfalls schon angedeutet (vgl. S. 259).

Im übrigen entspricht der Aufbau der Gebietsvergleichs-Tabelle dem Grundraster aller bisher verwendeten Tabellen. Ihr Datenumfang ergibt sich aus der jeweiligen betrieblichen Situation, das heißt primär aus der Anzahl zu erfassender Absatzgebiete. Für das hier zu behandelnde Beispiel mit fünf Absatzgebieten ist eine insgesamt 13spaltige Aufstellung mit 2 Datenspalten als Doppelspalte für jedes Gebiet, einer Summenspalte (Gesamt) sowie zwei Spalten für die schon bekannten Vorspalten nötig. Die Zeilenbezeichnungen können unverändert aus den Gebietstabellen übernommen werden. Abb. 47, Seite 276, gibt das vollständige Kalkulationsblatt hierzu wieder.

In diesem Kalkulationsblatt wird versucht, möglichst alle Absatzgebiete des Unternehmens in Form je einer Doppelspalte übersichtlich nebeneinander zu stellen. Um den Tabellenumfang zu begrenzen, wird auf die Aufnahme der Prozentuierungsrechnung aus Stufe 2 gänzlich verzichtet. Stattdessen wird die mitgeführte Soll-Vorgabe gleich als Soll-Erfüllungsgrad in % ausgedrückt (Spalte %S). An Kosten- und Erlösdaten werden nur noch die Endergebnisse aufgenommen. Bei den Vertreter-Leistungsdaten erscheinen zwar alle errechneten Kennzahlen und damit die für einen Leistungsvergleich wichtigen Größen, auf die zugehörigen Basiswerte wurde dagegen völlig verzichtet. Die rechnerische Herleitung der dargestell-

```
      A           B       C        D         E         F         G        H         I        J         K        L        M
  ERGEBNISENTWICKLUNG: ABSATZGEBIETE - UEBERSICHT
  ===============================================
  Erstes Halbjahr Januar - Juni
```

Zei-le	Ein-heit	Gesamt	Gebiet 1 Einheit	%S	Gebiet 2 Einheit	%S	Gebiet 3 Einheit	%S	Gebiet 4 Einheit	%S	Gebiet 5 Einheit	%S
Spte 1	2	3	4	5	6	7	8	9	10	11	12	13
a) ERGEBNISSE												
1 Nettoumsatz	TDM	14.420	3.620	108	2.300	82	2.700	90	2.800	95	3.000	89
2 Deckungsbeitrag 1	TDM	9.569	2.372	116	1.480	81	1.710	89	2.100	101	1.907	85
3 Gebietskosten	TDM	1.810	390	98	340	99	435	106	305	94	340	95
4 Deckungsbeitrag 2	TDM	7.759	1.982	121	1.140	77	1.275	84	1.795	105	1.567	91
b) KENNZAHLEN												
5 Kosten/Reisetag	DM	321	279	105	282	108	393	121	470	111	500	115
6 Gebietskosten/Auftrag	DM	83	76	85	89	104	113	107	106	90	115	91
7 Netto-Umsatz/Auftrag	DM	662	703	95	605	86	701	91	940	94	1020	91
8 Netto-Umsatz/Kunde	DM	676	635	112	597	85	675	95	1050	101	1100	96
9 Besuche je Reisetag	ZAHL	8	12	119	10	96	8	109	10	109	10	109
10 Potentialausschöpfung	%	61	76		70		71		72		78	
11 Erfolgsquote	%	42,8	46,0		46,0		68,0		52,0		45,0	
12 Ergebnisrate	%	53,8	54,8		49,6		47,2		64,1		52,2	
13 Ergebnisrate Vorjahr	%	55,1	55,0		50,0		47,0		54,0		54,0	
c) RANGORDNUNG												
14 Rang Deckungsbeitrag 2 (Vorjahr)			2		4		5		3		1	
15 Rang Deckungsbeitrag 2 (Berichtsjahr)			1		5		4		2		3	

Anmerkungen: Die Spalte Gesamt enthält in den Zeilen 1 bis 4 die Werte, die sich als Summe der entsprechenden Einzelwerte der fünf Absatzgebiete ergibt, in den Zeilen 5 bis 13 das arithmetische Mittel aus den entsprechenden Absatzgebietswerten.

%S = Soll-Erfüllungsgrad

Abb. 47: Arbeitsblatt Stufe 3: Gebietsvergleich Absatzgebiet 1 bis 5 (komplette Rechenergebnisse)

276

ten Größen ist aus der jetzigen Aufstellung damit nicht mehr möglich. Mit Ausnahme der Zahlenwerte der Spalte 3 als Gesamtspalte sind alle enthaltenen Werte einfach nur übernommen worden. Bei jeder Verwendung einer solchen Übersicht (als Zwischenstufe zur endgültigen Betriebserfolgsrechnung) sind so eine nicht unbeträchtliche Anzahl Daten aus den zugrundeliegenden Gebietstabellen zu übertragen. Eine manuelle Datenüberführung würde spätestens hier zur gefährlichen Fehlerquelle werden. Es soll deshalb nochmals auf die generelle Diskussion dieser Problematik im Zusammenhang mit einer Automatisierung der Abläufe hingewiesen werden, wie sie schon auf Seite 229 erfolgt.

Der Formelinhalt dieses Arbeitsblattes beschränkt sich infolge ausschließlicher Verwendung bereits berechneter Werte auf die Summenbildung in der Gesamtspalte, die Spalte D. Die Rechenvorschriften für diese Summierung lauten in tabellarischer Aufstellung:

Arbeits-blatt-Zeile	Rechengang in Spalte Gesamt	Rechengang in Tabellenkalkulations-Schreibweise	
		in Zelle:	die Formel:
12	Nettoumsatz Gesamt	D12	@ SUMME (E12...M12)
13	Deckungsbeitrag 1 Gesamt	D13	@ SUMME (E13...M13)
14	Gebietskosten Gesamt	D14	@ SUMME (E14...M14)
15	Deckungsbeitrag 2 Gesamt	D15	@ SUMME (E15...M15)
19	Kosten je Reisetag Gesamt	D19	@ SUMME (E19...M19)/5
20	Kosten je Auftrag Gesamt	D20	@ SUMME (E20...M20)/5
25	Erfolgsquote Gesamt	D25	@ SUMME (E25...M25)/5
26	Ergebnisrate Gesamt	D26	D15/D12*100

Anmerkungen: – Die Spalte *Gesamt* enthält in den Zeilen 5 bis 13 (= D19 bis D25) das arithmetische Mittel aus den entsprechenden Absatzgebiets-Werten.
– Die Ergebnisrate Gesamt wird einfach durch Neuberechnung der Relation Deckungsbeitrag 2/Nettoumsatz (mit jeweils eingesetztem Gesamt-Wert) mal 100 in % ermittelt.

Im Grunde sind nur drei Formeln zu erfassen und entsprechend zu kopieren. Die Summenbildung der Größen zum Tabellenteil a) erfolgt mit einfacher Summenfunktion. Die Kennzahlen zum Tabellenteil b) werden als arithmetisches Mittel über die 5 Absatzgebiete gefunden. Die restlichen Kennzahlen werden nach der ursprünglichen Originalformel innerhalb der Gesamtspalte direkt gebildet. Diese Berechnungsweise folgt der im Zusammenhang mit der Fallstudienberechnung des vorangegangenen Teils getroffenen Vereinbarung, wie sie auch den dort erstellten Tabellen zugrundeliegt. Die Ermittlung einfacher Durchschnittswerte als Gesamt-Mittel stellt dabei allerdings eine Vereinfachung dar, die die Kalkulationsblatterstellung und -handhabung zwar erleichtert, in der Sache aber als unpräzise angesehen werden könnte.

Die Berechnung der Kennzahlen müßte genau genommen durchgängig in der Gesamtspalte durch Verhältniszahlenbildung aus den zugrundeliegenden Basisdaten-Summen errechnet werden, und zwar genau nach den in den Gebietstabellen bereits enthaltenen Formeln. Das heißt, die Ermittlung der Kosten je Reisetag in der Gesamtspalte hätte eigentlich nach der Formel

$$\frac{\text{Personalkosten + Reise-/Sachkosten PkW}}{\text{Reisetage}}$$

erfolgen müssen, wie sie als Tabelleneintrag beispielsweise in Zelle G39 der Absatzgebietstabellen (siehe S. 270 und 272) mit

$$+(G23+G24)/G31*1000$$

ausgeführt wurde.

Da die erforderlichen Basiswerte in der Übersichtstabelle infolge Datenreduzierung nicht mehr erscheinen, kann die exakte Rechenweise ohne erneute Ausweitung des Tabellenumfangs nicht vorgenommen werden. Eine Ausnahme ist lediglich bei der Berechnung der Ergebnisrate möglich, die sich als Quotient aus Deckungsbeitrag 2 und Nettoumsatz ergibt. Beides sind Größen, die aus naheliegenden Gründen ohnehin in eine solche Ergebnis-Zusammenstellung gehören. Zur Demonstration wurde hier mit den exakten Formeln gearbeitet.

Im konkreten Anwendungsfall ist zu entscheiden, ob die vereinfachte Mittelwertsberechnung ausreicht oder mit entsprechend höherem Datenaufwand die genauen Formeln verwendet werden müssen.

Die Kennziffer *Ergebnisrate* taucht als Formel erstmals in diesem Gebietsvergleich auf. Die diesbezüglichen Sachzusammenhänge wurden bereits bei der Darlegung der Fallstudie in Teil II diskutiert. Die zur Berechnung nötigen Zahlenwerte werden entweder einzeln aus den Gebietstabellen übertragen oder aber, wie hier geschehen, nachträglich für alle Absatzgebiete nach obiger Rechenvorschrift ermittelt und in der Gesamtspalte[1]) nochmals getrennt errechnet. Die Bildschirmanzeige dieser Zelle erfolgt abweichend von der bisherigen Praxis in geänderter Formatierung, also interpunktiert mit einer Stelle hinter dem Komma. Damit soll etwaigen höheren Genauigkeitsanforderungen des Benutzers entsprochen und die Wirkung von Formatänderungen in der Bildschirmanzeige demonstriert werden.

Vorjahreswerte aus den entsprechenden Tabellen vorangegangener Perioden werden in solche Übersichten ebenfalls gerne als zusätzliche Werte aufgenommen. Sie setzen natürlich das Vorhandensein solcher (im behandelten Fallbeispiel nicht enthaltener) Statistiken voraus, da auch sie einfach unverändert übernommen werden.

Analoges gilt für die Daten des Tabellenteils c), also für die Rangordnung der Absatzgebiete nach ihrem Ergebnis, dem Deckungsbeitrag 2. Die Rangfolge der Vorperiode ist ebenfalls nur durch einfache Übertragung zu erhalten. Die aktuelle Rangfolge in Abb. 47 könnte im Arbeitsblatt berechnet oder aber einfach mittels graphischer Interpretation als Kreisdiagramm visualisiert werden. Wahrscheinlich dürfte letzteres sogar mit geringerem Aufwand verbunden sein. Da es sich hierbei um einen Sortieralgorithmus handeln müßte, ist die Darstellung der Lösung in gängigen Programmen der Tabellenkalkulation nicht mittels Formeleingabe zu bewältigen; es wäre speziell hierfür ein Sortieralgorithmus als *Makro* zu schreiben. Es gibt in der Tabellenkalkulation zwar unter anderem auch speziell statistische Funktionen wie Maximalwert- und Minimalwertberechnung ganzer Zellenbereiche[2]) und eine ganze Reihe weiterer Sonderfunktionen dieser Art; eine Sortier- oder Rangbestimmungs-Funktion erfordert meist das Einschalten des Datenbankteils als zu-

---

[1]) Auf die Wiedergabe aller Formeln der betreffenden Zeile wurde verzichtet, da sie nach bekanntem Muster durch Kopieren entstehen.

[2]) Als Zellenbereich bezeichnet man in der Tabellenkalkulation einen Block aus mehreren zusammenhängenden und benachbarten Zellen, die so unter einem gemeinsamen Namen angesprochen werden können.

sätzlichen Programmbaustein. In der gezeigten Tabelle sind die Rangnummern einfache Eingabefelder.

Eine ausführliche Erörterung aller Funktionen dieser Art wäre im vorliegenden Werk nicht angebracht. Der Leser erhält im aktuellen Bedarfsfall bei Betätigung der in jedem Standardprogramm angebotenen *Hilferoutine* neben anderen Hinweisen eine Liste aller mathematisch-statistischen Funktionen am Bildschirm angezeigt und kann dazu einzelne Erläuterungen abrufen.

Die Möglichkeiten der Makro-Generierung zu diesem und anderen Zwecken wurde im allgemeinen Teil erörtert und soll hier nicht weiter verfolgt werden.

2.3.2 Graphiken zum Gebietsvergleich

Der Gebietsvergleich wird in den allermeisten Fällen eine beträchtliche Fülle an Einzelwerten aufweisen, wenn wirklich alle wichtigen Daten aller Absatzgebiete erscheinen sollen. Die angestrebte schnelle Übersicht und ein sofortiger Einstieg werden dadurch erschwert.

Die Graphikinterpretation als sinnvolle Abhilfe wird an dieser Stelle unentbehrlich. Man kann gerade für den Gebietsvergleich eine große Zahl Darstellungen finden, die aus Sicht des Entscheidungsträgers von Interesse sein könnten.

Unabhängig von der im Einzelfall gewählten Darstellung dürften alle relevanten Graphiken mindestens zwei gemeinsame Merkmale aufweisen:

– sie werden die zu betrachtenden Größen immer für alle relevanten Absatzgebiete nebeneinander anordnen müssen, um dem Betrachter überhaupt den Gesamtüberblick zu geben,
– sie werden jeweils immer nur einige wenige, möglichst in sachlichem Bezug zueinander stehende Größen enthalten, um die voluminöse Ursprungstabelle auf diesem Wege etwas zu entflechten.

Im folgenden sollen nur zwei der Möglichkeiten dargelegt werden, in welche Richtung solche Gestaltungsüberlegungen gehen können und welche Formen von Graphiken dabei entstehen.

Abb. 48 gibt eine solche Standardgraphik in bereits bekannter Balkendiagramm-Form wieder. Es sind die drei wichtigen Erfolgsgrößen Umsatz, Deckungsbeitrag 1 und Deckungsbeitrag 2 dargestellt. Für jede dieser Größen werden als direkt nebeneinanderstehende Säulen die zugehörigen Werte, jetzt für alle fünf Absatzgebiete, angezeigt. An jedem der drei X-Achsen-Punkte sind also fünf Werte-Säulen zu sehen.

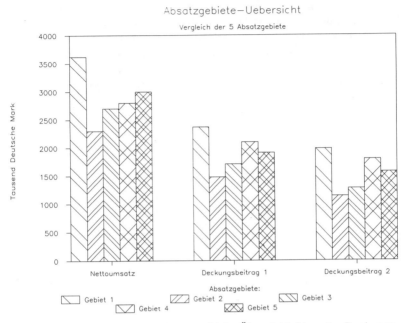

Abb. 48: Balkendiagramm: Absatzgebiete-Übersicht (Umsatz, Deckungsbeitrag 1, Deckungsbeitrag 2)

Die Parameterblätter werden in bekannter Weise mit entsprechenden Angaben versehen. Es sind hier neben dem X-Bereich für die Bezeichnungen der drei anzuzeigenden Größen an der betreffenden X-Achsen-Position fünf weitere Bereiche A bis E für die fünf Absatzgebiete zu markieren. Jeder Bereich einer solchen Säule bestreicht genau drei Tabellenwerte, nämlich den Wert für den Nettoumsatz, für den Deckungsbeitrag 1 und den Deckungsbeitrag 2, wie sie im Arbeitsblatt untereinander stehen. Die nähere Bezeichnung der Säulenbedeutung erfolgt aus Platzgründen hier ausschließlich als Legende am unteren Bildrand.

Sollen alle Absatzgebiete in einer einzigen markanten Größe miteinander verglichen werden, bietet sich das häufig eindrucksvolle

281

Kreisdiagramm an. Durch Angabe des Graphiktyps „Kreis" im Parameterblatt des Graphikbausteins zur Tabellenkalkulation entsteht die Darstellung in Abb. 49. Die Graphik zeigt für jedes der Absatzgebiete ein Kreissegment, das in seiner Größe genau den prozentualen Anteil des Nettoumsatzes dieses Gebietes am Nettoumsatz Gesamt repräsentiert. Dieser Prozentanteil wird üblicherweise vom Graphikprogramm selbsttätig ermittelt. Als Inhaltsangabe im Parameterblatt ist lediglich die Benennung des Bereichs A erforderlich. Das ist hier genau wie in der vorangegangenen Abbildung der Nettoumsatz. Für dieses Bild umfaßt der A-Bereich allerdings fünf Zahlenwerte, die jeweiligen Nettoumsätze eines jeden Absatzgebiets.

Absatzgebiete—Uebersicht
Prozentualer Anteil am Gesamtumsatz

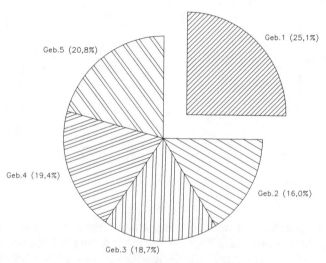

Geb.1 (25,1%)

Geb.5 (20,8%)

Geb.4 (19,4%)

Geb.2 (16,0%)

Geb.3 (18,7%)

Abb. 49: Kreisdiagramm: Absatzgebiete-Übersicht (Umsatzanteile in %)

Zur Veranschaulichung der weiteren speziellen Gestaltungsmöglichkeiten der Kreisdarstellung wurde ein beliebiges Gebietssegment, hier das Gebiet 1, in „abgesprengter" Darstellung abgebildet. Meist kann man – je nach Tabellenkalkulationsprogramm – zwischen unterschiedlichen Schraffurarten bzw. Farbangaben wählen. Der Inhalt der beiden Parameterblätter ergibt sich ansonsten auf die gewohnte Weise.

282

2.4 Stufe 4: Die Betriebsergebnisrechnung

Die Berechnung des Betriebsergebnisses erfolgt auf der letzten und höchsten Aggregationsstufe des Modells. Nach dem im einführenden Abschnitt vorgegebenen Verfahrensschema wird hierin in einem letzten Verdichtungsvorgang das endgültige Ergebnis, über alle Absatzgebiete hinweg, für den ganzen Betrieb zusammengefaßt.

Demzufolge müssen alle Erlöse und alle dem Betrieb erwachsenen Kosten, unabhängig von Kostenart und Kosteneinordnung, in die Betriebsergebnisrechnung eingehen. Auf S. 218ff. wurden die unterschiedlichen Möglichkeiten einer Kostenzuordnung unter Kostenzurechnungsaspekten diskutiert und die spezifische Behandlung der *zeitabhängigen Kosten* bei der Betriebsergebnisrechnung begründet. Daraus resultiert jetzt eine etwas komplexere Datenvernetzung der Betriebsergebnisrechnung mit mehreren anderen Statistiken verschiedener Stufen des Informationssystems. Diese Vernetzung auf Stufe 4 ist in Abb. 50 zusammenfassend skizziert.

Zunächst kann auf jeden Fall die Summe aller Nettoumsätze der fünf Absatzgebiete aus der Spalte Gesamt des Arbeitsblattes Gebietsrechnung (Stufe 3) übertragen werden. Der Summenwert beträgt im Fallbeispiel 14 420 TDM, wie in der betreffenden Zelle des Arbeitsblattes Gebietsvergleich (siehe Abb. 47) ausgewiesen.

Im einfachsten Fall wird der Deckungsbeitag 1 auf demselben Weg übertragen. Soll dieser jedoch auf Stufe 4 nochmals errechnet werden, müssen die erforderlichen Einzelbestandteile der leistungsabhängigen Kosten einzeln aus jedem der fünf Absatzgebiete der nächstunteren Stufe 2 entnommen und entsprechend verrechnet werden. Diese Verfahrensweise kann zu Kontrollzwecken angewandt werden.

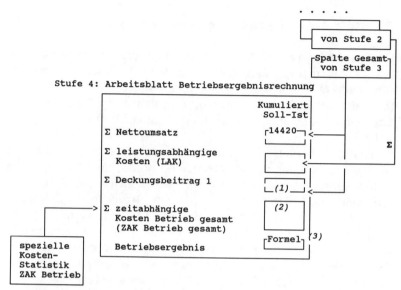

Stufe 4: Arbeitsblatt Betriebsergebnisrechnung

(1) Deckungsbeitrag 1 wird aus Vorstufe 3 übertragen. Alternativ wäre auch eine Berechnung durch Formeleintrag auf dieser Stufe 4 möglich, wenn die leistungsabhängige Kosten direkt aus Vorstufe 2 übernommen werden .

(2) Die Summe aller zeitabhängigen Kosten des Betriebs ist eine eigene Größe. Sie wird speziell zum Zweck der Betriebsergebnisrechnung separat ermittelt.

(3) Betriebsergebnis = Deckungsbeitrag 1 ./. ZAK Betrieb gesamt

Abb. 50: Dateivernetzung bei der Betriebsergebnisrechnung

Die Zahlenwerte der zeitabhängigen Kosten sind zwar Basiswerte, sie erscheinen in den Vorstufen bisher aber noch nicht bzw. nur soweit, wie sie den Absatzgebieten direkt zugerechnet werden dürfen. Auf Stufe 4 handelt es sich hierbei aber erstmals um die zeitabhängigen Kosten des Betriebes als Gesamtsumme. Es sei hierzu nochmals auf die zugehörige Grundsatzdiskussion zur Entscheidung für genau dieses Verfahren in Teil II hingewiesen (vgl. S. 187). Die Zahlenwerte müssen insofern zunächst in einer eigenen Kostenstatistik gebildet werden, also jetzt „von außen" hinzukommen. Das zugehörige Rechenschema ist mit den Zahlenwerten der Fallstudie nachstehend nochmals rekonstruiert wiedergegeben.

284

```
                  Nettoumsatz kumuliert Ist

Absatzgebiet 1:        3.620 TDM
Absatzgebiet 2:        2.300  "
Absatzgebiet 3:        2.700  "
Absatzgebiet 4:        2.800  "
Absatzgebiet 5:        3.000  "

        SUMME:        14.420 TDM    ─────────────────────┐
                                                         │
                      alle Werte  "kumuliert Ist"        │
                    Σ Nettoumsatz           14.420  TDM <┘
                 ./. Σ LAK                    4.851

(siehe Abb. 47)    = Σ Deckungsbeitrag 1      9.569
(siehe Abb. 51)  ./.  ZAK Betrieb gesamt      7.921

(siehe Abb. 51)    = Betriebsergebnis         1.648
                                             ══════
```

2.4.1 Das Arbeitsblatt der Betriebsergebnisrechnung

Damit errechnet sich das Betriebsergebnis, wie in Abb. 51 gezeigt. In dieser Abb. ist das zugehörige Arbeitsblatt in fertigem Zustand wiedergegeben. Die vorstehenden Zahlenwerte finden sich hier als Ergebnis wieder. Es kann überlegt werden, ob wieder Vergleichsdaten vergangener Perioden mit aufgenommen werden. Damit bietet sich die Möglichkeit zum Periodenvergleich und eventuell auch zu langfristigen Verlaufsbetrachtungen.

```
   ┌─────A────────────────────B────────C────────D────────E────────F────────G────────H─┐
 1 │ BETRIEBSERGEBNIS UNTERNEHMEN                                                        │
 2 │ ================================                                                    │
 3 │ Erstes Halbjahr Januar - Juni                                                       │
 4 │ --------------------------------------------------------------------------------    │
 5 │                                    VORPERIODEN    │ LAUFENDES JAHR                   │
 6 │ --------------------------------------------------                                  │
 7 │                                    KUMULIERT      │ Soll     KUMULIERT               │
 8 │                                    Ist            │ Total    Soll     Ist           │
 9 │ --------------------------------------------------                                  │
10 │                                    Jahr-2  Jahr-1 │ Jahr                             │
11 │ --------------------------------------------------                                  │
12 │ Zei-                     Ein-      Ein-    Ein-   │ Ein-     Ein-     Ein-      %6   │
13 │ le                       heit      heit    heit   │ heit     heit     heit           │
14 │ --------------------------------------------------                                  │
15 │ Spte           1           2         3       4    │  5         6        7        8   │
16 │ --------------------------------------------------                                  │
17 │    ERGEBNISSE                                                                        │
18 │ --------------------------------------------------------------------------------    │
```

Zeile		Einheit	Jahr-2	Jahr-1	Jahr	Soll	Ist	%6
1	Nettoumsatz	TDM	19.100	18.800	35.000	18.300	14.420	78,8
2	Fertigung, Verkauf, Lager	TDM	4.500	5.000	10.500	5.800	4.352	75,0
3	Vertrieb	TDM	901	899	1.600	890	499	56,1
4	Leistungsabh. Kosten (LAK)	TDM	5.401	5.899	12.100	6.690	4.851	72,5
5	Deckungsbeitrag 1	TDM	13.699	12.901	22.900	11.610	9.569	82,4
6	Marketing/Verkauf	TDM	3.900	4.000	8.500	4.500	3.111	69,1
7	Produktion	TDM	3.500	3.700	7.600	3.600	3.133	87,0
8	Beschaffung	TDM	600	600	1.200	600	344	57,3
9	Verwaltung	TDM	1.550	1.650	3.450	1.600	1.333	83,3
10	Zeitabhaengige Kosten (ZAK)	TDM	9.550	9.950	20.750	10.300	7.921	76,9
11	Betriebsergebnis	TDM	4.149	2.951	2.150	1.310	1.648	125,8

```
                                                                              —EINS—
```

Abb. 51: Arbeitsblatt Stufe 4: Betriebsergebnis Unternehmen (komplette Rechenergebnisse)

Das gezeigte Kalkulationsblatt zur Betriebsergebnisrechnung weicht bezüglich der Aufnahme weiterer Perioden (hier zwei Vorjahre) in der Spalte *Vorperioden* von der bisherigen Gestaltung ab. Das gibt Gelegenheit, die Flexibilität der gewählten Tabellenkopf-Gestaltung hinsichtlich der Aufnahme zusätzlicher Spalten zu demonstrieren. Die Beschriftung bleibt weiterhin knapp und erklärt sich selbst.

Die Formelinhalte der Berechnungszellen sind in Abb. 51 nicht zu sehen. Es erhalten nur die Zeilen Rechenvorschriften für die erforderliche Summen- bzw. Differenzberechnungen, die die oben aufgezeigten Rechenoperationen zu bewerkstelligen haben. Hinzu kommt die Formel in der Prozentuierungsspalten (Spalte 8).

2.4.2 Graphiken zum Gesamtergebnis

Gerade auf der obersten Ebene der Informationspyramide, die hier mit Stufe 4 erreicht ist, sollte eine graphische Interpretation mit nochmaliger selektiver Verdichtung stattfinden. Abb. 52 enthält eine solche Möglichkeit der plakativen Hervorhebung von Tabellenaussagen. Es wird gezeigt, wie sich der erwirtschaftete Nettoumsatz prozentual in seine Kostenbestandteile aufsplittet und welcher Anteil davon letztlich als Betriebsergebnis verbleibt. Dieses ist als Restgröße nochmals visuell hervorgehoben, indem der betreffende Kreisausschnitt abgesprengt dargestellt wird.

Die Verwendung des Graphiktyps Kreis reduziert den benötigten Datenumfang hier im übrigen auf ein Minimum. Allein mit den Tabellenwerten der Spalte 7 läßt sich die Ist-Situation des Betriebs dergestalt wiedergeben.

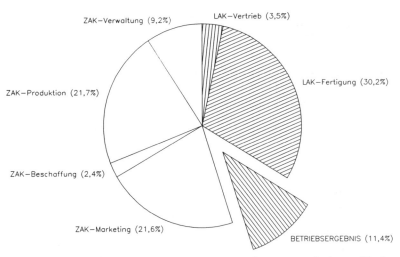

ERGEBNIS/KOSTENANTEILE
(Nettoumsatz erstes Halbjahr = 100%)

Abb. 52: Prozentuale Zusammensetzung des Gesamtergebnisses (Kreisdiagramm)

Wie aus früherer Kreisdarstellung bekannt, bestehen dabei wieder verschiedene Gestaltungsmöglichkeiten: Hier wurde das endgültige Betriebsergebnis als Segment schraffiert und hervorgehoben. Die Komponenten der *leistungsabhängigen Kosten (LAK)* wurden schraffiert dargestellt, alle Komponenten der *zeitabhängigen Kosten (ZAK)* zur Unterscheidung ohne Schraffur gehalten.

Allerdings zeigt es sich hier auch, daß graphische Gestaltungsmaßnahmen teils gezielte Ergänzungen im Arbeitsblatt erforderlich

287

machen, die ausschließlich der Gestaltung einer gewünschten Graphik dienen. Dies immer dann, wenn die abzubildenden Zahlenwerte keinen zusammenhängenden Zellenbereich bilden oder die Zelleninhalte den Gestaltungsvorstellungen des Betrachters nicht genügen. Abb. 51 enthält beispielsweise keine Detailangaben über die Einzelbestandteile der leistungsabhängigen und zeitabhängigen Kosten. Diese müssen aus Vorstufentabellen übernommen und zusätzlich in einem eigenen Tabellenbereich abgelegt werden. Zugleich werden die Zeilenbezeichnungen nach graphischen Gestaltungsgesichtspunkten möglichst sinnerhaltend gekürzt. Das Ganze ist in Abb. 53 angedeutet.

```
┌──A────────B──────────────C──────────D──────E-.... ┐
34
35        Hilfstabelle für die Graphik - Erstellung
36
37        Nettoumsatz           TDM        .....
38        LAK Summe             TDM        .....
39        LAK-Vertrieb          TDM        .....
40        LAK-Fertigung         TDM        .....
41        BETRIEBSERGEBNIS      TDM        .....
42
43        ZAK-Marketing         TDM        .....
44        ZAK-Beschaffung       TDM        .....
45        ZAK-Produktion        TDM        .....
46        ZAK-Verwaltung        TDM        .....
47        ZAK Summe             TDM        .....
48        Deckungsbeitrag 1     TDM        .....
49
50
51
└                                                    ┘
```

Abb. 53: Hilfstabelle für Graphikerstellung

Man beachte, daß die Texte in der Vorspalte (Spalte B) der Zeilen 38 bis 41 sowie 43 bis 46 wortgetreu als Beschriftung der Kreisausschnitte auftauchen.

3 Organisation von Datentransfer und Benutzerdialog

3.1 Automatisierung des Datentransfers

Der Datensicherheit wegen kommt im täglichen Gebrauch die manuelle Übertragung von Ergebnisdaten auf die nächsthöhere Verdichtungs-Stufe nicht in Betracht. Wie sich gerade in der Datenübernahme in die letzte Ebene der Betriebsergenisrechnung gezeigt hat, kann ein Transfervorgang komplex und, ganz abgesehen vom Arbeitsaufwand, bei ständiger Wiederholung zur empfindlichen Fehlerquelle werden.

Für einen Datentransfer am Rechner bieten sich unter Verwendung der beschriebenen Endbenutzerwerkzeuge generell drei Wege an:

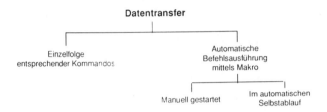

3.1.1 Einzelfolge entsprechender Kommandos

Eine Übertragung aller erforderlichen Zahlenwerte mittels Menü-Auswahl der Kommandos ist bei Verwendung dieser Art Standardsoftware in jedem Fall möglich und schließt die Gefahr einer Datenfalscheingabe bereits aus. Allerdings muß dafür ein Mindestmaß an Bedienungswissen im verwendeten Software-Baustein und die Kenntnis der Daten-Vernetzungen im Anwendungssystem vorausgesetzt werden.

Die Datenübertragungen von einer Zelle in eine andere oder von einem Bereich in einen anderen funktioniert grundsätzlich genauso, wie wenn ein Transfer zwischen verschiedenen Arbeitsblättern nötig wird, die sich in getrennten Dateien auf externem Speicher befinden. Allerdings wird dafür mehr als ein Kommando benötigt, was den Bedienungsaufwand erhöht. Unter anderem müssen die zu übertragenden Zellen der Sende-Datei in einem ausdrücklich definierten und mit eigenem Namen versehenen Bereich stehen.

3.1.2 Automatische Befehlsausführung mittels Makros

Können oder sollen Bedienungs- und Systemkenntnisse beim Benutzer nicht vorausgesetzt werden und soll zugleich eine höhere

Sicherheit gegen die bei menügesteuerter Abwicklung noch immer mögliche Fehlbedienung erzielt werden, bietet sich ein automatisierter Transfer mittels *Makro* an.

Im betrachteten System kann der Datentransfer nunmehr dadurch erfolgen, daß jedem „updating" der Eingabefelder auf der Empfängerebene auf ausdrücklichen „Befehl des Benutzers" eine automatische Aktualisierung per Makro-Lauf folgt. Ein Beispiel für ein solches Makro und dessen Ausführung ist bereits auf Seite 253 gegeben. Das Makro wird komplett auf Betätigung der benannten Start-Tasten ausgeführt.

Dieser Datentransfer auf Befehl des Benutzers hat den Vorteil, daß es tatsächlich im Ermessen des Systembenutzers liegt, aktualisierte Daten aus der Vorstufe zu übernehmen oder aber in bestimmten Situationen auf unverändertem Stand zu verweilen. Der Benutzer ist so außerdem genau darüber informiert, ob und wann eine Aktualisierung erfolgte.

Da solche Transfers auf mehr als einer Ebene stattfinden und komplexer Natur sein können, besteht bei Erlaubnis zum individuellen Makro-Start allerdings wieder die Gefahr einer gewissen Daten-Unsicherheit: Im gleichen System können unkontrolliert Datenbestände unterschiedlichsten Aktualitätsgrades und damit auch arithmetische Fehler enthalten sein. Zur Vermeidung solcher Zustände muß dem Benutzer eine gewisse Übersicht über die informationelle Vernetzung des Systems abverlangt werden, bzw. es müssen verteilte Dateien zur persönlichen Nutzung angelegt und die jeweilige Basis gegen unkontrolliertes Einwirken mehrerer Benutzerplätze geschützt werden.

Soll diese Unsicherheit generell beseitigt werden, besteht die Möglichkeit, den Datentransfer mittels Makros im gesamten System im *automatischen Selbstablauf (Auto-Ablauf)* erfolgen zu lassen. Das heißt, ein manuelles und persönliches Starten wird unterbunden; jedes Makro eines Arbeitsblattes startet selbsttätig genau in dem Augenblick, in dem dieses Arbeitsblatt in den Zentralspeicher der Maschine geladen wird. Systemwissen ist so beim Benutzer nicht mehr vonnöten. Der Transfervorgang muß in der einmal vorgegebenen Ausführungsweise aber als Ganzes akzeptiert werden; Eingriffe sind ohne spezielle Systemkenntnisse nicht mehr möglich.

Sind alle Makros auf allen Ebenen des Systems mit *Auto-Ablauf* ausgestattet, findet folgerichtig von der untersten Stufe an ein automatischer Transfer durch alle Ebenen statt, so daß sich am Ende zwangsläufig alle Tabellen auf dem letzten, neuesten Stand befinden müssen. Das heißt auch: Das Laden von Arbeitsblättern in Zwischenstufen bewirkt ebenfalls immer eine sofortige Aktualisierung der enthaltenen Tabelle. Geht der Benutzer eine oder mehrere Stufen höher, werden diese arithmetisch stimmig zum Zeitpunkt des Ladens ebenfalls sofort in genau diesen Stand versetzt, womit ein Arbeiten mit unterschiedlichen Aktualisierungsgraden gezwungenermaßen unmöglich wird.

3.2 Standard- und Spezial-Reports für die Unternehmensleitung

3.2.1 Die Flexibilisierung der Instrumente

Nur Rechnerlösungen mit hoher Flexibilität vermögen den verschiedenen Anforderungen eines Anwenderunternehmens wirklich voll zu entsprechen und können über längere Zeiträume ohne Veränderungen der Grundkonzeption erfolgreich betrieben werden. Unter Verwendung der gezeigten Standardsoftware lassen sich grundsätzlich verschieden hohe Flexibilitätsgrade realisieren, die jeweils entsprechende Maßnahmen, entweder bereits bei Systemerstellung oder auch noch nachträglich, bedingen:

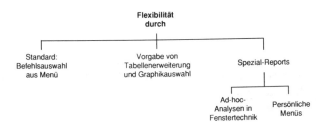

Standardprogramme der besprochenen Art bieten mit der relativ bedienungsfreundlichen Befehlswahl aus vorgegebenem Menü eine gewisse Mindestflexibilität. Im Rahmen des enthaltenen Befehlsspektrums wird bei schon geringer Bedienkenntnis das individuelle Auswählen, Gruppieren und Ergänzen von Dateninhalten auch nachträglich möglich.

Diese Arbeit kann dadurch erleichtert werden, daß schon beim Systembau Erweiterungsmöglichkeiten vorgesehen werden, durch Vorgabe zusätzlicher Tabellenspalten und -zeilen und durch das Angebot mehrerer alternativer Graphiken, aus denen der Benutzer die jeweils gewünschte wählt. Das Definieren zusätzlicher Abbildungen ist zu jedem Arbeitsblatt in nahezu beliebiger Anzahl möglich.

Tabellenerweiterungen müssen allerdings zur Vereinfachung der späteren Nutzung und zur Vermeidung späterer Rechenfehler bereits in die erstmalige Formelvorgabe mit einbezogen werden. Im vorliegenden Beispiel zur Fallstudie könnte etwa im Kalkulationsblatt zum Gebietsvergleich (vergleiche S. 276) sehr leicht ein weiteres – sechstes – Absatzgebiet vorgesehen werden, das im Moment nicht existiert. Die enthaltene Summenformel zur Berechnung des Gesamtergebnisses müsste sich auch gleich auf die neue Spalte erstrecken. Anstelle zum Beispiel @ Summe(E12..M12) für die Berechnung von Summe Nettoumsatz über fünf Gebiete würde sie nun @ SUMME(E12..N12) lauten, das heißt, sie würde die Spalte des noch leeren sechsten Gebiets einbeziehen. Da leere Zellen das Resultat nicht beeinflussen, solange sie nicht als Divisor in Berechnungen eingehen, muß die zusätzliche Spalte vorerst keine Einträge enthalten.

3.2.2 Persönliche Menüs und „Ad-hoc"-Analysen

Komplexere Analysewünsche einzelner Entscheidungsträger können meist nicht vollständig antizipiert werden; ihre Verankerung im Arbeitsblatt sowie ihr Abruf erfordern weitergehende Bedienungsmaßnahmen. Solche Spezial-Reports müssen insbesondere für die Präsentation auf höherer Führungsebene in strikter Trennung von Report-Erstellung und Report-Nutzung entstehen. Damit kann dem Benutzer der Abruf auf Knopfdruck auch gänzlich ohne Bedienkenntnisse ermöglicht werden. Die Erstellung von Spezial-Reports geschieht nach individueller Maßgabe des Benutzers. Die Vereinfachung der Einsichtnahme auch in sehr spezifische Auswertungen kann mittels Anwendung der fast in allen Standardprogrammen dieser Art verfügbaren *Fenstertechnik* erreicht werden, wie sie im einführenden Abschnitt zur Rechnernutzung (vergleiche Seite 254 ff.) beschrieben ist.

Die Vorteile sind ersichtlich: Man kann zwischen mehreren Tabellen einfach am Bildschirm hin- und herspringen, mehrere Fenster nebeneinander ins Bild bringen und wahlweise zusätzliche Angaben ein-, aber auch wieder ausblenden, was gerade für ergänzende Sonderauswertungen und ähnlich Zusätze nützlich sein kann.

Zur Demonstration des Gesagten sei angenommen, es wäre nach Fertigstellung der Fallstudienlösung ein langfristiger Produktionsvergleich als Ad-hoc-Analyse gewünscht worden. In Kenntnis der mathematischen Beschreibungen einer solchen Indexrechnung (vgl. Seite 127 ff.) läßt sich leicht feststellen, daß die benötigten Daten im Rechnerkonzept teils gar nicht vorhanden sind, teils in anderer Anordnung vorliegen.

Der Ersteller einer zusätzlichen Analyse dieser Art wird zunächst einen eigenen Arbeitsblattbereich („Sonderbereich") als getrennte Tabelle speziell für die problemspezifische und abfragegerechte Aufnahme der Daten für diese Thematik einrichten. Dieser Bereich wird zur Erleichterung der späteren Handhabung als eigenes Fenster deklariert. Das sollte in dem Arbeitsblatt geschehen, das die meisten der benötigten Daten bereits enthält. Ein Produktionsvergleich auf Halbjahresbasis könnte wegen der vorhandenen Summenwerte auf Stufe 3 im Arbeitsblatt des Gebietsvergleichs angesiedelt sein (vgl. S. 276).

Unterstellt man, daß Gebietsvergleiche auch für das zweite Halbjahr vorliegen, können alle Vergleichsdaten der Vorperioden per Transfer aus dem gleichen Arbeitsblatt der betreffenden Datei der Vorperiode übertragen werden. Geht man davon aus, daß die Datenbestände aller benötigten Vorperioden noch erhalten sind, wäre eine zusätzliche Ergebnisrechnung nicht nötig[1].

Dagegen müssen alle Daten zur Berechnung des benötigten Preisindex von außen kommen. Bei vereinfachtem Lösungsansatz für den Produktionsvergleich mit der Mengenindexberechnung nach der Formel

$$I_M = I_V/I_P \quad \text{(mit } I_V = \text{Volumenindex, } I_P = \text{Preisindex)}$$

könnte als Preisindex der amtliche Index für die industrielle Produktion der betrachteten Branche eingesetzt werden (vgl. hierzu S. 131 ff.).

---

[1] Für einen Zehnjahresvergleich müßten also beispielsweise die Gebietsvergleichsdaten aller 9 Vorjahre vorhanden sein.

Im einfachsten Fall wären hierfür Eingabefelder mit Tastatureingabe im Fenster des gewählten Sonderbereichs vorzusehen. Ein eigenes zusätzliches Fenster könnte auf die Notwendigkeit und Form der Eingabe hinweisen. Das Konzept ist in Abb. 54 skizziert:

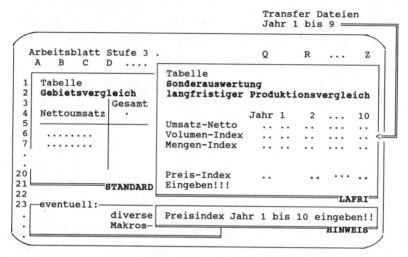

Abb. 54: Zusätzliches Fenster für eine Sonderauswertung

Die gesamte Berechnung des langfristigen Produktionsvergleichs erfolgt in einer eigenen Tabelle, die als Fenster namens *Lafri* deklariert ist. Ein zusätzliches Fenster *Hinweis* fordert den Benutzer ausdrücklch zur Tastatureingabe des Preisindex auf. Der Datentransfer findet teils innerhalb des Arbeitsblattes, teils aus externen Dateien statt. Bei entsprechender Fenstergröße können beide zusammen den Bildschirm ausfüllen oder aber ganz bzw. teilweise verdeckt bleiben. Der Benutzer ruft zur Einsichtnahme in seine Sonderauswertung einfach das Fenster *Lafri* auf und kehrt anschließend genauso in den normalen Gebietsvergleich (Fenster *Standard*) zurück. In Mehrbenutzersystemen sollen jedem Benutzer unter Umständen individuelle Sonderauswertungen dieser Art als Spezialreports zur Verfügung stehen. Die Systembedienung durch Fensterauswahl allein würde bei Existenz komplexerer Fenstervernetzungen leicht unübersichtlich werden. Dies um so mehr, als bestimmten Benutzern häufig mehrere Fenster in bestimmter Kombination zugeordnet werden und an definierten Stellen wiederum auf Wunsch Kommentar-Fenster eingeblendet werden müssen. In diesen Fällen arbeitet man besser mit persönlichen Menüs auf Basis eines Makro-Programms, das die komplexe Fensterpräsentation im Dialog mit dem Benutzer steuert. Ein solches Makro würde im wesentlichen die einzelnen Fenster-Aufrufe in einer sinnvollen logischen Verknüpfung enthalten. Einem Benutzer bietet sich am Bildschirm dann beispielsweise im *Auto-Ablauf* des entsprechenden Präsentationsmakros (zur Makro-Erzeugung siehe S. 252 ff.) ein Bild, wie in Abb. 55 dargestellt.

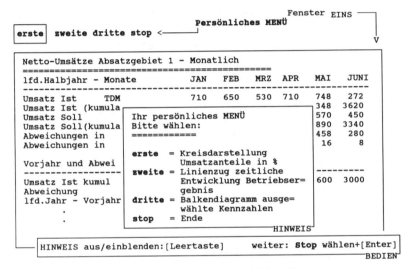

Abb. 55: *Persönliches Menü auf Basis eines Makro-Programms*

Nach dem Starten des Makros wird im geladenen Arbeitsblatt die Umsatztabelle mit den Einzelumsätzen der Monate Januar bis Juni gezeigt. In dieses wird das Fenster *Hinweis* eingeblendet, das eine nähere Erläuterung zur Benutzung des persönlichen *Menüs* gibt, das ebenfalls per Makro individuell gestaltet wurde und am oberen Bildschirmrand präsentiert ist. Zugleich wird Fenster *Bedien* gezeigt, das weitere Erläuterungen zur Vorgehensweise enthält. Der Benutzer sieht am Bildschirm, was er mit welcher Funktion aus seinem *Menü* abrufen kann, wie er zur Betrachtung der Standardtabelle die Hinweise wieder ausblendet und daß er über Wählen von *stop* aus seinem *Menü* die Präsentation beenden kann.

Zur Vereinfachung der Darstellung wurde als persönlicher Spezialreport lediglich eine Präsentation mehrer Graphiken unterstellt, die

die Auswahl von Diagrammen mittels *Menü* in beliebiger Folge und beliebig oft erlaubt. Die Ablauflogik des zugrundeliegenden Makros zur Gewährung dieser Möglichkeiten wäre hierfür folgende:

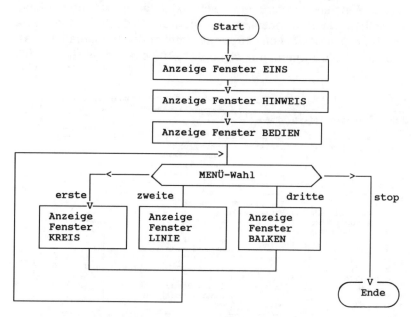

Der Vorteil einer solchermaßen aufgebauten Makro-Vorgabe liegt in der komfortableren und damit fehlersicheren Benutzerführung, die keinerlei Bedienungskenntnis erfordert.

Anhang

I. Verzeichnis der Abbildungen

II. Literaturverzeichnis

Bestmann, Uwe (Hrsg.): Kompendium der Betriebswirtschaftslehre, München 1988

Fröhling, Oliver: Kennzahlen – Führungsinstrumente auch für das Marketing, in: io-Management-Zeitschrift 5/1990

Geist, Manfred: Selektive Absatzpolitik, Stuttgart 1963

Gernet, Erich: Das Informationswesen in der Unternehmung, München/Wien 1987

Graf, Adolf u. a.: Betriebsstatistik und Betriebsüberwachung, Stuttgart 1961

Grafers, Hans Wilfried: Investitionsgütermarketing, Stuttgart 1980

Groll, Karl-Heinz: Erfolgssicherung durch Kennzahlensysteme, Freiburg 1986

Größl, Lothar: Betriebliche Finanzwirtschaft, Stuttgart 1988

Hering, Ekbert: Software-Engineering, Braunschweig 1989

Koreimann, Dieter S.: Leitfaden für das Datenbankmanagement, Wiesbaden 1987

Kresse, Werner: Die neue Schule des Bilanzbuchhalters, Band 3, Stuttgart 1991

Müller-Hedrich, Bernd W.: Betriebliche Investitionswirtschaft, Stuttgart 1990

Reschke, Hasso: Kostenrechnung, Stuttgart 1991

RKW (Hrsg.): Führungsmappe, Teil 1, Eschborn 1985

RKW (Hrsg.): Führungsmappe, Teil 2, Eschborn 1985

RKW (Hrsg.): Führungsmappe, Teil A, Eschborn o. J.

Stobbe, Alfred: Volkswirtschaftliches Rechnungswesen, Berlin 1989

Wanner, Eckhardt: Grundlagen der Kostenrechnung I, Skript zur gleichnamigen Vorlesung an der Fachhochschule Karlsruhe, o. J.

III. Stichwortverzeichnis